风云人物系列

希拉里与赖斯

谁是美国女总统最佳人选？

〔美〕迪克·莫里斯　　艾琳·麦克盖恩　著
Dick Morris　　Eileen McGann

杨凤妍　刘海青　刘寅龙／译

社会科学文献出版社　SOCIAL SCIENCES ACADEMIC PRESS (CHINA)

希拉里的另一面：笑容可亲。

激情演说：民主党总统候
选人希拉里与支持者在一起。

亲切会见——民主党总统候选人希拉里在马里兰州首府安纳波利斯为总统竞选争取支持。

坚强后盾：丈夫比尔与女儿切尔西的支持是希拉里竞选总统的保证。

须眉中的巾帼：希拉里与民主党其他总统候选人在一起。

希拉里和比尔：为2008总统竞选而战。纽约杜莎夫人蜡像馆里希拉里和比尔的蜡像旁竖着"希拉里，2008"的竞选牌子。

希拉里与沃伦·巴菲特在"对话希拉里与沃伦·巴菲特"的筹款会上。

为政治而生的克林顿夫妇。

2005年3月21日，正在中国访问的美国国务卿赖斯在北京举行记者招待会，就各界所关注的中美关系等问题回答了记者的提问。随后赖斯观看了在国贸商城滑冰场的滑冰表演。

大国的会晤：赖斯与中国外交部副部长戴秉国、俄罗斯外长拉夫罗夫、德国外长施泰因迈尔、英国外交大臣杰克·司特劳、法国外长菲利普·杜斯特-布拉齐、欧盟共同外交与安全政策高级代表哈维尔·索拉纳商讨伊朗核问题。

赖斯与法国外长贝纳德·库施纳、法国总统尼古拉·萨科齐和联合国秘书长潘基文在一起。

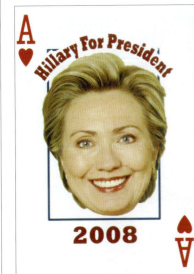
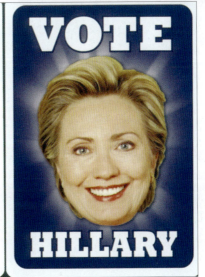

希拉里竞选扑克牌。美国2008大选扑克牌惊现俄亥俄州。2008年美国大选参选人希拉里、奥巴马等成为扑克牌人物。

赖斯：沉着、冷静、干练。

希拉里：优雅、智慧、澹定。

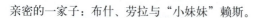

亲密的一家子：布什、劳拉与"小妹妹"赖斯。

赖斯与布什：志同道合。

共同的信念，坚定的同盟：布什、赖斯与拉姆斯菲尔德。

希拉里：坚定而志向高远。

强者的对峙。

赖斯在 2006 年第 14 届亚太经合组织俄美领导峰会上。

目　录

致谢

致　谢

首先，我们要感谢代理人琼妮·埃文斯（Joni Evans）的一贯支持和鼓励。

感谢凯蒂·维奇奥（Katie Vecchio）在调查、编辑和校验过程中所提供的帮助。她绝对是一颗不可多得的宝石——更重要的是，她是一个严于律己、注重细节的人。

汤姆·加拉夫（Tom Gallagher）在尾注编著方面做出了不懈的努力。

感谢毛里恩·麦克斯维尔（Maureen Maxwell），多年以来，他为本书的编撰安排了几百次采访。

加尔沃特·摩根（Calvert Morgan）以其独有的智慧和风度参与了我们五本书的编辑工作，他不仅对本书的润色发挥了巨大的作用，而且完善了我们的创作风格。

我们还要感谢里根书局的凯西·琼斯（Cassie Jones）、伊丽莎白·雅布罗夫（Elizabeth Yarborough）、维维安·戈麦斯（Vivian Gomez）、保罗·克里奇顿（Paul Crichton）、梅利莎·麦卡锡（Melissa McCarthy）和拉里·佩卡莱克（Larry Pekarek）。

最后，我们还要感谢我们的出版人，朱迪斯·里根（Judith Regan）。我们尤其感谢她在甄别良莠方面的才华。

第一章

前　奏

"我，希拉里·罗德海姆·克林顿，庄严宣誓，我将忠实执行美利坚总统职务，竭尽全力恪守、维护和捍卫美国宪法，愿上帝保佑我。"

2009年1月20日正午，全世界人都将目睹美国第44任总统的加冕典礼。当首席法官在美国国会大厦国旗覆盖的讲台前主持就职宣誓仪式时，第一位女总统，希拉里·罗德海姆·克林顿将宣誓就任美国总统。在她的身边，将是那位满脸笑容、手持《圣经》的首席战略顾问兼丈夫，曾经的美国总统，威廉姆·杰斐逊·克林顿。

如果说，一想到另一位来自克林顿家族的人再次成为总统会让您振奋不已的话，未来的确不乏光明。因为此刻的希拉里·克林顿只不过是顺其自然地走在自己的政治之旅上，赢得民主党提名，甚至当选总统似乎是毫无争议的事情。在自己的党内，希拉里几乎没有任何真正的反对者，更重要的是，今天绝大多数——52%——的美国选民都支持希拉里成为民主党的候选人。①

换句话说，1992年到2008年的总统更迭秩序很可能是布什、克林顿、布什、克林顿。

但是，如果克林顿夫妇执政四年甚至八年以及他们可预见的自由化政策使人警觉；如果看穿希拉里的新标识——随和、适度微笑；如果还记得希拉里过去一直是，现在是，将来也是一名忠诚的、道德上备受争议的左翼思想家，那么您能够知道前景如何。

因为这就是我们所能看到的那位希拉里·克林顿总统。

但她的胜利并不是不可避免的。在美国，有一个人、而且也只有一个人能阻止希拉里·克林顿走上总统的宝座，那就是现任国务卿：康多莉扎·"康迪"·赖斯。在所有可能成为共和党总统候选人的对象之中，只有康迪

---

① 现在52%的人都支持希拉里成为民主党候选人：弗兰克·纽波特（Frank Newport），2004年6月7日，《新信息：希拉里·克林顿与2008年大选》（Update: Hillary Clinton and the 2008 Election）。www.gallup.com/poll/content/login.aspx? ci = 16651。

才有可能最终赢得提名，打败希拉里，从而让克林顿夫妇的第三任总统之旅变成黄粱一梦。

事实上，康多莉扎·赖斯给希拉里的成功带来了致命的威胁。由于在共和党的传统阵营之外同样也拥有数量不菲的支持者，这使得康迪完全有可能吸引希拉里的拥趸，从而使大部分民主党人改弦更张。她不仅能吸引那些拥护希拉里的女性、非洲裔和西班牙裔的选民，更不乏传统共和党人士的支持。

毫无疑问，这将是一场属于康迪的竞选。

显然，希拉里不可能承受可靠民主党人改变立场的打击。白人男性选民并不喜欢她，这一点是不可更改的。她也没有能力到其他方面去扩大支持自己的阵营。道理很简单：有了康迪参加竞选，希拉里就不可能获胜。

但希拉里成功的几率还是不容忽视的。2008 年，任何一位白人男性候选人都不可能达到她所能达到的高度。忘掉比尔·弗里斯特（Bill Frist）、乔治·艾伦（George Allen）和乔治·帕塔基（Geroge Pataki）吧。因为希拉里可以轻而易举地战胜他们其中的任何一位。鲁迪·朱利安尼（Rudy Giuliani）和约翰·麦凯恩（John McCain）？尽管对于他们而言，并非全无获胜的可能性，但他们根本就不可能赢得共和党的提名。因为这两个人为人处事太过于自由化，太过于自行其是，以至于根本就不可能获得党内的支持；他们的政治主张也过于咄咄逼人，难以在共和党内为自己搭建起广泛的基础。杰布·布什（Jeb Bush）又怎么样呢？人们早已经听腻了布什这个名字。他的前途绝对谈不上光明。还有出生在奥地利的阿诺德·施瓦辛格（Arnold Schwarzenegger）也不行。在未来的一轮选举中，这些平淡无奇的所谓候选人根本就不可能阻止希拉里的前进脚步。如果没有康迪这样一个竞争对手，希拉里·克林顿不费吹灰之力就可以带领民主党在 2008 年重返白宫。

但冲突很可能是不可避免的：两个成就卓著的女性，两个对立党派最忠实的代表人，媒体心目中的超级明星，同时也是 21 世纪女性领导人的完美榜样，同时站在了美国政治的巅峰。她们都是各自支持者和崇拜者心目中的偶像和标志。这是两个开创历史新纪元的女性，两个开路先锋。事实上，这也是当今世界上最有权力的两个女性：在《福布斯》杂志评选的 2005 年全球最有权力的女性人物中，康迪名列榜首，希拉里排名第 26。

随着希拉里和康迪成为各自党派最有魅力的女英雄，她们似乎注定要在总统政治这个大舞台上一决高下。同样，这也是两种力量、两种前途、两个女性乃至两条道路之间的对决，他们或许注定要在政治战争这个决赛场上一决雌雄。尽管她们都开创了历史的新纪元，但遗憾的是，只有一个人能成为总统。

事实上，至少可以说，2008 年将成为真正的女性年。这绝对是一个巧合：就在第十九条修正案规定女性拥有选举权之后的 85 年，整个世界似乎都在准备改写历史。令人惊奇的是，美国选民已做好让女性入主白宫的准备。公众观念在这段时间内迅速地趋于一致：女性将成为下一次大选的胜利者。绝大多数选民声称，他们将支持女性成为总统，这在美国历史上是第一次出现。在《今日美国》、CNN 以及盖洛普 2005 年 5 月进行的民意调查中，竟然有 70% 的被调查对象指出，他们"有可能在 2008 年的总统竞选中把选票①投给某一位女性"②。

这种思维观念的转变绝对是革命性的！迄今为止，还没有出现过任何一个美国主要党派提名女性候选人参加总统大选。也只有一位女性曾经竞选过副总统：民主党在 1984 年提名的杰拉尔丁·费拉罗（Geraldine Ferraro）。但是到了现在，两位史无前例同时又资历雄厚、星光闪耀的女性却有可能成为 2008 年大选的竞争对手。而选民喜欢她们两个③：2005 年 5 月进行的民意调查中，53% 的被调查对象钟情于希拉里·克林顿，但也有 42% 持反对

① "有可能"：苏珊·佩奇（Susan Page），发表在 2005 年 5 月 26 日《今日美国》的《大多数民调显示出为克林顿投票的可能性》（Poll Majority Say They'd Be Likely to Vote for Clinton）。www. usatoday. com/news/washington/2005 – 05 – 26 – hillary-poll_ x. htm。

② 2008 年竞选总统的一位女性：发表在 2005 年 5 月 26 日《今日美国》的《大多数民调显示出为克林顿投票的可能性》（Poll Majority Say They'd Be Likely to Vote for Clinton）。www. usatoday. com/news/washington/2005 – 05 – 26 – hillary-poll_ x. htm。

③ 选民喜欢她们两个：发表在 2005 年 5 月 26 日《今日美国》的《大多数民调显示出为克林顿投票的可能性》（Poll Majority Say They'd Be Likely to Vote for Clinton）。www. usatoday. com/news/washington/2005 – 05 – 26 – hillary-poll_ x. htm。

意见。康多莉扎·赖斯的情况就好得多了：59％的调查对象看好她，而只有27％不喜欢她。

希拉里·克林顿一直想成为美国历史上的第一位女总统。就在她丈夫在1992年就任后不久，他们的心腹顾问们就开始公开讨论希拉里在比尔的第二任任期结束之后的继任了。当然，结果并不如所愿：似乎希拉里还要等上一段时间。但是，当选2000年议员显然为她创造了全国性的舞台去营造自己的新形象——也就是我们在《重写历史》（*Rewriting History*）中所说的"希拉里牌"①，这成为希拉里重返白宫的漫漫征程的起点。

有一件事是确定无疑的：希拉里·克林顿绝对不想让其他任何女性篡夺这个在她看来仅属于自己的地位——成为美国历史上的第一位女总统。

但具有讽刺意义的却是，正是希拉里自己的参选才让康迪的参选变成必然，更让康迪的胜利成为可能。历史将会证明，民主党提名的第一位女性总统候选人只能在共和党的第一位女总统候选人面前甘拜下风。在总统大选的殊死搏斗中，两个同样开创了历史先河的女性，把她们的未来、同样还有我们的未来牵系在一起。

这场即将出现的大战让我们想起曾经发生在内战时期的一段经历：联邦政府对南方港口的地毯式封锁曾经让南方势力感到惶惶不可终日。② 由于急于恢复力量对比，南部邦联造船厂给俘获的木制船身"梅里马克"号军舰包了一层金属外层，并重新命名为"弗吉尼亚"号。1862年3月8日，新一代战舰——世界上第一艘全金属装甲军舰——正式扬帆出海。仅仅用了一天的时间，它就生动地告诉我们，它的强大已经远远超越了历史上的其他任何一艘战舰。"弗吉尼亚"号重创并击沉了北方的"坎伯兰"号巨型战舰，

---

① "希拉里牌"：迪克·莫里斯与艾琳·麦克盖恩合著的《重写历史》，纽约：里根书局，2004，第33～70页。

② 这场即将出现的大战让我们想起：《美国海军历史中心》，《1862年3月9日，莫尼特号战舰与弗吉尼亚号装甲舰之间的行动》（Action Between USS Monitor and CSS Virginia, 9 March 1862），www.history.navy.mil/photos/events/civilwar/n-at-cst/hr-james/9mar62.htm。

同时打得"国会"号护航舰狼狈不堪直至投降。

但是，只要有一个这样的"梅里马克"，就必然还要有一个能与之抗衡的"莫尼特"，这就是北方政府对这个海上庞然怪物所做出的回应。北方对手的新武器如同是一个放置在筏上的铁皮罐头。两只战舰最终在重要战役遭遇了——两个同样的先驱者，正是它们称霸公海的能力让对方的存在成为必然的现实。

两只世界上最早的装甲战舰之间的对抗最终演变成了彻头彻尾的对峙。同样，希拉里·克林顿和康迪·赖斯之间的竞争也注定将产生更具决定性意义的结果。但两者之间的雷同之处却是显而易见的。如果说有一个希拉里的话，就自然会有一个康迪，有其一，就自然有其二，谁也离不开谁。

作为美国主要政治派别的第一位女性总统候选提名人，希拉里无疑将给我们带来难以名状的兴奋，而由此也必将给民主党在大选中造就不可否认的优势。于是，共和党也将别无选择，只有提名一位同样强大、同样富有感召力的候选人——抵消因女性选民支持希拉里而造成的选票流失。那么，除了康迪之外，还有谁能承担起这个使命呢？

不妨设想一下：一旦成为第一位竞选总统的女性候选人，希拉里就极有可能当选。而54%的女性选民及比尔上任期间在非洲裔和西班牙裔选民中造就的狂热，更增加了希拉里入主白宫的筹码，而对于共和党而言，任何一位传统意义上的白人男性候选人在她面前都会变得不堪一击。

共和党对抗希拉里参选唯一拿得出手的人选就是康多莉扎·赖斯。

如果希拉里和康迪成为面对面的竞争对手，这可能是下一次美国总统大选，同时也是历史上最经典的较量。很多划世纪的较量让我们历历在目：赫克托与阿基里斯[①]，威灵顿与波拿巴[②]，李将军与格兰特[③]，苏格兰的玛利亚

[①] 见荷马史诗《伊利亚特》。——译者注
[②] 前者在半岛战争中任英军指挥官，在滑铁卢战役中打败了拿破仑，从而结束了拿破仑战争。——译者注
[③] 南北战争中的双方军队首领。——译者注

女王与英格兰的伊丽莎白女王，阿里与弗雷泽①。而现在则是康迪与希拉里。

但这些对手之间的差异黑白分明。而在很多方面，康迪和希拉里彼此都是对方的镜像：不仅有黑人与白人之间的差别，还体现在一个来自南方，一个来自北方，也有民主党与共和党、已婚者与单身者、城里人和乡下人之间的区别；更有政策导向上的对立：国内政策优先与国外政策优先。

她们的背景可以说是相去甚远。白人希拉里成长在伊利诺伊州帕克里奇一个生活安逸的中产阶级新教家庭，而康迪则来自阿拉巴马州伯明翰一个在民权运动以前的种族分离政策中不合时宜的家庭。但非洲裔在种族歧视严重的南方的成长经历并不意味着康迪来自贫穷的家庭。相反，康迪来自一个教育良好、有正式职业的家庭；而希拉里的家庭似乎更接近于蓝领。希拉里的母亲高中毕业，曾经因非成年怀孕而被母亲遗弃，最终被祖母所收留；她的父亲主修体育，也是宾夕法尼亚州足球队的队员，后来从事商业布料的生产和销售。而另一方面，康迪的父母和祖父母却都是大学毕业。她的父亲是牧师、教师和导师，她的母亲也是一位职业女性，在父亲所在的同一所学校里担任音乐教师。

她们的分歧不仅仅体现于各自的家庭背景和籍贯。即便是她们的职业生涯也体现出了不同的道路。在三十多年的时间里，希拉里的成功一直与她和一个强势男人之间的关系联系在一起，这个人就是比尔·克林顿。无论比尔到哪，希拉里都形影不离，义无反顾地支持他，毫无保留地为他出谋划策，心甘情愿地在困境中拯救他，与此同时，比尔的升迁也给她带来了无与伦比的回报。当这两个人为了一个人的事业而心无旁骛，携手并肩时，她自己的天赋经常不被人们所认识，她的野心也由此而被束之高阁。

1973年底，当希拉里突然被解除水门事件委员会法律研究员的职务之后，正是比尔把她介绍给了自己的阿肯色大学法学院同学。尽管希拉里也是

---

① 阿里在1924年击败弗雷泽成为拳王。——译者注

耶鲁法学院中不乏智力和天分的毕业生，但却没能通过华盛顿特区的律师职业资格考试，毫无疑问，这也很难让她在华盛顿谋得一份好差使。在当时，女律师还不被人们所看好，律师考试的失败也不啻为一场灾难，而对于像希拉里这样一个无比自信的人来说，为了工作而不得不接受口头审查绝对是一种羞辱。而阿肯色却给她带来了转机，她不仅在前一年就通过了律师考试，而且还就此获得了执业律师的资格。决定前往阿肯色州费耶特维尔，并接受一家教学机构提供的教授刑法的职位——她从来没有对刑法表现出任何兴趣——改变了希拉里的命运，也成就了她和比尔·克林顿共同的未来。从此之后，随着比尔在阿肯色政坛平步青云，希拉里自己的律师事业也开始扶摇直上。在比尔当选州首席检察官的同时，希拉里也在阿肯色州最有权威的律师机构——罗斯律师事务所谋得一职。当比尔成为州长的时候，希拉里则被任命为公司的第一位女合伙人。比尔当选总统之时，希拉里也最终摇身一变而成为纽约州参议员候选人。

　　与希拉里不同的是，康迪一直未婚，因此，她在政治上的成功和任何一位男性政界要员都不存在着瓜葛。相反，康迪的每一个脚步都体现着自己的才华。她的初出茅庐源于自己在学术上的出类拔萃以及她在外交事务上的专长。她最终还将把这些特长奉献给一个总统家庭。但是，康迪之所以能成为杰出的公众人物，更多还是她在职业道路上无数有据可寻的成就。早在二十几岁的时候，康迪的能力就已经让斯坦福大学的师生们惊诧不已。当国家安全助理布兰特·斯考克罗夫特（Brent Scowcroft）在斯坦福大学见到康迪的时候，马上就被这位女士的才华所吸引了，于是，康迪也得以在乔治·H. W. 布什在任期间进入白宫工作。在 34 岁时，康迪就已经成为苏联事务首席专家。在白宫的经历让即将上任的斯坦福大学校长对她青眼有加，主动邀请康迪担任自己的教务长，而这个职务通常仅属于院长或是系主任。通过罗纳德·里根的国务卿乔治·舒尔茨（George Schultz）的介绍，康迪认识了当时的州长乔治·W. 布什，协助布什准备 2000 年竞选活动的外交事务议题。康迪的才华让布什感到震惊，于是，在上任之后，小布什毫不犹豫地任命康迪担任国家安全助理这一要职，以及后来更为显要的美国国务卿。

总之，康迪·赖斯完全凭借一己之力树立了自己当之无愧的女强人地位。

两位女性进入白宫的方式同样也相去甚远，希拉里的身份是总统夫人，在政府事务方面毫无经验可谈，更没有担任过部长级职务或是有任何行政管理经验。尽管她的丈夫立刻在健康医疗方面授予她无与伦比的特权，但她毕竟还只是第一夫人，而且对她所管理的健康医疗方面几乎一无所知。她的权利更多的只是一种衍生物。她并不是通过竞选而获得自己的权利。她的手里也没有任何明确的角色或是权利。即便是她所选择的公共演讲主题也只是围绕着传统的女性事务：健康医疗，为妇女和儿童事务大声疾呼，以及国家财产的保护。

而赖斯则以完全不同的方式进入白宫。她的身份是高级专家，通过对一系列事务的精细判断为美国政府提供指南：德国的统一，苏联在东欧卫星国的解体，以及苏联自身的最终崩溃。在这样一个一直被男人操纵的领域里，赖斯赢得了自己的一席之地。

这两位以前在白宫所从事的工作同样也反映她们之间绝对不同的个性。康迪一直在默默地用事实说话，凭借自己敏锐的思维和深邃的见解在国家安全领域和苏联关系问题上不断巩固自己的地位，强化自己的声誉。在这一点，康迪显然是成功的。

另一方面，仅仅是为了起草一份健康医疗预算，希拉里就动用了大批人马，恨不得让整个白宫兴师动众，最后的报告竟多达一千多页。与此同时，她却疏远了议会成员——甚至是本党派的党友，还有健康问题专家和媒体。她第一次在全国公开露面是提出她的改革计划，但她的改革计划是失败的，这也是她在个性以及专业方面的失败。唯一能给希拉里带来一点颜面的是她在莱温斯基丑闻中所表现的大度和宽容，以及她在民主党候选人竞选活动以及筹集资金所表现出的热情。一旦恢复了元气，也只有与比尔·克林顿联手才能帮她走向事业中的下一个港湾：纽约州参议院议员。

康迪与希拉里各自在政界的名望也完全不同。康多莉扎·赖斯从来没有涉足任何与个人和职业不当有关的事情；而希拉里自进入政坛之后，就一直和一个又一个的丑闻纠缠不休，以至于她常常站在道德的悬崖边摇摇欲坠。商品期货给她带来了一大笔自己都无法解释的横财；白水投资的前前后后；法律公司会计账簿的不翼而飞；在解除白宫旅游办公室雇员职务中扮演的角色；在白宫担任第一夫人的最后日子里收取和接受的名贵家具、银器和瓷器（但此时已经不再受针对参议员的法规约束）；接受他人为谋求总统庇护而捐赠的礼品；药品经销商雇用她弟弟以及其他寻找庇护的行为——所有这一切都导致人们对她个人及其职业的诚信度一直心存疑虑。

最具轰动性的事例也许莫过于希拉里在竞选中接受的家具和 7 万美元现金，这笔捐赠来自丹尼斯·里奇（Denise Rich）[①]，丹尼斯希望为正在逃亡的前夫马克·里奇（Marc Rich）寻求豁免。马克·里奇曾被控犯有 51 项逃税以及在 20 世纪 70 年代的伊朗人质危机中从事非法交易，但马克逃亡到瑞士并宣布放弃美国国籍，从此得以逍遥法外。然而马克前妻送给克林顿夫人的礼物以及在竞选活动中的慷慨捐赠，再加上对克林顿图书馆的 45 万美元捐款，使得这一切都出现了转机，就在克林顿执政即将结束的最终时刻，马克·里奇获得了赦免。

与此形成鲜明对比的是，康迪的历史却没有丝毫的污点。在迄今为止的全部政坛道路上——包括最初主管的国内事务以及后来的国际事务——她从未想过要依赖自己的地位寻得任何私利。如果让她向那些好莱坞明星索取名贵的瓷器、家具或是银器，那绝对是一件难以想象的事情，更不用说为了那些臭名昭著的败类去低三下四地请求总统赦免。

事实上，她们极具对比性。如果说希拉里在丑闻当中经受住了考验的话，康迪却在战争中一举成名。当希拉里还在筹划国内政策的时候，康迪已经成为国际事务的专家。如果说希拉里的候选资格源于她自己坚持不懈的雄

[①]　7 万美元现金：芭芭拉·奥尔森（Barbara Olsen）：《最后的日子：克林顿白宫最后孤注一掷、滥用职权的日子》（*The Final Days：The Last Desperate Abuse of Power by the Clinton White House*），华盛顿特区：Regnery 出版社，2001，第 68～69 页。

心，而康迪的资历则是她在政府工作中的长期经验和非凡的业绩。希拉里的成功归结于她为自己所设定的目标以及为实现这一目标所付诸的不懈努力，而康迪则立足于过去的经历并以此为基础不断前进。

希拉里的候选人资格显然是毋庸置疑的。她所做的每一件事情都经过了深思熟虑和周密翔实的策划，所有这一切都直指白宫。借助于她那难以置信的机敏和大胆（近乎厚颜无耻），她成功地运用了自己第一夫人的声望，一步登天地成为参议员。现在，她正在盘算着如何利用参议员这个筹码飞回宾夕法尼亚1600大道①。

但康迪的候选资格似乎仍然不够明朗。在此之前，还没有任何一位女性曾经达到过像她这样的事业巅峰，成为美国国务卿——美国人见证了她在国际舞台上所展现出的风格与才华。当她一步步走向自己的舞台，向人们演绎其不可预测的未来时，人们也逐渐了解着她。她的国际事务风格一直被人们视为"外交激进主义"。每一天，人们都会看到她身处全球政治舞台的中央，以演讲推广民主，不厌其烦地说服着自己的盟友，镇定自若地站在美国的对手面前。她的内涵——当然还有她的优雅的言谈举止——赢得了人们的关注与赞叹。如果仅仅说因为她现在所从事的辅助者角色就是为了有朝一日能扮演领导者角色，这显然是没有道理的。

毫无疑问，希拉里属于未来主义者，而康迪关注的则是今天。这不妨让我们回想起佛利伍麦克合唱团（Fleetwood Mac）那首曾经在1992年克林顿竞选期间成为非官方主题曲的曲子。希拉里从来就没有停止过思考明天。她的每一天都在为了不断靠近自己的目标而策划、安排、筹备和布置。但赖斯却在心无旁骛地创造自己的今天，全身心地投入自己的手头工作以及今天的目标。

当然，两位女士都否认有参加2008年大选的计划。对于希拉里，她的否认总是一如既往的忸怩但却经过深思熟虑："目前我的重点还是尽我所能

---

① 白宫的地址。——译者注

做好自己的参议员工作"——而不是直截了当的拒绝。

康迪的回绝却更为断然。在 2005 年 3 月接受《华盛顿时报》编辑和记者的采访中,康迪说,她从来就没有想到过要竞选总统。尽管同样是否认,但语气却极为柔和:"我从来没想过追求任何东西,"① 赖斯说,"在学校的时候,我就从来不想竞争任何职务。"她的语言尽管在某些时与希拉里有着共同之处,但却显得更谦逊,"我只是想尽力做一个合格的国务卿",她对《华盛顿时报》说,"我一直在努力做到这一点。我无比尊重那些竞选者,但却很难想象让我置身于那种角色之中。"

但是当记者们提出曾经断然回绝竞选请求的名扬历史的内战英雄——威廉·特库姆塞·谢尔曼(William Tecumseh Sherman)的"谢尔曼誓言"("即使我被提名的话,也不会去竞选,即使我当选的话,也不会就任"②),赖斯的回答却是一阵咯咯的笑声,她说这样的说法似乎不够"公平"。

在随后的那个星期日,她又出席了一次媒体见面会,大概是在白宫召开的新闻界交流会之后。正如《纽约时报》所报道的那样:"几位电视节目主持人就最近有关她在白宫任职情况的传闻提出问题,国务卿康多莉扎·赖斯在周日再次重申她无意竞选总统,她本人既没有计划参加竞选,对此也不感兴趣。为了进一步证实自己的态度,她最后补充说,她不想竞选总统。"③但是,报界的记者也提到,她的声明"并不排除"未来参加竞选。

那么,康迪到底在想什么呢?显而易见,她还不想在仅仅担任国务卿这一要职的几个星期甚至是几个月之后,就匆匆忙忙地竞选总统。没有任何证

---

① "我从来没想过追求任何东西":比尔·萨蒙(Bill Sammon),发表于 2005 年 3 月 12 日《华盛顿时报》的《2008 年选举,堕胎将成为她的政治主题》(2008 Run, Abortion Engage Her Politically)。www. washtimes. com/national/20050311 – 115948 – 2015r. htm。

② "即使我被提名的话":PBS. org,《PBS 谢尔曼远征》(William Tecumseh Sherman)。www. pbs. org/weta/thewest/people/s_ z/sherman. htm。

③ "国务卿康多莉扎·赖斯":史蒂文·R. 维斯曼(Steven R. Weisman),发表在 2005 年 3 月 14 日《纽约时报》的《赖斯是否竞选总统:不,不,不》(Rice on a Run for President: No, Nyet, Nein)。www. nytimes. com/2005/03/14/politics/14rice. html? ex = 112304600&en = 5fe58659d022556e&ei = 5070&oref = login。

据表明，她曾经真正有过竞选总统的野心，即便是现在，她也认为取得竞选资格似乎还是一件很遥远的事。但这并不意味着，如果条件确实需要她参加竞选，而且又能得到共和党的大力支持的话，她会像谢尔曼将军一样，对这样的要求置之不理。

　　另一方面，希拉里对待自己的候选资格则采用了一种更传统、更具有政治色彩的方式。尽管经历了漫长而周密的策划，但希拉里仍在谨小慎微地呵护着深藏于心底的 2008 年目标。她一直在循序渐进地筹备着自己的参选之路，这已经让她的提名变得不可避免。她已经有了一个总体规划，她一直在虔诚地追随着这个计划。

　　和往常一样，在她的背后还隐藏着一个若隐若现的大树，这棵大树便是比尔，他一直在义无反顾地给她建议，支持着她，为她的竞选资格摇旗呐喊，帮助她筹集资金，寻求支持，拉拢媒体，吸引公众的眼球，更重要的是他所宣扬的另一个克林顿任期，另一个"合二为一"，又一个至少四年的克林顿总统。他在整个竞选期间将不遗余力地站在希拉里身边，而他对竞选结果的影响将是无比巨大、难以估量的。缺少执政经验怎么办？有比尔帮助她。没有外交政策背景如何应对呢？有比尔在那里。至于她那一无是处的健康医疗改革政策，又如何处理呢？比尔当然会当仁不让地替她受过，并信誓旦旦地指出：你看她的进步有多明显！

　　她要做一个总统候选人必须做的事情。她要周游全国去筹集资金，为自己的胜利做好一切准备，游说选民代表，还要去安抚媒体。她要通过这部运转平稳的克林顿竞选机器让自己的地位日益巩固。她全部的生活即着眼于此刻，她将毕其功于此役。白宫的八年经历，再加上参议院的五年里程，让她深知每个筹资人都是无比重要的，每一次握手和每一封信函对于自己的支持者来说都是意义非凡的。她决不会对此视而不见。她要时时刻刻把台词牢记于心底，努力避免错误。她的每一次公开演讲稿都要逐字斟酌。绝对不能让民众流露出任何不满，更不能让自己陷于尴尬之中。

　　一旦遇到难关，她便会毫不迟疑地躲到自己的发言人身后，一语不发。

她要永远保持自己高高在上的姿态。除了偶尔在自己人的场合中发泄讽刺一番，并大声宣告自己的党派性，站在公众面前的希拉里总是那样的端庄大方，语重心长，意气风发，而且彬彬有礼。只有在极其罕见的情况下，身边的自由派心腹不会让她感到任何压力的时候，人们才能看到那个似乎有点声嘶力竭甚至穷凶极恶的真正希拉里，迫不及待地从那张刚刚为自己戴上的公众面具后跳出来。但是我们很少有机会看到这个真实的希拉里，因为她能否走进白宫完全取决于她能在多大程度上掩盖真实的自己，于是，她会谨小慎微地不让大家找到这个机会。

但康迪却不一样，如果她选择继续下去的话，她肯定会有着与希拉里截然不同的方式：她所做的一切只能是国务卿这一职务顺乎逻辑的最终结果。如果说她还有什么需要自己去证明的，那只能是赢得能够打开白宫大门的喝彩。

希拉里的竞选之路不可避免地走过一段司空见惯的选前期。她自然要马不停蹄地忙上几个月去为自己筹钱，招募支持者，在加利福尼亚、纽约、华盛顿和佛罗里达的民主党中心为自己建立竞选组织。而康迪的竞选旅行则会选择与之完全不同的目的地，因为她要继续自己的力量去面对自己的使命：巴黎、伦敦、莫斯科和北京。康迪将会成为一位政治家、领导人和美国的世界代言人。

一方面，希拉里的竞选之路肯定不会让她抛弃最早的主战场：爱荷华、新罕布什尔、南卡罗来纳、特拉华和亚利桑那，而赖斯的竞选则会把她带到另一些地点：伊朗、叙利亚、俄罗斯、中国、苏丹、朝鲜以及西岸地区。在那个举国关注的时刻，她的初次登台绝对不会有任何刻意雕饰的痕迹。她是一个依赖智慧和见解活着的人，她需要随时应对风云变幻的环境，她要在这个全球外交凸起的时代里，向人们展示自己非凡的才华。

但是，在美国的历史上，还没有哪一位国务卿曾经面对过如此之多的困境和阻力，也没有哪一位国务卿有着如此之多去跨越这些障碍的天赋。在阿富汗的洞穴里，在伊拉克的街道上，美国人所显示的力量和决心已经验证了美国外交——民主——的成功。布什和赖斯的国际政策重新解释了卡尔·冯·克劳塞维茨（Carl von Clausewitz）的格言："战争是另一种方式的政策延续。"[①] 而对于这位国务卿而言，外交不过是另一种方式的战争。美国在伊拉克的军事使命以及如此之多年轻美国军人的牺牲，使得外交政策奏效。

随着赖斯在自己的外交道路上不断前进，承受考验，迎接挑战，克服困难，毫无疑问，赖斯正在变得越来越像总统。

这个过程似乎已经开始了。[②] 美国 2001～2003 年驻印度大使罗伯特·D. 布莱克韦尔（Robert D. Blackwill）最近在《华尔街日报》上撰文称：在赖斯的领导下，"外交再次成为国务院复兴的焦点"。这位大使提到，美国与印度关系的改善，对伊拉克的国际援助不断强化，朝鲜六方会谈的恢复，西方国家对待伊朗核燃料问题上的统一，以色列在加沙地区的撤军，所有这一切都表明，仅仅在上任几个月之后，赖斯就已经在影响着美国的外交命运。

但不管怎么说，康迪尚未计划竞选总统这一事实并不说明她不会参加竞选。这不是件简单的事。与希拉里相比，她只不过是在用另一种方式走向自己的未来。她从来没有像希拉里那样绞尽脑汁地经营着自己的下一步。事实上，她也没有必要那样做。那与众不同的才华足以让她鹤立鸡群，而貌似平步青云的晋升，不过是顺其自然的结果而已。她从来就没有过什么秘而不宣的计划，也没有为了当上老布什的国家安全助理或是现在的国务卿而用心良苦。她是一个为了使命而生存的女人，一个有着远大目标的女人，而不是让自己囿于个人生活的女人。

希拉里则不同，她是跋涉者，为了不断靠近总统这个万人瞩目的圣坛，她的面前总有无穷无尽的任务。对于她来说，走向白宫的路早已奠定，战略

---

① "战争是另一种方式的政策延续"：卡尔·冯·克劳塞维茨：《战争论》（On War），纽约：维京人出版社，1982，第464页。

② 这个过程似乎已经开始了：罗伯特·D. 布莱克韦尔，发表在 2005 年 7 月 22 日《华尔街日报》上的《国务院背后的外交政策》（Diplomacy Is Back at the State Department）。www.freerepublic.com/focus/f-news/1448243/posts。

已经就位，人马已经齐备。在过去的15年里，克林顿家族已经在整个美国建立了一个庞大的网络，既有捐款人和有权有势的支持者，更有意见领袖，这无疑相当于给她印制了数以百万计的名片。和旧时依附政客的那些小人物一样，任何支持者的苦心都不会白费，因为总能在任期内被得以重用。当然，这对总统夫妻也知道白宫请柬的诱惑力，更知道怎样用政府晚宴和圣诞晚会让自己的追随者死心塌地。在白宫任职期间，他们经常请一些名声显赫的人到克林顿图书馆、查巴克和乔治敦参观筹资活动。每个州的关键人物都会成为他们的公关对象。直到今天，两位克林顿几乎仍然控制着民主党各个层次上的要员。他们几乎认识所有的活动家，他们一直在想方设法地取悦这些人。

最近，希拉里一直乐此不疲地忙于民主党官员的选举活动，这些官员将自动成为2008年民主党议会的代表（不需要大动干戈，他们就可以获得一席之地）。由于希拉里早在2000年就已经成为参议院的候选人，因此，她为其他民主党参议院、众议院议员和政府官员笼络了300多个筹资人，更为自己收集了一大把只有凭借2008年的当选才能赎回的借条。

希拉里已经为自己组建了一支由筹资人、媒体顾问、演讲稿撰写人、活动筹划人员以及政治事务处理顾问组成的竞选部队。就像是肯尼迪家的老马也知道随时为进入政治圈的新家族成员望风放哨一样，那些死心塌地的克林顿主义者也在摩拳擦掌，跃跃欲试地准备为克林顿家族效力，成为他们心目中卡默洛特的一员①。对于他们来说，比赛已经开始了。

希拉里有比尔缺乏的自制。在比尔细心的呵护下，希拉里一直在小心翼翼地追随着他们共同制定的复辟计划。尽管他们待在一起的时间也许并不会很多，但是在这条重返宾夕法尼亚大道的征途上，他们的团结是义无反顾的。丈夫所经历的每一个成功和教训，希拉里都会铭记在心，当仁不让地让

---

① 英国亚瑟王传奇中亚瑟王的王宫所在地，寓意为胜境，理想中美好、平和与开悟的处所。——译者注

自己成为中心人物。两个克林顿也知道，他们不可能用左翼的观念去争取那些还在摇摆不定的选民。因此，按照她的竞选策略，希拉里在公众心目中至少也应该是一位温和派人士。

因为比尔已经让她学会了如何塑造自己的政党形象。1992年，比尔的竞选背景是"新民主党"，他大声呼吁实行死刑处罚，支持工作福利政策，实现预算平衡，通过中产阶级减税法案。克林顿曾经批评黑人说唱乐明星索吉亚妹妹（Sister Souljah）鼓吹黑人暴力的观点，但是他自己也断然抛弃了让乔治·麦戈文（McGovern）①、沃尔特·蒙代尔（Mondale）② 以及迈克尔·杜卡基斯（Dukakis）③ 一败涂地的自由主义梦想。今天，在自由主义又一次的失败，她的目标就是当另一个新的克林顿，左翼党派新的温和型救世主。在民主党全国委员会新主席霍华德·迪恩（Howard Dean）推行极端自由主义而颜面扫地之后，希拉里把自己塑造成理性与温和主义的代言人。

很多人一直不明白，希拉里为什么会让迪安这样的激进派人士成为民主党全国委员会主席。回忆一下1992年惊心动魄的候选人之争，也许可以对其中的缘由略见一斑，决赛的对手是克林顿和加利福尼亚州州长杰里·布朗（Jerry Brown）。和布朗相比，比尔显得更温和，而与迪安相比，希拉里则显得更理性。

但是希拉里新发现的温和主义却只盯着美国政治中的边缘问题。她可以在电视上攻击性服务，在公共场合大声疾呼人生价值，但一旦发现自己的筹码正在减少，她就会像一个坚定不移的自由主义者那样，在绝大多数时间里支持自己的党派。某些民主党人士为了避免对方阻挠议案的通过、加速司法认定而与温和派共和党人士冰释前嫌，但希拉里却从来不会成为他们中的一员。此时，她会坚决维护自己的左翼立场，拒绝任何妥协。在需要对布什的减税法案或是社会保险改革——总统任期内的关键性国内问题——表态的时

---

① 1972年民主党总统候选人，败给尼克松。——译者注
② 1984年民主党总统候选人，败给里根。——译者注
③ 1988年民主党总统候选人，败给布什。——译者注

候，希拉里则带头发起攻击。只有在万众瞩目的场合下，在那些无足轻重的问题上，她才是温和主义者。

希拉里希望公众把自己视为敢于挑战党派意识陈规陋习的典范，更是女性的榜样。但是当人们怀疑女性在战争问题上的能力时，她便把自己打扮成一个打击恐怖主义的鹰派。至于当人们对这位自由派女性参议员在实现预算方面的能力提出质疑时，希拉里自然会毫不犹豫地列举丈夫在平衡预算方面的成功，对布什的战争驱动型赤字支出大加指责。

但康迪的 2008 年之路却迥然不同。

她根本就没有希拉里那种自我感觉的被提名人先兆。她在 2008 年提名竞争中的成败完全取决于她的国务卿工作能否成功。在外界眼里，她的候选人资格首先似是而非，然后是期待，最后，当选民看着希拉里走上竞选舞台的时候，她的出现则不可阻挡。最后，不是康多莉扎·赖斯去找选民投自己的票，而是选民找她，恳求她去参与这场竞争。

康迪肯定会得到筹资，但那个筹资人肯定不是康迪自己。康迪肯定不会缺少支持，但她肯定不需要去请求别人的支持。因为总统候选人绝对不可能是一名讨好公众的参议员，而是一位解决世界问题的国务卿。

赖斯能否被提名呢？共和党在 2008 年候选人上的真空非常可能促成她的出面。至少目前还没有合适的人选。切尼（Richard Bruce Cheney）的健康状况令人怀疑，内阁中还没有其他任何人可以挺身而出。鲁迪·朱利安尼和约翰·麦凯恩曾经是最早的领先者，他们在民意调查中的支持率超过了4/5。但鲁迪的观念太过于自由化，以至于他不可能赢得提名。麦凯恩在2000 年的竞选中就已经告诉人们，他在主要选民中的吸引力极为有限，尽管他赢得了独立派的选票，但却把绝大多数在任共和党人士的选票留给了布什。尽管这两个人战绩显赫，但显然还不足以成为共和党的候选人。他们虽然是早期的领先者，但是在进入决赛之后便会淡出人们的视野。

他们的未来无疑让共和党的候选人成为真空。尽管比尔·弗里斯特、乔治·艾伦、乔治·帕塔基、米特·罗姆尼（Mitt Romney）和查克·哈格尔（Chuck Hagel）等候选人也会备受关注，但共和党主流人士对他们的第一反应也许只能是"他们是谁？"，他们需要为自己寻找一个候选人，一个有真正实力的候选人，一个可以打败希拉里的人。因此，共和党会毫不迟疑地把希望放在康迪·赖斯的身上。凭借良好的声望、信誉以及经历，即使不去积极地寻求这一切，康迪也会成功地走上浪尖。

从1952年的德怀特·艾森豪威尔之后，美国人还没有见到过真正应召产生的总统候选人。民众的拥护也许是民主的最高表达方式。实际上，乔治·华盛顿本人就是应召成为美国总统的。共和党投票人肯定会以这样的方式选择康迪，因为他们需要康迪，康迪的吸引力足以赢得对她的支持，因为她告诉这个国家，什么才是真正的全球大国。

此时此刻，征召的候选人是极有可能的，2004年的选举结果已经说明了这一点——美国政治已经出现了根本性的变化。正是在这一年，政治上的统治层面出现了翻天覆地的变化：舆论领袖和媒体精英们开始成为追随者，而具有政治利益和活力的普罗大众则成为这场政治变革的前沿力量。政治不再是一场大众作为旁观者的比赛，而是美国人最时尚的爱好。任何一个有思想、有主见的选民都会以新的方式，积极地参与到竞选过程之中。

无论是左翼还是右翼，平民百姓都会发现自己置身于2004年全国大选的浪潮之中，每个人都在努力发出自己的声音，每个人都在对主流媒体大声疾呼，这使得我们的政治重心正在下移。正是在这样的大环境之下，民间力量才有可能决定他们希望谁成为总统——按照这样的逻辑，自然会让赖斯加入到这场竞争之中。

当互联网帮助霍华德·迪恩扶摇直上的时候，2004年这场民间力量主导的政治运动实际上就已经开始了。那么，当克里（John Kerry）决定在摇摇欲坠的越战记录上打造自己的候选人大厦之时，"快艇老兵"① 以屈指可

---

① 一个自称"讲真相"的越战老兵组织，谴责民主党总统候选人约翰·克里夸大了自己的"战争英雄"形象。——译者注

数的资金加上寥寥无几的政治经验，彻底打垮了民主党的民众机器，还真相于民众。当 CBS 新闻和丹·拉瑟（Dan Rather）谴责总统的国民警卫队记录时，正是网民揭露了报道的虚伪性。最终，又是 160 万共和党工人——以及他们的民主党对手——在选举日为布什又带来了多于 2000 年的 1200 万张选票，而克里的选票也比四年前的艾尔·戈尔（Al Gore）多出了 900 万张。在整个 20 世纪这在美国还是头一次出现这种情况。在这一点上，我们不得不回想起安德鲁·杰克逊（Andrew Jackson）和"蒂普卡努和泰勒"① 的故事，这与 2004 年的街道政治有着异曲同工之处。

如果说街道平民可以打败克里的话，同样也可以让赖斯成为被提名人。个人活动家的迸发，同样也可以激发出一场征召康迪的运动。另一方面，人们对于这位自强不息的女性所给予的崇拜，对希拉里的信仰的普遍担心，自然会让民众群情并发，造就一场推举赖斯的民选候选人运动。

由于康迪凭借自己在国务卿这一职务上的出色表现而显得出类拔萃，因此，越来越多的支持者会通过互联网走到一起，直到形成一个足够庞大的群体，即包括资金筹募者、志愿者、电子邮件朋友，也包括网络博客，他们的影响将为康迪造就一个真正的民众支持组织。随着竞选季节的接近，志愿者群体将在各大州蜂拥群起，收集签名，在更多的选票上看到康迪的名字。康迪并不需要自己去发起这场运动。当无数拥护她的力量聚集于她身边的时候，唯一需要她做的，就是避免毫不留情的拒绝。

在每个月里，新的全国民意测验都会显示，她的人气正在与日俱增，共和党被提名人的地位似乎已经非她莫属。当候选人相互争斗、相互诽谤的时候，康迪的崛起却根本不需要美国政治所固有的冲突和争闹，凭借她在国际

---

① 第九任美国总统哈里森的父亲曾经是《独立宣言》的签署人之一，1811 年，老哈里森在美国西北地区的印第安人战争中担任印第安人领地的总督，他曾经带领职业军人和民兵对肖尼部落的印第安人大开杀戒，并由此而名噪全国，被称为"老蒂普卡努"，借指他在蒂普卡努溪消灭印第安人的胜利。而哈里森竞选美国总统的口号却是"蒂普卡努和泰勒"，泰勒是他的竞选伙伴。——译者注

危机和外交事务所经受的考验，足以为她带来巨大的威望。

这种情况似乎并不陌生。1995 年秋季，刚刚在海湾战争中凯旋而归的科林·鲍威尔（Colin Powell）将军发表了自己的论文集，而此时，1996 年共和党提名的初选活动正在如火如荼地进行着，而反对的力量也在积蓄着。在白宫内部，克林顿则惊慌失措。他声嘶力竭地咆哮责骂：鲍威尔根本就不配媒体给予他的"搭便车"机会。"他们根本就不想给他出什么难题。"克林顿会大声抱怨。他大声疾呼："他们都是些罪恶的白人自由主义者，他们只是想利用他来打败我。"

曾经有一段时间，鲍威尔的前进脚步几乎已经不可阻挡。当他忙碌着为一本又一本的书签名的时候，他的名字在总统民意测验排名中的位置也扶摇直上。令人不可思议的是，他竟然拒绝承认发生在自己身边的政治风暴，也没有对 1996 年参选的可能性予以表态。"这完全是当代的军阀。"克林顿大声抱怨，他甚至拿拉丁美洲那些频繁发起政变的将军打比方。他忧心忡忡，不知道怎样和这样一个幻影般的对手、一个流行时尚的杰作、而不是传统政治浪潮的产物分庭抗礼。

但坏消息却接踵而至：鲍威尔在共和党的初选中输给了多尔，支持平权措施、枪支控制以及一系列的自由化立场削弱了他的地位，逐渐让他孤立无援。"恭喜你，"当告知克林顿选票结果表明鲍威尔将无法得到提名人资格的时候，我对克林顿说，他不会参加总统竞选了，"你刚刚赢得这场选举。"克林顿却茫然地瞪着我，脑袋里却在画圈，然后点头称是。

但康迪毕竟不是科林。2008 年也会与 1996 年截然不同。那时候，鲍威尔不得不依靠海湾战争胜利的余威聊以度日。但康迪却会发现，她在国际舞台上的实时成就会给自己在这场不经意间的候选人之争带来巨大的支援。她可以凭借在全球观众面前做好工作显示自己的总统才能。她所取得的成绩是现实的，栩栩如生地展现在人们面前，是一个随着时间的推移而不断沉积的传奇。鲍威尔闪电战般的名望随着海湾战争的逝去而江河日下，而康迪却在逆流而上。

康多莉扎·赖斯的候选资格难道不会改变美国吗？一位非洲裔美国女性能够成为美国总统这样一个事实，将会向每一名少数民族青少年传达这样一个强大的信息：在这样一个选举政治中，对于美国黑人来说，并没有什么高不可攀的顶点，也没有遥不可及的极限。现在，只有天空才是他们的极限。

当第一批黑人奴隶在弗吉尼亚州詹姆斯敦踏上美国国土的时候，那场曾经让美国臭名昭著的种族主义噩梦正在消逝，而康迪的当选则是南北战争的最后一役，民权运动的最后一次昭示，一场自这个国家诞生之日起就萦绕在我们身边的传奇的终结。在一个曾经到处树立着"招工——爱尔兰人不得申请"牌子的国土上，约翰·肯尼迪（John Kennedy）的当选难道不是敲响了反天主教痼疾的丧钟吗？在他就任之后，在他发表了自富兰克林·德兰诺·罗斯福（FDR）之后最振奋人心的就职演讲的时候，种族主义的偏见也正在悄然逝去。

种族隔离依然是我们这个国家最基本的问题之一。它给这个国家留下了不可治愈的伤疤，以至于经常让我们体会撕裂这个伤疤所带来的痛苦。还有什么比彻底根除这个陋习所带来的社会效应更伟大的呢？还有什么比一位黑人女性成为下一任总统更有说服力呢？

第二章

总统希拉里：梦想到现实

不妨设想一番：假如下一次总统选举就在今天进行的话，希拉里·克林顿这个名字也许就写在你的脸上：气宇轩昂地在每一家电视台发布竞选胜利演说，开始对白宫重新进行装饰，在椭圆形办公室里为自己的首席顾问和新任第一丈夫比尔·克林顿签署文件。（他也许在紧邻总统餐厅的房间里——门镜与眼睛平齐，这样，希拉里就可以轻而易举地看到他在干什么。）

希拉里的确很热门，很受欢迎，也很自信——这自然有其原因。她毕竟是民主党的首选，她有女性选民的支持——这是一个有可能决定选举结果的主要中间派。对于她来说，钱绝对不是问题。她的捐款人喜欢她，因而根本不会在意一次又一次地为她掏钱。她的成功计划绝对可行，她也决不会偏离自己的计划。她组建了一支忠实可靠的团队，处心积虑地把自己的信徒安排到各个政治委员会以及全国民主党委员会的要职上。她有着气宇非凡的外表——那种令人疯狂的发型和古怪的服饰早已经不属于她。一切都按部就班；把又一次克林顿丑闻拒之门外，与经常提到的那些共和党候选人相比，她显得不可战胜。她是胜利者，她自己也知道这一点。

希拉里已经找到了自己的最佳状态。她传递给人们的信息严谨、清晰而且有条不紊：**希拉里·克林顿是一个勤奋、有效的温和派人士，她可以和最保守的共和党人士，以最明朗的态度，以毫无争议的方式进行真诚的合作。她绝对支持军事，擅长外交事务，让色情与暴力远离儿童。她经验丰富：她有着八年的白宫经历。她完全独立于自己的丈夫，尽管他们的婚姻绝对牢靠，她有着严肃的态度。她绝对不是自由主义者，再次重复一下，不是自由主义者。**

在媒体面前，她总能借助精心编撰的讲演稿和超凡脱俗的形象，烘托出一个新的笑容满面的超党派交易商形象。她语重心长地和里克·桑托伦（Rick Santorum）在电视上讨论儿童问题，和纽特·金里奇（Newt Gingrich）耐心地探讨医疗记录的隐私问题，和比尔·弗里斯特在医疗技术问题上同声称是。日复一日，她穿行于一大串右翼人士之间，无非是为了寻找共同的利益点和宣传手段。她像一阵旋风一样，到处进行司法演说和游说。尽管没有经她手通过任何法案，但是她坚信，只有她传递给人们的信息才能发挥作用，只有她所宣扬的信息才能被人们牢记。她在清晰无误地大声宣扬自己。

她借助媒体强化了自己的外交事务以及防卫政策支持者形象，但媒体却从来没有指出她在这个方面的浅薄。尽管希拉里最近刚在参议院军事委员会取得了一席之地，但迄今为止，她还没有在任何问题上显示出自己的重要性。至于真正的成就，希拉里可以说是一位国际事务奇才。尽管她在国际事务方面几乎没有任何资历可谈，但这并不妨碍希拉里把自己伪装成一切外交事务的中心。她每天都在对最新的事态冥思苦想——中东、伊拉克乃至非洲，进而演化为严肃而富有成效的新闻发布会。更有利的是，她只需要利用一下丈夫在任时与外国领导人之间的关系即可。就像一位隐形的国务卿一样，希拉里总是友善地迎接着造访华盛顿的名人显贵，在通往华盛顿的路上会见来自加拿大、以色列和爱尔兰的代表。尽管她不可能为这些人做任何事情，但作为礼节——因为有朝一日她也许会成为总统，她总能得到国外领导人的奉承，她总能成为他们所见到的第一位民主党人士。从表面上看，她的公开声明也许会涉及叙利亚、伊朗或是伊拉克。但这些东西总有着一个共同的潜台词：她在参与。她声称自己是全球事务的首脑，任何人都不可能挑战她。她的白宫经历也的确是这样，但除了这样一个事实：她的参与也仅仅是陪同丈夫出国旅行而已，她自己能做的不过是只有一天的第一夫人之行：参观一下医院和学校。除此之外，她在丈夫的总统任期内没有参与过任何政府事务，在国际问题上也没有任何真正的经验或能力可言。

希拉里绝对是真正的学术派。她的一举一动总是谨小慎微，从不会随意发表言论。你从来不会看到希拉里和泰德·肯尼迪（Ted Kennedy）或是霍华德·迪恩在一起高谈阔论她对阻碍议案通过一事的支持的照片，或是就特瑞·谢维（Terri Schiavo）讨论她对安乐死的立场，也不会看到她和巴巴拉·鲍克斯（Barbara Boxer）讨论晚期堕胎问题。这会偏离她所标榜的主题。那只是原来的希拉里所关心的话题。至少在现在，她必须让自己永远保持一个全新的希拉里的形象。那个旧的希拉里将尘封起来，直至重掌白宫大印，才能恢复为自由主义者的真正的希拉里。她的老朋友也知道这些，因此，他们可以耐心地等下去。

有些人根本就不重视希拉里·克林顿。这种一厢情愿的想法很有诱惑力，但最终将是非常危险的。很多人，尤其是保守派人士，他们根本就不可能相信，任何一个头脑清醒的人会支持希拉里。因为他们还清晰地牢记着他的丑闻还有她的丑闻；他们还记得她的重塑和她的意识形态，于是，他们便想当然地认为别人也和自己一样。他们对希拉里的个人反感情绪已经遏制了自己的理性思维，于是，他们开始对现实视而不见，于是，他们的判断力也开始扭曲异化。他们根本就不相信希拉里能纠集到当选总统所需的全国性支持。与此同时，他们的保守主义思想让他们坚信，选民会轻而易举地看穿她，然后否决她的候选人资格。

但是，那只是在希拉里在竞选 2000 年参议员时很多人的想法，当然也是他们的希望。他们决不相信，他们甚至无法想象，头脑清晰的纽约人会站在希拉里的一边，而这个人又是一个从来没有执掌过政务的投机家，一个从来没有生活在纽约的人，一个突然声称拥有犹太人祖先和纽约人心脏的人。

当然，这些人错了。希拉里以 12 个百分点的优势在参议院为自己赢得了一席之地，不仅在南部取得了胜利，在北部也一样一往无前。她的魅力征服了怀疑论者，也蒙蔽了媒体的视线，把原来经常持怀疑态度的"第四阶级"① 变成了言听计从的巴儿狗。

她的战术就是大胆创新。在莫尼卡·莱温斯基丑闻之后，她用同情心以及对第一夫人这一地位的精心策划，让民主党对手一败涂地——然后，凭借白宫给自己带来的气势以及总统任期内无止境的优势，俘获了政党领导人，为自己筹集到胜利所需要的资金。

那些仍对希拉里当选总统心存疑虑的人，绝对需要反思一下她的吸引

---

① 美国新闻媒体由于其监督作用，经常被称为"第四阶级"，并被视为与立法、司法和行政部门具有同等地位，这是对"阶级"一词的延伸用法，原有的三大阶级指封建社会的贵族、僧侣和平民。——译者注

力。尽管她在自由党派中的受欢迎程度是显而易见的，但是，民意测验的结果对于希拉里更有利——在 2005 年《美国今日》/CNN/盖洛普的调查中，33％的保守派声称，他们将在总统竞选中投希拉里的票。①

千万不要低估这个女人！

为什么说希拉里能赢得 2008 年民主党的提名人竞选

可以说，希拉里·克林顿已经锁定了民主党的提名人资格。那么，就让我们忘记克里，忘记爱德华兹（Edwards），忘记埃文·贝赫（Evan Bayh），忘记霍华德·迪恩，忘记艾尔·戈尔，忘记那些赶超崇拜者吧。未来只属于希拉里一个人。

和以往的政治一样，我们所能做的不过是追随着金钱的足迹。自然，金钱也会引导着我们的克林顿夫人。自从她踏上了独立的政治旅程，她就像一台永不停止的筹资机器。在 2000 年的参议员竞选中，她筹集到了 3000 万美元，然后又悉数花掉。② 但那只是开端而已。从她当选的那天起，克林顿参议员就一直没有停止过筹钱。她的这种执著有双重目的：帮助民主党候选人，扩大自己的支持者和捐款人队伍。

她所筹集的钱并没有全花在自己的竞选上。她对自己的时间极为慷慨大方，她一直在为其他民主党人士竞选议员和政府官员不知疲倦地筹资。她曾经为克里竞选总统筹资。她也曾经为自己的政治行动委员会筹资，然后再通过这个委员会为其他候选人进行捐赠。她还为民主党全国委员会（DNC）、州党派以及地方候选人筹资。

---

① 33％的保守派：苏珊·佩奇，《今日美国》，《大多数民调显示出为克林顿投票的可能性》。www.usatoday.com/news/washington/2005－05－26－hillary-poll_x.htm。

② 在 2000 年的参议员选举中：雷蒙德·赫尔南德兹（Raymond Hernandez），刊登在 2005 年 4 月 19 日《纽约时报》上的《克林顿参议员为 2006 年积累筹款线索》（Senator Clinton Piles Up a Fund-Raising Lead for 2006），A21 页。http://stophillarypac.com/cgi-data/news/files/51.shtml。

但这一切绝非大公无私的举措。她为其他人所筹集到的每一美元，不过是为了增加自己的政治资本和财务资本。对于所有这些自己曾经支持过的候选人和委员会，希拉里都建立起一种具有象征性意义的关系。她赋予自己主持或是参加的活动一种明星气质，使之总不会缺少大批慷慨无私的参与者。这为她赢得了候选人对自己的忠诚，而这种忠诚早晚会派上用场的。在每一站，希拉里都会在自己的支持者或是捐赠人名单上增加一些名字。

　　在 2002 年的选举中，也是她当选参议员之后的第一次大选，《纽约时报》把希拉里描写为"除了她的丈夫之外，民主党最优秀的筹资人，她总能让自己的筹资不乏响应者……她代表鏖战中的 30 多名众议院和参议院民主党候选人或是位于华盛顿的三个民主党竞选委员会，开展竞选活动，或是召集筹资人会议"①。该报还指出："她在华盛顿的家已经成为筹资者晚宴和接待民主党候选人的中转站。"

　　事实上，在 2002 年之后，她又进一步加速了自己的筹资步伐——不仅仅是为了自己，也是为了从东海岸到西海岸的民主党。从 2004 年到目前为止，根据其工作人员估计，希拉里已经为其他民主党人士筹集到了至少4500 万美元。②

　　由于希拉里正在紧锣密鼓地为 2006 年再次当选参议员以及未来的总统大选进行准备，因此，她的筹资活动也开始加快了。③ 在 2005 年的第一个季度，她就为自己的参议员竞选筹集到了 400 万美元，到 2005 年 3 月 31 日为止，她已经筹集到了 900 万美元。

　　但希拉里的筹集努力却被受到了限制。克林顿手下的人比任何人都更快

① "民主党最优秀的筹资人"：亚当·纳古尔内（Adam Nagourney）与雷蒙德·赫尔南德兹，刊登在 2002 年 10 月 22 日的《纽约时报》上的《希拉里·克林顿：明星与下属的双重角色》（For Hillary Clinton, a Duel Role as Star and as Subordinate），A1 页。
② 筹集到了至少 4500 万：赫尔南德兹，发表在 2005 年 4 月 19 日《纽约时报》上的《克林顿参议员为 2006 年积累筹款线索》。http://stophillarypac.com/cgi data/news/files/51. shtmil。
③ 她的筹资活动也开始加快了：赫尔南德兹，发表在 2005 年 4 月 19 日《纽约时报》上的《克林顿参议员为 2006 年积累筹款线索》。

地掌握了在新环境下进行筹资的艺术——2003 年通过的《麦凯因－菲恩戈尔德竞选财务法案》的通过带来了新的变化。按照这些新的规定——被人们不恰当地称为"改革"——政治党派和候选人自己接受的用于竞选活动的资金数额，将受到严格的限制。目前，每位捐款人对任何候选人的捐赠资金数额不得超过 2000 美元。被提名人及其党派可以笼络巨额"软钱"捐赠用于竞选活动的时代已经一去不复返了。

尽管堵住了一个漏洞，但立法却造就另一个漏洞——而这个漏洞更大，甚至可以让巡洋舰穿行于其中。尽管不允许政治党派或候选人接受"软钱"，但是，被认定为独立的政治委员会，也就是所谓的 527s，目前却可以根据法律造就的这个漏洞接受任何数量的捐款。

克林顿夫妇的长期资深筹资专家、暴徒般的政治活动家——哈罗德·伊克斯（Harold Ickes）很快就发现，《麦凯因－菲恩戈尔德竞选财务法案》使已建立的政治党派委员会在竞选筹资过程中处于次席，因而是过时的。无论是民主党还是共和党的全国委员会，或是两个政党的现有政治和活动委员会都不可能成为筹集巨资的渠道。从现在开始，筹资的核心将属于可筹集软钱的政治委员会，因为他们可以恰当摆脱全国性政党委员会所受到的严格限制。一方面，这些制约导致政党所掌握的筹资工具无能为力，另一方面，它又导致事务性群体、工会以及非正式的特别性群体可以为所欲为。

在通过《麦凯因－菲恩戈尔德竞选财务法案》之前，党派下属的长期性机构对华盛顿官方筹资委员会的忠诚，就是筹资人最大的保障。在收到来自民主党或是共和党全国委员会的筹资请求时，这些党派的支持者可以毫无顾虑地打开信封，因为他们清楚请求来自何人，也相信他们能把钱花好。但是，一旦禁止政党索取巨额支票，筹资者和愿意而且有能力签发支票的捐款人之间就需要签订一份新的协议。但问题在于：谁愿意填补这个空缺？工会是否会加大筹资力度？自由的特殊利益群体，比如说希拉俱乐部①或是全国堕胎权

---

① 美国的自然资源保护组织。——译者注

利行动联盟（现在被称为美国支持堕胎权组织），能否筹集到更多的钱？

希拉里和哈罗德决定打破这个禁例。但是，以那些具有外部议程或是实质性议程的群体取代政党成为筹资机器，则是对克林顿机器的诅咒。捐款人必须保留在家族内部。

于是，2003～2004年选举期一经开始，一直身处克林顿筹资丑闻边缘的哈罗德·伊克斯，就组建了一个招牌外挂的"软钱"筹集机器。这样，他就不再需要捐款人向民主党或是希拉里的竞选委员会签发10万美元支票。相反，他们建立了一个被称之为"美国人团结起来"（ACT）的527政治委员会，然后，把同样数额的支票存入该机构的银行账户。

有了伊克斯的操纵，ACT就成了一个忠实于希拉里的融资工具，着手争取那些对希拉里未来政治生涯至关重要的大捐款人的信任。曾经担任克林顿1992年竞选管理人以及克林顿白宫办公室副主任的伊克斯，同样也是希拉里的首席政治管理人兼顾问，又是希拉里最知己的密友兼助手。在ACT，哈罗德竭尽所能——充分利用了《麦凯恩－菲恩戈尔德竞选财务法案》的漏洞，为希拉里筹集到一笔又一笔的巨资。

意识到政治选举财务法案所造就的新环境，找到那些捐款人无疑成为重中之重，于是，哈罗德·伊克斯召集了一个ACT的捐款人队伍，这个群体将在克里的竞选成为"棋盘游戏"的解答之后可以继续长期存在下去。

伊克斯把2004年的选举当成一次真正的工作训练，他的真正使命是把希拉里送进白宫。名义是在为克里和爱德华兹索然无味的竞选进行筹资，实际上，他只是在养精蓄锐，为自己在2008年希拉里总统之战即将承担的角色做着准备。

哈罗德与乔治·索罗斯（George Soros）建立了婚姻一般的亲密关系，并说服索罗斯为"美国人团结起来"至少捐赠750万美元[①]。索罗斯，这位

---

① 为"美国团结起来"捐赠750万美元："美国团结起来——非联邦账号"，《政治人物操守调查机构》。www. public-i. org/527/search. aspx？act = com&orgid =649。

因逃避希特勒暴行而移民美国的匈牙利人，一直是自由事业最坚定的党徒和支持者。他痛恨共和党，更是在过去的两年里坚定不移地攻击布什总统。但是，和很多很多与他同样富有的人不同的是，为了自己的事业，索罗斯会毫不犹豫地为了赢得选举而捐款。他经常涉足国外选举活动，利用自己的财富去削弱自己不喜欢的政府的力量，并因攻击马来西亚林吉特而被指责为东南亚金融危机的罪魁祸首。他有着巨大的影响力，而且他也知道怎样去运用自己的影响力。现在，对于伊克斯——同样也是对于希拉里来说，他已经成了不再神秘的武器了。

伊克斯利用新竞选财务规则的漏洞为希拉里照亮了一条新的道路。ACT在2003～2004年的竞选周期内筹集到了1.37亿美元。但这很可能只是希拉里——真正的目标——竞选总统所需的一小部分。这是一次筹款预演！

尽管ACT在选举结束之后便成了过眼烟云，但伊克斯却创造了一个赢得成千上万大捐款人信任和支持的软钱筹资机器。克林顿夫妇不再依赖那些特殊利益群体或是政党委员会支付他们的竞选费用：伊克斯彻底改造了方向盘，不过这一次的目的是让克林顿的乐队花车走向胜利。

当然，议会的确需要通过一项真正的竞选财务改革法案，以消除美国政治选举活动中的各种软钱。但这样的法案根本就不可能出现——至少在今生是不可能的。对于国会山这些真正有钱的大男孩……还有大女孩们来说，唯一能做的，不过是一项禁止527s的新立法，用新的漏洞取而代之原有的漏洞。

只要看看数字就可以了：ACT在2004年的选举中就筹集到了1.37亿美元。希拉里的共和党行动委员会和其他群体为其他候选人筹得了4500万美元，她自己的竞选委员会又筹得了另外900万美元。从当选参议员开始，希拉里和她的竞选助手已经弄到了近2亿美元，相比之下，这足以让其他美国政客（除总统）的筹资显得相形见绌。当然也欢迎您加入这个大联盟。

而且希拉里知道该怎么花钱。她不仅获得来自民主党总统候选人选举代表大会代表的资金，而且还得到了他们的支持。今天，2008年提名程序已经蓄势待发，民主党全国代表大会的 1/5 代表也已经尘埃落定。初选会议、预备会议已经迫在眉睫。这些人绝对属于超级代表——民主党的议员、参议员，还有州委员会的主席。和任何一位初选当选代表一样，这些明星都有资格获得相同的一票。但是，和初选代表不同的是，初选投票人并没有告诉他们到底应该支持哪位具体的候选人。他们可以把选票投给自己喜欢的人。希拉里把大把的钞票交给他们用做竞选基金，以此来赢得他们的忠诚。

那么，什么人算是超级代表呢？他们到底是怎样成为超级代表的呢？

1968 年在芝加哥的民主党全国代表大会上，党派领袖们居然让会议以崩盘告终——最终的结果是警察与持不同政见的学生在街道上发生了冲突，这直接导致两个政党均对各自的提名持续进行了改革，使之更民主，更顺应选民的意愿。从此之后，所有候选人都要参加初选或是预选，争取那些由投票人公选的代表。

但是，这种民主化也有一种副产品：党派要人自己却被排斥于本党派的提名程序之外。因此，除非他们支持了正确的人选，否则，他们就会出局。参议员、议会议员甚至是政党主席都会发现，他们自己被拒之于 1972 年的民主党候选人全国代表大会之外——他们根本就不可能接受这一切。

当芝加哥市长理查德·戴利（Richard Daley）试图参加 1972 年的政党选举会议的时候，硬是被招待人员护送出了大厅，正是他曾在 1968 年下令制定故意伤害警察罪。麦戈文（McGovern）最终获得提名，他知道绝不能以这种方式来对待这个本可以代表伊利诺伊州投他一票的人。但是当麦戈文知道戴利市长被拒之门外的时候，为时已晚，这个局面已经让他无法扭转乾坤。他失去了伊利诺伊州以及其他的 48 个州。

1972 年惨败之后，民主党再次改换了章程。这一次，所有全国选举出的民主党官员与州党派领袖都化身为当然代表，每人都拥有全权投票权。这些超级代表们占总代表人数的 20%，因此，在首轮候选人提拔会召开之前，他们在全国代表大会上就能将某位总统候选人的选票从 40% 一路推进到多数票的位置。

而且，他们中的大多数人都会支持希拉里。为什么？因为她已经花钱收买了这些人！在她华盛顿的家，所有为全国民主党候选人筹集资金的人都在这一点上达成共识：旨在赢得超级代表们的选票，让希拉里在初期就获得优势。每一张选票都很重要，她对此心知肚明，而且她已经开始记录票数了。

但是，喜爱希拉里的不仅仅只是这些拥有超级代表权的党派精英们，整个民主党大本营都很喜欢她。根据 BookScan 报道，其自传《亲历历史》至少售出 1324727 册①，据非正式数据，这是全国图书销售的记录。大多数出版商认为加上精装本的总数量，还应在 BookScan 这个数字之上再加上 30%。根据这些数字统计，大约有两亿人购买了希拉里的书。

她的图书巡回签售活动活像是某个打榜摇滚歌星的巡回演出，在美国各大城市引起轰动。希拉里只要在某个书店出现，书店外必是排着长龙等候的拥护者们。几个月以来，希拉里所到之处，人们都蜂拥抢购她的图书，争相与她握手，希望得到她的签名。自从鲍比·肯尼迪（Bobby Kennedy）以来，还没有哪位总统候选人对民众具有如此强大的吸引力，就连她的丈夫也不曾企及。

希拉里出版自传有三个目的。第一也是最重要的，就是她想挣钱。靠政府薪俸过活已经让她心生厌倦，即使现任总统所领取的薪水高达 20 万美金，另外还加上住宅与额外补贴②。她经常提到她和比尔甚至还没有自己的房子，这听起来好像是他人的错。在比尔担任阿肯色州州长期间，她曾痛心疾首地抱怨，为了比尔竞选总统，他们做出了巨大"牺牲"。有人提出反驳，住在美国最奢华的房子里，房子里陈列有高档古董、珍贵的艺术品以及绚丽的鲜花，世界级的大厨为他们准备餐饮，单单就是为这个住所服务的员工就超过五百人，这无论如何谈不上是什么艰苦吧。另外再加上私人飞机，豪华轿车；每个周末去山里疗养；免费的医疗保险以及 24 小时的医疗护理；对

---

① 至少售出 1324727 册：http：//book. bookscan. com/wincgi/book. exe？what = 26595。

② 即使现任总统所领取的薪水高达 20 万美金："总统薪俸是多少？" www. govspot. com，www. govspot. com/know/presidentsalary. htm。

亲朋好友及捐赠者的无限款待；免费观看电影首轮公映；以及衣服、家具、瓷器、银器、假期与旅行等不用上税的礼物，这些礼物可以说是没有止境。这听起来是一场非常划算的交易啊。可是，对于习惯了这种奢华生活方式的克林顿夫人，这还不够。而且，所有这些也都已经划上了休止符。

　　撰写自传很容易就能解决这个问题。其出版商西蒙与舒斯特同意在选举日（2000 年 11 月 7 日）与她宣誓就职（2001 年 1 月 2 日）之间的这段时间内付给她 800 万美金的预付款，在她赢得参议院竞选与一月份宣誓就职这么短的关键时间里，从道德上来讲，在这个时间段之内是禁止接受预付款的。根据对外公布的情况，她在总统官邸逗留的最后几周内举行了一次拍卖，在拍卖第一天她只接收了 500 万美金。在这次拍卖之前，出版商们受邀前往白宫与希拉里会面，而这个会面地点正是当年亚伯拉罕·林肯与富兰克林·罗斯福排兵布阵、指点江山的著名宅邸。历史在以怎样的面貌发生着变化！希拉里的第二个目的在于避重就轻地讲述自己的故事，对自己所钟爱的内容进行大肆宣扬，而对传记中抹去的某些内容又采取不闻不问的漠视态度。① 我们在其他地方也已经提到，把书名叫做《亲历历史》多少有点放肆：实际上，为了呈现一个讨人喜欢的形象，她在书中可谓改头换面，对她的批评者予以攻击，把自己塑造成一个全新的希拉里，而这个全新的形象无非是想吸引广大选民，博得他们的同情而已。她在这本书里以亲切的姿态聊她幸福美满的婚姻家庭生活，并夸大自己对于克林顿政府所起的作用。对于莫妮卡·莱温斯基事件带给她的震惊，她那故弄玄虚的描述多少让人有些忍俊不禁。但是无论如何，她还是达到了她的目的。对于银行账户数字以及民意投票的大幅度上涨，希拉里一直笑到了最后。数百万美国人，尤其是女性，都相信她的故事，并因此更加爱戴她。

　　希拉里的最后一个目的是利用这本书及其附带的宣传效应来重新塑造自

---

① 传记中抹去的某些内容：完全理解希拉里如何重塑自己，见迪克·莫里斯与艾琳·麦克盖恩合著的《重写历史》，纽约：里根书局，2004。

己，改变及完善自己的形象，如果这样做有效的话，便可以为 2008 年总统候选人亮相造势。好家伙，这一招还真有效！

《亲历历史》出版之前，希拉里的人气已经有所滑落。其选票数远远低于现在的数字，有人甚至认为她的支持率还不到 40%①。

人们对克林顿的厌倦情绪日益增长，这也影响了希拉里在民众中的受欢迎程度。赦免丑闻为克林顿离职白宫蒙上了一层阴影。选民们再次对她与她的丈夫产生了警惕心理，他们认为克林顿夫妇都缺乏道德感，不值得信任。就在希拉里开始参议院生涯几天之后，她被迫召开了一场新闻发布会，为她的两个兄弟接收其丈夫赦免者的大笔报酬而做出辩护，但辩护并不成功。但是所有这些逐渐都被大家所淡忘，她再次显露出东山再起的架势：离开白宫 5 年后即出版自传 2 年后，根据 2005 年 6 月福克斯新闻调查结果显示，有 53% 的被调查者对她有好感。②

希拉里现在把其他民主党候选人远远甩在身后，在民主党候选人提拔会上获得 44% 的选票，票数在潜在的民主党候选人当中名列前茅③。约翰·克里以 17% 的选票落后，而约翰·爱德华兹（John Edwards）仅仅只获得 13%。自 2004 年选举日以来，希拉里已经赢得四个点，而克里则输掉四个点，爱德华兹输掉两个。一旦希拉里真的成为总统候选人，她的票数有可能还会飙升。

希拉里改走中间路线的举动正在发挥作用。她就是某些人可以被愚弄的实例。难道美国人都失去判断力了吗？从每天的照片及新闻稿当中，他们难道看不出来在希拉里与右翼之间显然存在着某种可笑的联系吗？

克林顿夫妇政治生涯的观察员、前众议院发言人纽特·金里奇曾经谈到过希拉里转向中间派这一成功之举。他在 2005 年 4 月 13 日对美洲报业编辑

---

① 她的支持率还不到 40%：2001 年 3 月 10 日的福克斯新闻，民意动态调查。
② 有 53% 的被调查者对她有好感：2005 年 6 月 14～15 日的福克斯新闻，民意动态调查。
③ 票数在潜在的民主党候选人当中名列前茅：2005 年 6 月 14～15 日的福克斯新闻，民意动态调查。

协会表示："克林顿参议员正以非常出色、专业、聪明的方式转向中间派，她以非常机灵有效的方式成为军事委员会的一员——这是现代军事委员会自 1948 年创建以来第一位任职的纽约人。我认为，所有认为她不堪一击的共和党人，可能完全忘了克林顿夫妇的历史。"①

纽特本人最近成为希拉里新闻宣传最后一站的支持者，他计划向世人展示，希拉里在与来自各个政治领域的政治家合作时具有通融的态度及极高的工作效率，哪怕对方是极右派。大家肯定想知道，是什么驱使这些看似明智的各党派人士愿意参与到希拉里的荒诞剧中来。纽特·金里奇又为什么愿意花时间加入希拉里假装转向中间派的计划中来呢？他是否需要与希拉里一起转向中间派？希拉里差不多以同样的方式欺骗了参议员多数党领袖比尔·弗里斯特、南卡罗来纳州共和党参议员林赛·格雷厄姆（Lindsey Graham）、宾夕法尼亚州参议员里克·桑托伦、参议院元老会领导团队的一位成员，让他们同她一起支持各项相对没什么争议的立法。与此同时，她还灌录一盘热情洋溢的录像带，送给她之前的强劲对手——纽约州前参议员艾尔冯斯·达马托（Alfonse D'Amato），后者正是曾调查白水门丑闻②的参议院委员会主席。在这盘录像带里，希拉里表示，能够与他做朋友会让她觉得自豪。

对不起，是我听错了吗？难道希拉里认为她在竞选**共和党**提名吗？如果这样的话，不久之后我们就会看到唐纳德·拉姆斯菲尔德（Donald Rumsfeld）与希拉里穿上迷彩服，戴上头盔，情绪高昂地登上伊拉克的一辆坦克，联手呼吁男女士兵积极从戎。之后，她可能会与杰瑞·法威尔（Jerry Falwell）牧师游走于各个中学，极力提倡节欲观念。

但是希拉里的策略目标不会只止于转向中间派与拥护军队。她暗中还藏

① "克林顿参议员，"他表示：凯瑟琳·Q. 希莉（Katherine Q. Seelye），刊登在 2005 年 4 月 14 日《纽约时报》上的《金里奇把克林顿夫人当作 2008 年总统候选人》（Gingrich Sees Mrs. Clinton as Presidential Nominee in 2008），A22。

② 即"白水开发公司"案，克林顿在这家公司中拥有 50% 的产权。据悉，希拉里曾从公司得到一笔可观的非法红利，这笔钱先存入白水开发公司克林顿名下，再利用法律上的空子将这笔钱转出，用作克林顿 1984 年竞选连任阿肯色州州长费用。——译者注

有一张王牌，这就是她的丈夫——美国前总统比尔·克林顿。

许多人仍然会问：她为什么一直对他不离不弃？很显然，除了诸多个人原因之外，也有一些政治因素。首先，三十多年来，这对组合可谓无往不胜，这对他们俩来说都非常有用。即使他们并不时常见面，他们仍然具有两个重要的共同目标。第一就是希拉里当选为美国第一位女总统。第二就是继续维护比尔的总统任期。

比尔在希拉里进驻总统办公室这条道路上扮演极为重要的角色。他不仅是希拉里的主要顾问、拉拉队队长、资金筹集者，而且，他的存在本身就提醒着那些拥戴他的民主党选民，如果希拉里当选，他会再次回到白宫。如果没有他，希拉里想要当选为总统将会非常困难。而有比尔在一旁保驾护航，第三任克林顿政府的愿望可谓触手可及。

根据2005年6月福克斯新闻/美国民意动态集团进行的民调显示，38%的选民对于看到比尔作为"第一丈夫"回到白宫表示出"十分热心"，而33%的调查者声称对这种局面感到恐怖。但是，这38%的大多数人会在民主党候选人提拔会上进行投票！①

在他们奇怪的关系中，事业合作关系始终是他们婚姻的一个重要组成部分。因为，对于克林顿夫妇任何一方来说，事业都是第一。政治因素不是他们婚姻的潜台词，而是他们关系的基础所在。

在1988年比尔退出总统竞选之后，当时的情况是比尔似乎再也无意于总统竞选了，克林顿夫妻便开始协商离婚事宜。而就在莱温斯基事件之后，也就是在他们的婚姻真正触礁的时候，正是希拉里入驻参议院的野心又将他们捆绑在了一起。在某种意义上，正是政治将克林顿夫妇紧密地团结起来，因为他们共同专注于他们的生活计划：让他们的政治抱负开花结果。

现在，希拉里为了总统竞选积极备战，比尔自然就成了她的战略军师。正如金里奇所说的，克林顿参议员拥有"美国最聪明的政治家作为她

---

① 38%的选民：2005年6月14～15日的福克斯新闻，民意动态调查。

的顾问"。① 在这位参议员转向中间派这一昭然若揭的举动当中以及其在对外政策与国防问题上的强硬态度上，我们显然已经看到比尔的印迹。凭借投靠中间派，比尔赢得 1992 年与 1996 年的两次总统大选，他无疑是将他那教条的自由分子妻子转向中间派的幕后操纵者。

比尔还让希拉里大谈价值标准。这又要回到 1996 年，当时我所做的一个民意调查显示，由于当时的克林顿总统彻底改变自己的论调，人们对他是否拥有与他们相同的价值标准表示怀疑。此后他在公共场合便不再对什么项目、预算或细节高谈阔论，相反，他开始大谈价值标准。他不再提及起步项目②或扩大该项目影响范围的需要，而是谈到要为孩子们提供更多机会。我们把这种语言上的转变称作"教总统说意大利语"。

在 2004 年大选期间，克林顿告诫克里不要忽略宗教与价值标准在竞选活动中所起的作用。③ 根据《新闻周刊》报道，即使当这位前总统准备进行心脏手术的时候，他仍不忘督促克里在其竞选活动中要在美国主流价值观方面多下些工夫，可惜这位民主党提名人并未理解这个建议的良苦用心，因而也就没有采纳。

现在，希拉里为性爱电视节目对未成年人的影响以及未成年人堕胎等价值问题大声呼吁，这无疑是听取了其丈夫提出的相同建议——该建议的合理性在 2008 年与 2004 年一样没有发生任何变化。

但是，比尔·克林顿在幕后的作用几乎还比不上他对希拉里在电视镜头前的表现所提供的帮助。正如希拉里站在她的丈夫身边就可弥补他的主要不足之处，同样，比尔站在妻子的身边，也就能让她的主要问题迎刃而解。

---

① "美国最聪明的政治家"：希莉：《金里奇把克林顿夫人当作 2008 年总统候选人》，《纽约时报》A22 页。

② 起步项目是针对美国的低收入、学龄前 3~5 岁儿童提供综合性的发育服务，以及针对他们家庭的社会服务。——译者注

③ 克林顿告诫克里：伊万·托马斯（Evan Thomas），刊登在 2004 年 11 月 15 日《新闻周刊选举特刊：2004 年竞选活动》第 102 页上的《内幕：布什如何做到这一点》（The Inside Story: How Bush Did It）。www.msnbc.msn.com/id/3144249/site/newsweek。

任何首次当选为总统候选人的人都要面对来自外界对其在执政能力、外交政策经验与处理危机的能力等方面的质疑。尤其当这名候选人身为女性，而且参加选举不过短短数年时间，没有任何行政或国际事务方面的经验，这势必加深人们的疑虑。

比尔的存在便缓解了这种疑虑，其执政经验让那些心存怀疑的选民感到放心。第一丈夫随时都能提供工作上的帮助。当希拉里在不熟悉的险滩上航行的时候，比尔伴其左右，会帮助她回避一个又一个隐藏的危险。比尔的总统记录隐约让人看到希拉里在职时的成功，这无疑会为她的竞选活动增添光彩。比尔在平衡预算方面的成功经验似乎又证明了希拉里将能够克服因反恐战争、布什减税以及国家安全需要所带来的巨大赤字问题。比尔在海地、波斯尼亚与科索沃等地调停国际危机时避免重大人员伤亡的能力让希拉里胜任总司令职位这一可能性更具说服力。比尔在签署《福利改革法案》与加强犯罪打击等方面的适度表现又会让那些担心希拉里自由主义表现的人略感慰藉——尽管这一切都可能是假的。

对于丈夫的总统业绩有多少应该归功于她，希拉里对这一点始终表现出模棱两可的态度。比尔在职期间，她刻意保持距离，一心打造自己的独立形象。但是在竞选参议员的时候，希拉里却因为比尔的政治成就而大受赞扬。在《亲历历史》这本书当中，她尤其夸大了自己在丈夫任职白宫期间所起到的作用，但是这种说法却与比尔对此事的看法大相径庭，他认为希拉里对他的总统生涯并没什么功劳。（可参照我们另外一本书《慎独不足，自信有余——克林顿旁传》［*Because He Could*］，对于希拉里在比尔担任总统期间到底做了什么，看看这对夫妻**分别**是怎么说的，读者不妨做个有趣的比较。）

但是现在，这位前第一夫人总是迫不及待地重复丈夫担任总统期间的各项成就，并把这些成就当作自己的履历背景，同时还将它们与她所认为的布什任期的负面影响进行比较。她把比尔在位时就业的繁荣局面与布什政府毫无活力的表现相提并论，将克林顿政府期间的平衡预算与布什任期时的赤字膨胀加以对比。

任何一位来自对立党派有抱负的总统候选人都会做同样的事情。但是，希拉里却是话里有话，就是这些成就中有一部分是属于她的。她总是模糊自己与丈夫之间的界限，目的就是想将比尔的政绩写到她的履历上面。

总之，在筹集政治资金、回避对手攻击以及还击政治对手等方面，比尔·克林顿仍然是希拉里最有用的代理人。一旦出现不妙情况，他便是希拉里的一枚重炮。

还有哪一位筹款者的能耐大过比尔·克林顿呢？即使他不再拿林肯卧室或戴维营进行拍卖，他仍然具备十足的明星效应。为希拉里筹集大量竞选资金的任务还将会由比尔来完成，这应该与希拉里竞选参议员时的情况一样。

还有哪一位比比尔·克林顿更能有效地摧毁对手呢？只要这位美国前总统发起攻击，对手势必伤痕累累。对于自己妻子所遭受到的攻击，他一定会以加倍的力度予以还击：您的对手不仅曾是这个国家最强大的人，而且对于严阵以待的希拉里来说，他还有另外一个身份，就是她的丈夫。

希拉里想要赢得提名，比尔·克林顿仍是不可或缺的人物，组织代表、拉拢党派领袖、与超级代表协调好关系，这些方面都得依靠比尔出面。

显然，比尔·克林顿对于另一届（或两届）总统任期也是觊觎已久，他会拼命通过自己的妻子来实现这个愿望。最近，他已经无数次在公共场合表示，如果希拉里能够当选，将会成为一名了不起的总统，而且他愿意为此竭尽全力，这种言论无疑是故意对外界对希拉里参加 2008 年总统竞选的猜测煽风点火。

在这些言论背后，暗藏着某种紧迫感：希拉里其实盛名难副。即使在参议院任职四年之后，在立法方面，她并没有真正属于自己的政绩——除了对美国医疗体系改革的半途而废，至今还没有哪一项作为能将她从这次失败的阴影当中拯救出来。她需要不断提及丈夫平衡预算及福利改革的光辉业绩，希望以此来抹杀她首次入驻白宫的不快记忆。

凭借笼罩在她周围的克林顿光环，希拉里可能不仅仅只赢得民主党提名。她还有可能会当选。

希拉里如何才能赢得选举

看看数字吧。[①] 在 2004 年总统选举日，乔治·布什获得 62040606 张选票，他的竞争者约翰·克里以 59028109 张选票紧随其后。希拉里从民主党人那里能多获得多少票数？

在对此类事情进行评估之前，首先需要理解下面这个内容：民主党在本质上是按人口统计进行分类的，而共和党可以说是集合了一群志趣相投的人。共和党人因为领袖及自己的信仰团结在其领袖周围，而民主党人则更多是由于自己的身份才归属到这个党派。

比如，在 2004 年竞选的时候，约翰·克里所获得的支持主要都是那些从底层支持其党派的民主党人。[②] 他获得非洲裔美国人、拉丁裔美国人以及白人单身女性的大多数选票。尽管克里的选票只占总统选举总票数的 38%，但这三大类人群的选票就超过克里总选票的一半以上。

但是希拉里能够吸引数百万新的选民，而这些选民都是克里无法企及的。原因如下。

在 2000 年总统大选的时候，非洲裔美国人占选民的 10%。[③] 到了 2004 年，他们的份额涨到 12%。[④] 等到希拉里参加竞选的时候，这个数字可能还会增长。

尽管在 2004 年，非洲裔美国人给予克里很大支持，但从本质上讲，少数民族选民并不是一开始就喜欢他的。他并没有支持黑人的辉煌历史；当他

---

① 看看数字吧：《2004 年美国总统选举结果》，CNN. com，www. cnn. com/ELECTION/2004/pages/results/president。

② 在 2004 年竞选的时候：《2004 年美国总统选举结果：全国投票表决票数》，CNN. com，www. cnn. com/ELECTION/2004/pages/results/states/US/P/00/epolls. 0. html。

③ 10% 的选票：《2000 年美国总统选举结果：全国投票表决票数》，CNN. com，www. cnn. com/ELECTION/2000/pages/index. epolls. html。

④ 他们的份额涨到 12%：《2004 年美国总统选举结果：全国投票表决票数》，CNN. com，www. cnn. com/ELECTION/2004/pages/results/states/US/P/00/epolls. 0. html。

开始竞选活动的时候，非洲裔美国人当中并没多少人认识他，而且在整个竞选活动中，克里也并没有试图去改变这一现象。黑人支持他只有一个原因：他们不喜欢布什。

但是非洲裔美国人对克林顿夫妇都非常了解，并且很喜欢他们。比尔将兴趣转移到少数民族选民身上，将办公室设在哈莱姆区①的决定，以及希拉里担任参议员期间对纽约黑人的关注等，决定了只要任何一个克林顿参选，所有这些因素都会鼓励黑人投他们一票。但是票数会增加多少？如果黑人选民到2008年增加一个百分点的话，这就意味着希拉里会多出一百万张选票。

在2000年选举的时候，戈尔在美籍西班牙语系人中的选票上有62比35的优势。② 但克里在拉丁裔选民中的选票只有九个点。为什么会有这种转变呢？这是因为乔治·W.布什为了吸引美籍西班牙语系人的选票，真是下足了功夫。他迫不及待地用西班牙语发表演说，他为了移民主张建立临时客工计划以及他的德克萨斯背景都在最大程度上提升了对美籍西班牙语系人的吸引力。由于反对同性恋结婚以及对宗教价值表现出来的强烈支持，使得布什在美籍西班牙天主教徒中也获得极高票数。同样要记住，布什扭转了共和党人只支持英语公共教育的局面，并终止了削减非法移民子女学校资金的行为。

但是在2008年总统大选时，共和党候选人中对美籍西班牙语系人的关心没有哪一位能与布什相提并论。不论是朱利安尼，还是麦凯恩或者弗里斯特，以及其他候选人，对西班牙裔美国人的吸引力都不可与布什同日而语（康迪可能除外）。

希拉里可能会陆续地将西班牙裔选民的选票带回到民主党那一栏里③。

---

① 位于纽约的黑人聚居地。——译者注
② 戈尔在美籍西班牙语系人中的选票：《2000年美国总统选举结果：全国投票表决票数》，CNN.com，www.cnn.com/ELECTION/2000/pages/index.epolls.html。
③ 希拉里会陆续将西班牙裔选民的选票：2000年11月8日CBS新闻：《希拉里的纽约情结》（Hillary's New York State of Mind）。www.cbsnews.com/stories/2000/11/03/politics/main 246677.shtml。

在 2000 年参议员选举的时候，她在美籍西班牙语系人中的呼声就很高，以 76 比 24 的优势获得纽约州西班牙裔选民的多数选票。希拉里在西班牙裔选民当中的选票有可能会与戈尔在 2000 年的票数差额相当，但票数可能会较高。在 2000 年，西班牙裔选民在总统选票上只占 6%，但是这个群体发展极为迅速。① 到了 2004 年，他们的选票份额已经上升到 8%。② 我们可以预计，等到 2008 年，选票数量有可能再增长两个百分点，这也就意味着拉丁裔选民的选票会占整个选民的 10%。（现在，拉丁裔美国人占美国总人口的 14%。）③

如果西班牙裔选民占 2008 年总选民的 10%，希拉里所获得的票数差额与戈尔相同，也为 65 比 35 的话，她从拉丁裔选民那里所获得的选票就会比克里多出 230 万张。

现在，我们来谈谈希拉里的主要优势——女性选票。

白人女性是她赢得总统选举的关键所在。她们的选票决定着美国总统政治。

白人男性都是顽固的共和党，他们的选票几乎都是确定的。在 2000 年总统大选中，布什在白人男性中的选票以 60 比 36 的比例击败戈尔。到了 2004 年，白人男性选票结果并未发生多大变化：布什以 62 比 37 击败克里。

但正是白人女性选民的票数有所增加，才使得布什能够再次当选。在 2000 年，布什在白人女性选票上仅比戈尔多一个点——49 比 48。④ 但是在 2004 年，他以 55 比 44 的白人女性选票挫败克里。⑤ 正是这十个点让布什多出 500 万张选票，巩固了其最后的胜利。

2008 年的总统竞选归结为一个简单的问题：谁将会获得大多数白人女

---

① 西班牙裔选民在总统选票上只占 6%：《2000 年美国总统选举：全国投票表决票数》，CNN. com。

② 上升到 8%：《2004 年美国总统选举：全国投票表决票数》，CNN. com。

③ 现在，拉丁裔美国人占美国总人口的 14%：《2000 年与 2004 年 7 月 1 日美国人口普查之西班牙/拉丁血统人口》，www. infoplease. com，www. infoplease. com/ipa/A0762156. html。

④ 布什在白人女性选票上仅比戈尔多一个点：《2000 年美国总统选举：全国投票表决票数》，CNN. com。

⑤ 他以 55 比 44 的白人女性选票挫败克里：《2000 年美国总统选举：全国投票表决票数》，CNN. com。

性选票？

女性选民为何如此关键？因为她们的选票在数量上超过男性。在2004年，女性选票占总选票的54%。去年，女性选民比男性选民多出840万。①

以下是一些基本数据：

● 在美国，女性公民多于男性公民。

● 女性注册投票的可能性更大。② 比如，在2000年总统选举的时候，就有6870万女性注册投票，相比较而言，男性只有5940万人。

● 注册投票的女性投票的可能性也更大。同样以2000年总统选举为例，56.2%的注册女性选民进行了投票，而注册男性选民投票的只有53.1%。

在1980年之前，为各政党进行投票的男性与女性比例相当。例如，在1968年，共和党候选人理查德·尼克松（Richard M. Nixon）在男性与女性选民中所获得的选票均为43%（尽管当时女性选民稍微更有可能将票数投给其民主党竞争者休伯特·汉弗莱［Hubert Humphrey］，但更多男性选民却投向了种族主义者乔治·华莱士［George Wallace］）。在1976年，吉米·卡特（Jimmy Carter）与总统杰拉尔德·福特（Gerald Ford）对阵，结果民主党分别获得51%的男性选票与52%的女性选票。

但是到了1980年罗纳德·里根（Ronald Reagan）挑战卡特总统的时候，性别差距开始出现。卡特以46比45获得大多数女性选票，但是却输掉竞选，原因是里根以54比37的差距获得大多数男性选票（剩下的票数都投给了独立候选人约翰·安德森［John Anderson］）。自从这个差距显现以来，就从未消失过。1980年以后的每届总统竞选，民主党的女性选票都会比男性选民多出七至十二个点。表2-1就说明了这种性别差距的持续影响。

---

① 女性选民比男性选民多出840万：《2000年美国总统选举：全国投票表决票数》，CNN. com。

② 女性注册投票的可能性更大：若歌大学美国女性与政治中心：《性别差距与2004年女性选票记录》。www. cawp. rutgers. edu/Facts/Elections/GenderGapAdvisory04. pdf。

表 2 – 1   总统竞选中的性别差距

单位：%

	男性	女性	性别差距		男性	女性	性别差距
1976 年				布什(共和党)	38	37	1
卡特(民主党)	51	52	1	佩罗(独立候选人)	21	17	4
福特(共和党)	48	48	0	1996 年			
1980 年				克林顿(民主党)	43	54	11
卡特(民主党)	37	45	8	多尔(共和党)	44	38	6
里根(共和党)	54	46	8	佩罗(独立候选人)	10	7	3
安德森(独立候选人)	7	7	0	2000 年			
1984 年				戈尔(民主党)	42	54	12
蒙代尔(民主党)	37	44	7	布什(共和党)	53	43	10
里根(共和党)	62	56	6	纳德(独立候选人)	3	2	1
1988 年				2004 年			
杜卡基斯(民主党)	41	49	8	克里(民主党)	41	51	10
布什(共和党)	57	50	7	布什(共和党)	55	48	7
1992 年							
克林顿(民主党)	41	45	4				

　　性别差距唯有一次有所缩小，那就是在 1992 年大选的时候，当时的差距已经缩小到只有四个点。在那次竞选活动中，由于太多选民都背叛各自政党，将票数纷纷投向独立候选人罗斯·佩罗（Ross Perot），各党派只剩下基础选票，因此性别差距没有以往明显。

　　这些数据的重点在于，民主党唯一的生存之道就是吸引大量的女性选民。为什么呢？

　　性别差距出现的时机为我们提供了一条很好的线索。在"罗伊对韦德"案件（即美国高级法院使在怀孕头三个月内堕胎合法化）之前，在男女选票上并无真正差别。在 1976 年，也就是"罗伊案"之后的第一次选举，结果也并未出现两极分化的现象——因为卡特与福特都没有谈到堕胎问题。

　　但是到了 1980 年，罗纳德·里根提倡经济权利与宗教权利成就完美婚姻，并极力反对堕胎，这导致男性与女性在看待共和党的态度上出现差异。像教育、贫穷与和平等其他问题也会影响男女投票的不同，但堕胎问题却遥遥领先。

婚姻状况造成美国女性选票存在巨大差异。在 2004 年，支持布什的已婚女性占八个点，而克里却以 64 比 36 的差额在单身女性（包括丧偶、离异或未婚）群体中获得压倒性的票数。[1] 有意思的现象是，已婚男性及单身男性的投票结果往往与他们的异性伴侣相似。

由于性别差距在很大程度上集中在单身女性群体，那么与贫穷女性有关的生育权利与问题似乎就有可能造成这种差距的出现。单身女性的平均收入要比已婚女性低很多，因此，单身女性就构成受最低薪水增长影响的绝大多数人群。而按照历史惯例，民主党支持增加最低薪水，共和党则对此表示反对。共和党反对堕胎，这对单身女性的影响一定会远远超过对丈夫们的影响。而民主党关注教育与消费者问题的历史传统可能还会让他们在女性选民中保持优势。

单身女性（包括未婚、丧偶或离异）占所有注册女性选民的 42%，因此她们的偏向十分重要。[2] 但是单身女性投票的可能性要比普通选民低很多。在 2004 年总统选举的时候，只有一半有选举资格的未婚女性参加投票，远远低于 60% 这个总投票比例。在 2004 年，2100 万具有选举资格的未婚女性待在了家里。如果希拉里·克林顿哪怕只是吸引其中一小部分人在选举日当天前往投票站，那么赢得选举便指日可待。

希拉里会以什么方式来吸引女性选民呢？她显然要比约翰·克里更占优势。可能会与预期的那样，希拉里在女性中的受欢迎程度远远超过男性。在纽约州，这个近几年来希拉里出镜率最高的地方，喜欢她的女性比例为 67 比 30，而对她予以正面评价的男性比例则为 53 比 41。[3] 毋庸置疑，一位女

① 在 2004 年，支持布什的已婚女性占八个点：若歌大学美国女性与政治中心：《性别差距与 2004 年女性选票记录》。www. cawp. rutgers. edu/Facts/Elections/GenderGapAdvisory04. pdf。
② 占所有注册女性选民的 42%：若歌大学美国女性与政治中心：《性别差距与 2004 年女性选票记录》。www. cawp. rutgers. edu/Facts/Elections/GenderGapAdvisory04. pdf。
③ 在纽约州，这个近几年来希拉里出镜率最高的地方：2005 年 5 月 14～15 日福克斯新闻/梅森－狄克森纽约州民意调查之全州千人大调查。

权主义/女性候选人在白人女性当中要比克里受欢迎得多，在单身白人女性当中尤其如此。

希拉里从女性选民那里可能会获得非常可观的票数。只要希拉里恢复戈尔在白人女性中的优势（在2004年选举中，女性选票占总选票的41%），她就会多获得350万张选票。而且，极有可能会获得更多。

那么，我们现在来合计一下：黑人选票多出100万，拉丁裔选民的选票增加270万，白人女性选票上涨350万，这样一来，希拉里所获得的选票至少要比约翰·克里在2004年的选票多出720万。数字可能还会高出很多，尤其在女性选民当中。

她是否会丢失克里所获得的一些选票呢？投票反对她的白人男性是否会超过反对克里的人数呢？可能性并不大。很难想象支持共和党的白人男性会超过在2004年支持布什的62比37这个比例。白人男性的支持已经大幅度地倾向于共和党，他们反对希拉里的程度还要超过他们当初对约翰·克里的态度，这实在很难设想。

福克斯新闻/美国民意动态集团证实了这一假设。当他们把希拉里与潜在的共和党候选人进行比较的时候，民调显示她几乎会赢得克里的所有选票。[①] 约翰·克里当时赢得所有民主党拥护者的支持，但并未得到太多其他选票。

如果希拉里的选票能够比克里多出七八百万张，那么她将会轻而易举地超过布什在2004年选举时所获得的票数。布什在他的第二任总统选举期间仅以3012497的票数击败克里。[②] 如果希拉里多出700万张选票，共和党就必须要额外再获得400万张以上的选票才能和她并驾齐驱。

最近的全国民调显示，希拉里的人气非常的旺。2005年5月《今日美国》/CNN/盖洛普机构的民调显示，53%的被调查者表示他们愿意支持克林

---

① 她几乎会赢得克里的所有选票：2005年6月14～15日福克斯新闻，民意动态调查。
② 仅以3012497的票数击败克里：《2004年美国总统选举：全国投票表决票数》。CNN. com。

顿（夫人）竞选总统。佩尤研究中心主任安德鲁·寇哈特（Andrew Kohut）认为，"随着时间的推移，人们对克林顿的厌倦情绪已经烟消云散……他们现在更多的是想到克林顿执政时期的好处。"

对希拉里的态度仍是两极分化，但是她的支持队伍在发展壮大，而反对的声音在日渐削弱。《今日美国》/CNN/盖洛普民调机构发现，"非常有可能"为希拉里竞选总统投票的选民比例在过去两年里从 21% 涨到 29%，而"根本不可能"支持她的数字则从 2003 年的 44% 降到 2005 年的 39%。[①]

希拉里·克林顿总统的前景可谓一片光明。

希拉里的威胁：2006

在参加 2008 年总统大选之前，希拉里·克林顿必须要在 2006 年第二次竞选纽约州参议员的活动中站住脚跟。尽管自己一直身为浪尖人物，但对这次再选，她仍不敢掉以轻心。如果出现真正对她造成威胁的合适人选的话，她更是马虎不得。

希拉里在纽约可谓好评如潮，因此在大多数投票站，她轻易就能击败竞争者。面对保守的共和党，她显然也能轻松过关。如果共和党人想用大规模的负面运动来攻击她，那么纽约选民的对抗性反应反而会成为希拉里的优势。

她在 2000 年的共和党对手里克·拉齐奥（Rick Lazio）就正好落入了这个圈套。这位亲环境的社会温和主义者在当时的竞选活动中不是强调自身优势，而且集中精力把他们所掌握的信息抖给大家——希拉里是个投机主义者。克林顿夫人正好反唇相讥，把她这位并不太知名的对手说成是纽特·金里奇与共和党的傀儡。由于拉齐奥并未让选民知道自己在关键问题上的真正

① 《今日美国》/CNN/盖洛普民调机构发现：佩奇，发表于《今日美国》的《大多数民调显示》。

立场，希拉里趁机将他描述为极右狂热分子，如果他被当选，"罗伊对韦德"法案将岌岌可危，大家又将会回到社会发展这条老路上来。

但是，如果希拉里 2006 年的参议院对手亲选择①、亲环境以及亲平权计划②，并且让广大选民了解自己的政治立场，那么希拉里就再也无法藏身于消极运动背后，而是被迫要将自己的优点亮出来与对手一决高下。如果希拉里的对手也是女性，而且具备温和的赞成堕胎的政治记录，那么她势必会给希拉里带来真正的麻烦。

还真有这样一位人选，她就是珍妮·皮罗（Jeanne Pirro）。这位共和党籍的威彻斯特郡（位于纽约市北部）检察官最近宣布她即将参加参议员选举。百万威郡居民都了解皮罗是一位强硬的检察官，在检举恋童癖者、互联网色情业头领以及虐待儿童者等方面尤其具有革新意识。她有关青少年如果酒后驾车将被吊销驾照至 21 岁的提议会为她赢得广泛支持。皮罗是让希拉里最发憷的对手，这样一位支持强硬政策来保护儿童的女性，又不能被她形容为极右分子。由于珍妮在众多关键问题上（如堕胎、平权计划、同性恋民事结合等问题）都与希拉里站在同一立场上，因此她可以说是希拉里在 2006 年选举时真正有威胁的对手。

但是纽约州共和党候选人通常都会碰到资金不足的情况。在这个属于民主党的州里，大财团都是希拉里的坚强后盾。但是皮罗可能会从美国其他各个地方筹集大量资金，因为那些希望阻止克林顿参议员脚步的人会为皮罗捐款，尽管数量不大，但也会积少成多。

对于再次参选参议员，希拉里有一个非常重大的问题，那就是她的总统梦想。

如果能够再次当选为参议员，她的总统野心会让她无法服满六年的参议员任期。比尔·克林顿在 1990 年赢得阿肯色州州长竞选，作为州长，他侥

---

①　即赞成堕胎。——译者注
②　鼓励雇佣少数民族、弱势民族、女性等的防止种族与性别歧视的积极行动。——译者注

幸逃脱四年州长任期，于 1992 年失信去参加总统选举，但阿肯色毕竟不是纽约。在这个更大的政治舞台上，一个全国知名的参议员不可能像某位不知名的小州州长那样轻易食言。

这对希拉里来说可不是个小问题。根据最近琴尼派克大学的民意调查①，60% 的纽约人希望希拉里在再次参加 2006 年参议员选举之前，承诺"服满六年任期"。在 2005 年 5 月，CNN 的《政治内幕》就直接向希拉里提出了这个问题："在现在到明年之间的某个时候，如果大家要求您对服满六年参议员任期做出承诺，您会作何表示？"希拉里拒绝承诺。相反，她表示，"我现在一门心思就为赢得第二次选举。这是我每天的工作内容，正如前四年全心全意工作一样。我准备把这种工作劲头保持下去，不想为其他事情分心。"②

最近另外一个由玛利斯特学院所做的民调发现，在被调查者当中，51 比 44 的纽约人不希望希拉里参加任何一届总统选举，③ 甚至 35% 的民主党人也不希望她逐鹿白宫。那些希望希拉里待在家里的人并不一定都是她的敌对者。多数人不过是普通的纽约人，他们只是希望希拉里能遵守诺言——她希望能成为他们的参议员！

为什么大家对希拉里是否能服满参议员任期如此敏感呢？其他州的大多数选民并不真正关心这个问题。他们通常告诉民意调查者，候选人可以根据自己的意愿行事。但是，希拉里将纽约作为大本营这一个特殊情况以及她初次到纽约竞选参议员的方式可能会让纽约人对这个问题比较敏感。

---

① 60% 的纽约人：琴尼派克大学民意调查，《琴尼派克大学民调数据显示，克林顿会以超过 2 比 1 的比率击败所有竞争者；大多数纽约人都希望她服满第二任期》。www. quinnipiac. edu/ x11373. xml？ ReleaseID = 680。

② "我现在一门心思就为赢得第二次选举"：卡尔·林巴切尔（Carl Limbacher），2005 年 5 月 27 日发表在 NewsMax. com 上的《希拉里拒绝承诺》（Hillary Declines to Take the Pledge）。www. newsmax. com/archives/ic/2005/5/27/132845. shtml。

③ 最近另外一个由玛利斯特学院所做的民调发现：李·M. 米林格夫博士（Dr. Lee M. Miringoff），2005 年 4 月 12 日玛利斯特民意学院：《纽约州：克林顿参议员 2006 年的光明前景……》www. maristpoll. marist. edu/nyspolls/HC050412. htm。

所有纽约人都知道希拉里是一名投机者。对她的整个祖籍考证一番之后，最套近乎的说法不过也就是她是部分犹太人（她祖母的第二任丈夫是犹太人——和她并无血缘关系），而且她一直都是纽约洋基队的忠实球迷！大多数纽约人对她这种拙劣的攀附行为报以窃笑，但是他们都相信了她的话——和全国各地的许多人一样，她喜欢纽约，并希望能够搬到这个城市生活。纽约毕竟汇聚了来自五湖四海的人们，希拉里想要成为这个大熔炉的一分子也不足为奇。她表示希望能够代表纽约，与纽约建立某种私人关系，这让多数比较天真的人非常激动。

　　但是，如果她抛弃这些民众，对纽约也弃之如履的话，民调显示她可能会激起民愤（如同阿肯色州人民当时的心情）。如果她让纽约人知道，她随时都有可能会离开，但是她希望他们能再次选举她当选参议员，这样她就可以继续利用他们去实现她的野心，那么大家的冷淡反应可能又会让她惊讶不已。

　　克林顿夫妇显然意识到再次选举所面临的威胁，试图绕道而行，避免造成选票损失。有何迹象表明呢？比尔·克林顿在公共场合谈到这个问题的时候开始变得谨小慎微。在六月初面对拉里·金（Larry King）的采访时，他坚持认为希拉里无须对服满第二次任期做出承诺。为什么呢？因为来自其他州的其他候选人都没有这么做。他以谁为例呢？乔治·布什总统在第二次竞选德克萨斯州州长的时候就曾拒绝做出类似承诺。① 很难想象，希拉里把乔治·布什树为榜样，但是只要借口合适，她也就顾不上什么了。然而这种情况并非如她想象中那么完美：布什拒绝对服满州长任期做出承诺显然没有干扰到德克萨斯人民。而纽约人民却已经明确表示希望她能够做出相关承诺。如果她拒绝，接下来就有可能引起激烈反应。

　　反应再激烈，当然也不会导致纽约在总统选举的时候站在共和党这一

---

① 在第二次竞选德克萨斯州州长的时候：雷蒙德·赫尔南德兹，刊登在 2005 年 6 月 3 日《纽约时报》最新版 B2 页的《一个克林顿至少让 2008 年选举具有谈论的价值》（One Clinton, at Least, Finds the Race in 2008 Worth Discussing）。

边。但是，在 2006 年参议院选举的时候，这足够可以说服纽约人去考虑用一名不激进的女性共和党人来替代希拉里的位置。

毕竟，她的对手可以坦然地表示："我是唯一一名来自纽约州的参议员候选人，希望在未来六年担任纽约州参议员。"

所有这些都会让人感觉奇怪：希拉里真的会再次竞选参议员吗？当然，她表示会再次参选。但是，果真如此吗？只要不出现强劲对手，她可能会以压倒性的优势赢得再次选举。但是，如果她看到一位温和的共和党女性向她发起挑战，她很有可能就闪到一边，不再谋求第二任期。第二次参议员选举会给她带来哪些收获呢？可以说一无所获。如果她赢得选举，不过是保住了原来的位置。然而这又会给她带来哪些损失呢？一切，再次选举失败可能就意味着其政治生涯的终结。如果希拉里开始拜访纽约州的各个投票站，在纽约选民让她大失颜面之前，她可能会退出参议员选举。（即使是险胜，都会对她的总统选举机会造成负面影响。）

民主党全国代表大会前主席、1996 年克林顿第二次选举活动的财务主席特里·麦考利夫（Terry McAuliffe）这样说道："希拉里为什么要浪费1000 万美元再次竞选参议员呢？而这笔钱本来可以用来参加总统竞选。"①但是 1000 万美元对她来说，不过小菜一碟。她的竞选费用大概需要 4000 万美元。

那么究竟是为什么呢？

---

① "希拉里为什么要"：2004 年 9 月 1 日，作者对前民主党全国代表大会主席特里·麦考利夫的采访。

第三章

康迪如何才能击败希拉里

康多莉扎·赖斯是可能击败希拉里·克林顿的唯一一位共和党人选。如果她参加总统竞选，矛头会直指民主党政治基础的三大支柱：非洲裔美国人、西班牙裔美国人与美国白人女性。

如果不充分利用这三大选民群体，民主党无法在总统选举中胜出。2004年的克里如果没有非洲裔美国人这个坚强后盾的话，民主党定会惨败。这位马萨诸塞州参议员在纽约、加州、伊利诺伊、新泽西、密歇根与宾夕法尼亚等地获得大多数选票的唯一原因就是来自非洲裔美国人对他的大力支持。

西班牙裔美国选民在2004年背叛民主党的举动导致约翰·克里的选票结果惨淡，反而为布什提供了赢得选举所需要的大多数选票。

除了非洲裔、西班牙裔美国人以外，民主党的政治存亡还取决于白人女性。约翰·克里正是由于没有达到戈尔在白人女性中的表现，才导致最终的失败。

由于希拉里·克林顿对民主党力量的这三大堡垒都具有吸引力，她的候选人地位格外强大。少数民族选民对其丈夫的长期认可，再加上她为了吸引西班牙裔选民所做的努力，以及自己本身的性别与女权主义的记录，她依然可以在很大程度上依靠这三类群体的支持。

但是康多莉扎·赖斯同样身为女性，而且是一名非洲裔美国人，这会对希拉里的内在优势造成妨碍。

康迪会以什么方式来赢得黑人支持？她是否能够打乱非洲裔美国人对民主党的忠实支持？这对共和党来说是五十年来史无前例的事情，众多知名黑人民主党政治家都认为她具备这个能力。

比尔·克林顿时期的前农业部部长迈克·艾斯比（Mike Espy，他同时还是来自密西西比的第一位黑人国会议员，终身的民主党人）认为康迪在美国黑人中的呼声将会很高。克林顿第一任内阁中仅有两名非洲裔美国人，艾斯比就是其中一位，共和党特别检举人曾经对这位前部长的穷追猛打让他至今还在恢复元气（艾斯比后来被陪审团宣告为无罪）。

"她们都是才华横溢的女性，"艾斯比说："俩人旗鼓相当，实力都很全面，而且兴趣都在政治之外。"① 谈到总统大选，他不无幽默地说道："我准备去买一大桶爆米花，来看看她俩比拼的好戏。"

黑人选民的投票情况会如何呢？"他们理智上会支持希拉里，"艾斯比预测道，"但在情感上会倾向康迪。"那么，他们会作何选择呢？"我们通常具有七情六欲，一般会遵从情感上的选择。我们所有人都希望拥有像康迪这样的父母——专注、仁慈、鼓舞人心——我们也都希望能拥有像康迪这样一个女儿。"艾斯比表示。

当我极力鼓动他进行数字预测的时候，这位前国会议员沉思片刻后说道："我个人认为选举结果（是指在非洲裔黑人中的选举结果）会势均力敌。希拉里可能会因为民主党基础的统治地位而略占优势，但是康迪的选举情况会比其他任何一位共和党人都要好很多很多。我的预测是希拉里会以60比40的优势胜出。"

60比40！对一名共和党人来说，从十名黑人选票中赢得四张，这将意味着美国政治的重大重组。如果赖斯意识到在非洲裔选票中会有这样的收获，而在其他选民中的选票情况又能维持住布什的水平，那么她将会获得压倒性胜利——结果绝对占有优势。

由于艾斯比已经退职，所以他愿意我们公布其预测结果及姓名。当我们采访另外一位在职的黑人国会议员的时候，他就显得比较为难。但是在私底下，他的预测甚至比艾斯比更为大胆，他认为康迪会获得黑人选民的多数选票。"我认为美国黑人会因此而比较痛苦，"他预测道，"但是我认为他们最终会站在康迪·赖斯这边。即使有克林顿总统为希拉里加油助阵，但我还是觉得康迪会对希拉里造成严重威胁。我支持克林顿夫人，但我认为赖斯将会是一名非常有实力的候选人。"

而美国规模最大的黑人报纸《阿姆斯特丹新闻》（*Amsterdam News*）主编亚马拉·E.沃森（Jamal E. Watson）认为赖斯会以60比40的黑人选票**战**

---

① "她们都是才华横溢的女性"：作者于2005年4月23日对前国会议员迈克·艾斯比的采访。

胜希拉里！即使沃森的报纸位于哈莱姆区的中心地带，距离比尔·克林顿的办公室（即希拉里政治基地）只有几个街区之遥，但他却认为赖斯在非洲裔美国人当中是一位"非常有实力的候选人"。①

如果赖斯在黑人选票上与希拉里打成平手，她将会把 450 万张选票从民主党那里转移到共和党的账下——两党之间的差额就为 900 万张选票。由于布什当初以 310 万选票的优势当选，这么巨大的改变，其影响还是显而易见的。正如福克斯新闻的西恩·汉尼提（Sean Hannity）所说的："十个点的变化（指共和党在黑人中的选票）就足够赢得竞选。50% 的决定性选票将会令人难以置信。"②

但是黑人是否真的会舍弃他们长期以来对民主党的忠诚？非洲裔美国移民大规模地从一个政党转投另外一个政党的情况在历史上曾有发生。在富兰克林·罗斯福之前，黑人都是以压倒性的票数支持共和党。只是在 20 世纪 30 年代和 40 年代，他们才开始转而支持民主党。只有到 1964 年约翰逊击败高华德的时候，非洲裔美国人对民主党的选票几乎是全票通过。

这背后的历史就是政治认同与政治重组的经典教训。内战之后，刚刚获得选举权的南部黑人（大多数非洲裔美国人都居住在南部）投票支持共和党。民主党当时是蓄奴者政党，废除奴隶制的亚伯拉罕·林肯则是共和党的奠基人。

内战结束之后的十年里，正是共和党带头赋予这些刚刚被解放的少数民族以同等的权利。国会里共和党人以绝大多数票数通过解放奴隶的《第十三条修正案》、禁止种族歧视的《第十四条修正案》以及保证黑人选举权的《第十五条修正案》。民主党当时对这些举措表示强烈反对，继续拥护南部白人选民的利益。

---

① "非常有实力的候选人"：2005 年 5 月 31 日，作者对《阿姆斯特丹新闻》主编亚马拉·E. 沃森的采访。
② "十个点的变化"：2005 年 5 月 31 日，福克斯新闻，作者对西恩·汉尼提的采访。

共和党国会委员会在南部与前将军尤利塞斯·格兰特（Ulysses S. Grant）的共和党政府联手，决定通过赋予黑人平等和自由来重建南部。在联邦军队的帮助下，北方共和党人蜂拥汇聚至前南部联邦，强行推翻南部白人的殖民政体。我在 20 世纪五六十年代在公立学校读到过一些有关白人与种族主义者的历史书，这些历史书就把南部重建时期描述成是一个腐败与剥削的失控时期。像《乱世佳人》这部电影就使得南部白人利益被北方操纵者所剥夺这一形象广为流传。

然而事实是，内战结束后不久，黑人获得公民自由权，可以拥有自己的财产，并拥有选举权——但所有这些只不过是共和党人利用联邦军队强制实现的。民主党通过三 K 党组织白人对民权发起抵制，三 K 党通过有计划的死刑与射杀等恐怖活动迫使黑人重新回到社会边缘。

随着北方对黑人民权的支持逐渐削弱（而且势头再也不可与最初同日而语），民主党开始在北方与南部东山再起。无休无止地占据南部，其大规模的耗资把北方白人拖得筋疲力尽，他们开始纷纷投靠民主党，而民主党也以希望治愈内战伤口这个冠冕堂皇的理由吸引着这些白人加入。然而，民主党的真正意图是，现在是时机将南部黑人丢给他们以前残忍的白人奴隶主了。

当联邦政府再次接纳南部诸州的时候，白人多数党立刻重申自己的权利，并推动民主党种族主义者上台——这些通常都是前南部联邦官员。随着格兰特离任总统职位，南部少数民族获得权利的希望彻底落空；格兰特的继任者拉瑟富德·B. 海斯（Rutherfood B. Hayes）与他们串通一气，为了当上总统，以将军队撤离南部作为交易。

身穿蓝制服的联邦士兵一撤离，黑人即刻失去所拥有的一切权利，这个区域的黑人歧视时代轰然来临。当南部白人集体为民主党投票的同时，那些拥有选举权的黑人（不论北方还是南部）都支持共和党，从而产生了"可靠的南部"这一说法。

黑人忠实于共和党的局面一直维持到富兰克林·罗斯福开始影响黑人选

民之前。罗斯福当选为总统的时候并未获得大多数黑人的支持，大多数非洲裔选民都将选票投给了赫伯特·胡佛（Herbert Hoover），这是共和党人在1952年艾森豪威尔之前最后一次获得大多数黑人票选。①

但是罗斯福为穷人而战与反对大萧条等积极举措激起了非洲裔选民的热情。更重要的是其夫人埃莉诺·罗斯福（Eleanor Roosevelt）坚决反对种族歧视的态度。当"美国革命之女"（当时是一个由白人控制的反动团体）拒绝让黑人歌手玛丽安·安德森（Marian Anderson）在宪法大厅表演的时候，埃莉诺在林肯纪念堂组织集会来听安德森演唱，当时有75000人参加。正如迈克尔·萨克（Michael Zak）在其非常重要的作品《重返共和党实质》中提到的那样，安德森以"爱吾土兮自由乡"拉开了表演序幕。②

因此，非洲裔美国人开始了对共和党的背离，这一去就是40年之久，他们在罗斯福随后的三次总统选举中，每一次都将大多数选票投给了他，并在1948年集体帮助民主党人哈里·杜鲁门（Harry Truman）再次当选。

但是在这段期间，共和党对黑人选民还是非常具有吸引力。杜鲁门总统当初提出民权法案，正是因为担心共和党总统候选人托马斯·杜威（Thomas E. Dewey）顺势带走非洲裔选民的选票，而这甚至引起南部派政党退出会议。

1952年与1956年，艾森豪威尔将军两次击败民主党人阿德莱·史蒂文森（Adlai E. Stevenson）当选为总统，共和党人掌控白宫，在黑人选民当中再次获得先前的优势。自从1928年以来，这是共和党人首次赢得多数黑人的支持。

艾森豪威尔对于他们的支持，也不负众望。他的首项政治举措之一就是将加州州长厄尔·沃伦（Earl Warren）任命为美国高级法院的首席法

---

① 在1952年艾森豪威尔之前：迈克尔·萨克，《重返共和党本质》（*Back to Basics for the Republican Party*），马里兰：签名图书，2003。第163页。

② "爱吾土兮自由乡"：《重返共和党本质》，第171~172页。

官。而正是沃伦率领最高法院在 1954 年"布朗诉堪萨斯州托皮卡地方教育委员会"一案中做出一项重大决定，就是推翻学校里的种族隔离。决定一经宣布，艾森豪威尔便下令取消华盛顿特区公立学校的种族隔离。当阿肯色州民主党州长奥瓦尔·福伯斯（Orval Faubus）试图妨碍法院关于取消学校种族隔离的决定，这位总统甚至动用联邦军队强制执行法院决定，而这一幕一定让当时在阿肯色州温泉城的 11 岁的比尔·克林顿受惊不小。

在 1957 年与 1959 年，艾森豪威尔与激进的司法部长赫伯特·布朗尼尔（Herbert Brownell）提议强硬的民权法案，来加强长期受到忽视的《第十五条修正案》，并赋予南部黑人以选举权。参议院南部民主党阻挠法案通过，并成功削弱其中最有力的条款。当南方人要求新民权法案的违犯者有权接受陪审团审理（所有陪审员都为南部白人）时，民主党参议员约翰·肯尼迪投票支持南方人，而共和党副总统理查德·尼克松最终以否决南方修正案打破参议院的僵局。

美国最著名的非洲裔美国人杰基·罗宾森（Jackie Robinson）就曾是一名共和党人。① 康多莉扎·赖斯的父亲也是一名共和党人。赖斯在 2000 年的共和党全国代表大会发言中表示，她记得"我的父亲加入我们政党是因为 1952 年有种族歧视的阿拉巴马州的民主党不让他注册选举。但是共和党却做到了这一点。我想让你们知道，我父亲永远不会忘记那一天，我也不会"。②

民主党对非洲裔美国人选举权的控制直到 1960 年才真正放开，当时民主党总统候选人、参议员约翰·肯尼迪在马丁·路德·金被送往乔治亚监狱之后颇具戏剧性地给他的妻子科雷塔·斯科特·金（Coretta Scott King）

---

① 杰基·罗宾森就曾是一名共和党人：《重返共和党本质》，第 189～190 页。
② "我的父亲加入我们政党"：2000 年 8 月 1 日发表在 WashingtonPost. com 上的《康多莉扎·赖斯在共和党全国代表大会上的演讲稿》。www. washingtonpost. com/wp-srv/onpolitics/elections/ricetext080100. htm。

打了电话。当约翰·肯尼迪向金夫人深表同情的时候，他的弟弟罗伯特·肯尼迪（Robert Kennedy）在电话上做了手脚，然后金很快就被释放出狱。全国人民都听到这通电话，于是民主党选举活动工作人员蜂拥到黑人教堂，对参议员调解这件事奔走相告。在大选那天，黑人选民为了表示他们的谢意，以70比30的优势将选票投给了肯尼迪，这个票数对于民主党在全国总选票的优势（49.7比49.5战胜共和党人理查德·尼克松）来说可谓太多了。[①]

到了1964年，在约翰·肯尼迪遇刺之后，总统林顿·约翰逊（Lyndon B. Johnson）召集悲痛一片的全国人民，要求通过肯尼迪在执政最后一年提议的强硬的民权法案，这时，黑人对民主党的偏向已经呈一面倒的趋势。在全国人民的强烈抗议之下，约翰逊通过了影响深远的立法，该立法几乎在各个领域都终止了对黑人的种族歧视。具有讽刺意义的是，该法案只是在共和党强大的支持下才得以通过。在参议院少数党领袖埃弗里特·德克森（Everett Dirksen）的领导下，以及黑人选民与共和党人的支持下，强行终止了否决法案的南方威胁势力。在议院，80%的共和党人表决通过（但民主党人只有63%），而在参议院，21%的民主党人投反对票（其中包括艾尔·戈尔的父亲与目前西弗吉尼亚州参议员罗伯特·伯德［Robert Byrd]）。[②] 而投反对票的共和党人只有6名。

但是6名反对者中有一位是共和党总统候选人——参议员巴里·高华德（Barry Goldwater）。由于反对这项深具意义的立法，高华德将94%的非洲裔选民的选票拱手让给了民主党，从那时到现在，黑人就一直在支持民主党。[③]

在1960年黑人票数上落败的理查德·尼克松因其"南部策略"而使事态每况愈下，该策略强调将南部白人民主党人转为共和党，反对以校车的方

---

① 在大选那天，黑人选民为了表示他们的谢意：萨克：《重返共和党本质》，第195页。
② 在议院，80%的共和党人：《重返共和党本质》，第202页。
③ 由于反对这项深具意义的立法：《重返共和党本质》。

式实现种族融合，猛烈抨击不法行为——潜台词是谴责少数民族集中区域的聚众闹事与犯罪现象。尼克松的策略大获成功；到了20世纪70年代，即使黑人都变成民主党的有力支持者，但南部当时已成为共和党人的据点。种族问题改变了政治对立的派系。

但是，比尔·克林顿以降低犯罪与大量削减福利资金的成功举措改变了这种潜在的政治平衡。通过减轻白人的这两点担忧，他将蓝领选民（所谓的里根民主党）重新吸引到民主党的阵营当中，但同时并未失去非洲裔选民的支持。

随着这种全国种族紧张局势得以缓解，白人种族主义在美国政治大环境下迅速消退。由于犯罪率、福利与失业率都有所下降，那些因历史偏见造成的积怨已不再像以前那么不共戴天。

草根共和党（包括很多南部共和党人）在1996年对科林·鲍威尔的候选资格表示强烈兴趣，从中可看出种族关系的改善程度。尽管为了保证黑人议员的选举，法院曾经不得不为他们提供"多数党少数民族选区"来不公正地划分合法选区，但最近的法院裁决推翻了这些人为设置的选区范围，该裁决尽管导致他们选区的少数民族人数有所减少，但大多数非洲裔议员仍保留其职位。白人现在为黑人候选人投票的趋势日益可观。

随着种族主义逐渐衰退，共和党与黑人选民之间也日渐亲睦。如果共和党人提名赖斯为总统候选人，那么像克林顿政府时期前农业部部长迈克·艾斯比这样德高望重的民主党人及其不愿透露姓名的民主党议员同事所做出的预测可能具有很高的准确性。

如果康多莉扎·赖斯能够为共和党赢回大部分非洲裔选民，她将会为美国人民与美国政治长期效劳。为什么这么说呢？因为（颇具讽刺意味），约翰逊1965年的选举权法案让黑人获得选举权，他们与民主党人的长期联盟反而剥夺了他们真正的政治权利。

民主党把黑人选票当作高尔夫球赛中所设置的障碍。选举活动一拉开战幕，民主党战略家们自动就认为他们几乎会赢得所有非洲裔选民的选票。例如，在全国选举活动中，一开始他们至少就会获得12%的黑人选票中的10%。接下来，民主党的任务就是从白人与西班牙裔选民当中获取另外40%的选票即可。

而共和党人的情况正好相反。无论其候选人（或政党）的政治记录如何，黑人支持共和党的票数从来都不会很多。因此，共和党人所面临的挑战就是赢得足够的白人选票来弥补黑人选票的不足。除了向白人选民表明自己不是种族主义者以外，他们从来不在非洲裔美国人当中举行活动宣传。

非洲裔选民的集体投票可以说是美国政治种族对立真正的最后一丝迹象。民主党之前在西班牙裔选票中占有优势（通常为2比1），但克里在2004年所获得的西班牙裔选票只有九个点，这宣告了他们开始独立于民主党的统治。

自从西班牙裔选民的选票变得具有竞争性，英裔政治团体已经开始向他们做出重大让步。共和党人以前只支持英文立法；但是现在该政党的大部分人都接受双语教育。而且，随着布什总统提议让在美工作的墨西哥人以临时客工的身份合法化，并让他们有机会获得公民身份，共和党人对非法移民这个问题上一贯的强硬色彩也随之减弱。在克林顿政府时期，加州的共和党人试图通过投票提议来禁止非法移民的子女入读免费公立学校（除非他们因为在美国出生而获得美国公民身份）。但是布什迫使他们放弃该提议，并撤销立法。

尽管两党都在设法获得西班牙裔选民的支持，但无论是民主党还是共和党，对非洲裔美国人的关注并不多，因为黑人作为政治基础在历史上并无太多变化。在三十年的政治顾问生涯中，从未有人向我提过这个问题："我怎样才能赢得黑人选票？"共和党人通常只是问："我如何赢得白人与西班牙裔选票？"这并不是因为他们不喜欢黑人，而是他们很清楚，无论他们的政治主张如何，在最后一刻，黑人还是会将选票投给民主党人，因此，他们并不认为自己的主张会改变选票结果。

黑人选票在民主党阵营里的这种分离现象对于我们的民主政体极为有害。它渐渐侵蚀了自由的本质，不论政策、个性或优先考虑事宜是什么，总是有一大群支持者忠实于某个政党。这逐渐形成了这样一种政治氛围，就是哪一个政党都不太考虑黑人群体的需求。像肯尼迪这样的民主党与艾森豪威尔这样的共和党为了满足黑人需求互相较劲（为了赢得他们的支持）的年代已经一去不复返了。政治团体已不再关注黑人选票，因为这动摇不了我们的政治格局。

但是，如果赖斯能够成功增加黑人选票票数，她将会从政治程序上终结种族隔离现象。她将会长久地重振黑人政治的雄风。民主党与共和党将会像20世纪40年代、50年代与60年代那样来争取非洲裔选民的支持。赖斯会让全民再次积极参与到政治中来，活跃的不仅仅只是白人与西班牙裔选民。

赖斯对美国民主政体的将来可谓功不可没。

除了最终票数有所增加以外，希拉里·克林顿还希望在2008年争得更多黑人选票，这一点毫无疑问。但是能够以压倒性优势赢得女性选票，这才是她成功的关键所在。

正是由于白人女性在2000年对戈尔的支持在2004年转移到布什那里，才使得其再次当选成为可能。2008年的选举将会掌握在白人女性手里，正如她们决定了2004年的选举结果一样。

显而易见，共和党如果让一名女性参加总统竞选，赢得女性选票的可能性自然就会较大，这就好比如果他们让一名非洲裔美国人竞选总统，会更有可能赢得黑人支持一样。但是除却康多莉扎·赖斯的性别，她深受女性选民喜爱的因素还有更多方面。

其一，她单身。造成性别差距（这种性别差距有利于民主党）的主要原因是未婚女性，而不是已婚女性。而赖斯并不是一般意义上的单身妈妈，勉为其难地在孩子与工作之间挣扎，她一直未婚，靠自己单枪匹马在这个世界创出一番天地。有些女性的成功与其婚姻及丈夫的成就密切相关，与这些女性相比，赖斯的经历更能让单身女性产生共鸣。实际上，有些单身女性甚至可能会嫉妒那些成功女性，因为这些女性的前方已经有某个男人为她们开辟好了道路；因此，众多未婚女性可能会发现康迪与她们身上的共同之处要多过希拉里与她们的。大多数研究表明，决定女性选民投票倾向的有两个问题：堕胎与教育。

在堕胎问题上，赖斯属于"亲选择温和派"。[①] 尽管赖斯反对晚期流产与利用公共医疗补助制度来堕胎，以及赞成未成年人堕胎需要通知父母并获得他们的同意，但是她认为女性有基本的自由来决定是否堕胎，而且她反对政府介入。因此，她对女性的吸引力超过其他任何一位潜在的共和党候选人，前纽约市市长朱利安尼可能除外。其他所有共和党总统候选人都是支持亲生命运动的教条主义者，态度上并没有多大出入。赖斯在这个关键问题上的立场是其对单身女性更具吸引力的重要因素。

谈到教育，赖斯是一位经验丰富的教育家，而希拉里不过只写过有关题材的文章而已。康迪在斯坦福担任过老师、导师及行政人员，这样丰富的经历让她有资格大谈教育问题，在这一点上，无论哪个党派，没有一位候选人可以与她相提并论。如果劳拉·布什（Laura Bush）的教育学背景让她的丈夫对女性选民更具吸引力，那么试想一下，如果一位前全职教育工作者竞选总统，这些女性选民会有怎样的反应？

希拉里将教育作为其主要问题之一，但是在这个话题上，她与赖斯的资历不可同日而语。克林顿夫人从来就没教过一堂课或管理过一所学校。

显然，只有康多莉扎·赖斯才能为共和党缩小性别差距，或者，至少可以不让这个差距继续扩大。只要康迪减弱希拉里在女性选民中的潜在优势，她就创造了奇迹。希拉里对女性选民的吸引力将是其成功的关键所在，也是

---

① "亲选择温和派"：国务卿康多莉扎·赖斯接受《华盛顿时报》编辑与记者的访谈副本。www. washingtontimes. com/world/20050311－102521－9024r. htm。

约翰·克里失败的主要原因。如果康迪能够中和一下，克林顿参议员获胜的几率会陡然下滑。

如果在黑人或女性选民中的优势有所下跌，希拉里可能还能够大难不死。

但是，如果这两方面的优势都有所下滑，她该如何死里逃生呢？

康多莉扎·赖斯赢得这两个人群支持的可能性要大得多，如果真是这样的话，束缚美国选举流程几代人的身份政治就会得以扭转。

第四章
成为康多莉扎·赖斯

莎士比亚在他的《第十二夜》精辟地描写道："不要惧怕伟大。有些人生来伟大，有些人成就伟大，而有些人则被强冠以伟大。"①

　　纵观美国历史，在每一类型中都有重要的领导者。富兰克林·罗斯福、约翰·F. 肯尼迪、尼尔森·洛克菲勒、乔治·W. 布什等都属于生来伟大——出生的家庭就注定了他们会扮演重要角色。林肯与杰弗逊等人都属于成就伟大。只有我们的国父乔治·华盛顿身上的伟大才可以说是被强加上去的。

　　与我们大多数人一样，康多莉扎·赖斯当然不算生来伟大。她的曾曾祖父母都是奴隶。她生长于种族隔离的阿拉巴马州的伯明翰——这是民权斗争的一个主要爆发点，她的童年就是在这样的血雨腥风中度过。

　　但是赖斯并没有像希拉里那样一心一意地要成就伟大。她并不属于有野心的那一类人。相反，正如尼古拉斯·莱曼在《纽约客》对赖斯的评价："赖斯职业生涯的几次重大转折都是因为她具有这个实力——她给人留下的印象实在太深刻了。"②

　　赖斯的风格很明显：处理问题的时候，全面透彻地去理解，以最高水平去完成（尤其在提议者与鼓励者面前），然后毫不费力地成为他们的门徒，接受他们的教导，最后通往权力与成功。

　　1999 年她离开大学教务长这一职务时为斯坦福校报写的一篇社论写道："我希望每个学生能抓住时机深入学习，并在学术上大胆创新。深入透彻地掌握一门学科可以说是最有成就感的一件事情……学术交流既严格，要求也高。因为所列举的实例与证据都要面临激烈批评的挑战。但是一旦战胜挑战，思维会变得更加敏锐，也会变得更加自信。这是一项很有价值的投

① "不要惧怕伟大"：莎士比亚《第十二夜》（*Twelfth Night*）第二幕第五场。www.william-shakespeare. info/act2-script-text-twelfth-night. htm。
② "几次重大转折"：尼古拉斯·莱曼（Nicholas Lemann），发表在 2002 年 10 月 14 日《纽约客》上的《毫无疑问：是康多莉扎·赖斯改变了乔治·W. 布什，还是布什改变了她?》（Without a Doubt: Has Condoleezza Rice Changed George W. Bush, or Has He Changed Her?）。www. newyorker. com/printables/fact/021014fa_ fact3。

资……我希望每一位学生都能督促自己，在学术上都能获得超出自己想象的成功。"①

如果希拉里认为通往伟大的最佳途径是政治、选举、争论、广告、攻击、雄辩与花招，那么赖斯的职业生涯则表明她将赌注全部押在优异的工作成绩上了。

希拉里希望通过大财团捐助者、国家媒体、政治团体以及选民来实现她的权力梦想。而赖斯则是依靠自己的能力赢得重要人物的赞赏，从而得以步步高升。

希拉里参加活动；赖斯依靠面试。希拉里追求权力；赖斯追求卓越。希拉里寻求支持者；赖斯则依靠顾问得以晋升。希拉里总是想方设法让大家知道她有多么出色；赖斯则更愿意让大家亲自去发现她的优秀之处。希拉里需要与他人竞争，她的情况属于零和游戏②：她如果想赢，就需要有人失败。但是赖斯的竞争对手就是自己，她只需衡量自己与完美之间的差距。如果她达不到要求，正如她试图想成为世界级的钢琴师或奥运会花样滑冰选手，她会理解自己的不足之处，接受现实，然后继续在其他领域追求卓越。

希拉里只需要一名生活顾问：比尔·克林顿。但是康迪则拥有一个顾问团：捷克难民教授约瑟夫·克贝尔（Josef Korbel，前任国务卿奥尔布赖特的父亲）、国家安全顾问布兰特·斯考克罗夫特、国务卿乔治·舒尔茨以及两位布什总统。

希拉里离不开她的丈夫顾问，打着自己的旗号为他参加竞选活动，以助他再次登上总统宝座；现在她所追寻的东西不过被她认为是多年来对丈夫事业所作贡献的一种报答。康迪通常都是在其顾问取得成功之后与他们碰面，

① "我希望每一位学生"：康多莉扎·赖斯，发表于1999年5月20日《斯坦福日报》上的《校园观点：在我们离开斯坦福之前有所作为》（Campus Viewpoint：Doing What's Important Before We All Leave Stanford）。

② "零和游戏"来自股票词汇，意思是指一个参与方的收益相等于另一参与方的损失，变化净额永远是零。——译者注

她吸引他们的注意力不是因为她如何帮助他们进步，而是因为她能够提高他们的在职表现。（总统乔治·W. 布什是个例外，在布什整个竞选活动中，赖斯一直充当其外交政策顾问，并表现得相当活跃。）

如果希拉里昼夜工作就是为了成就伟大，那么赖斯则真正做到了被强冠以伟大，她的表现往往令那些当权的男人们赞叹不已。正是他们极力提升康迪，而这些并不是她自己的要求。

比较一下她们的大学经历就可见一斑：康多莉扎·赖斯在丹佛大学的时候赢得所有奖励。这位 19 岁的天才获得政治学学士的时候，是班级里获得荣誉最多的学员。她被荣誉学会接受为会员，赢得"高年级杰出女生奖"，大学对该奖所做的解释是"这一最高荣誉颁发给在整个大学期间个人学术、责任、成绩以及对学校所作的贡献都应予以认可的高年级女生"。①

希拉里没有赢得此类主要奖励。但是在毕业的时候她还是通过精明的时机掌握与漂亮的政治手腕获得认可。在当选为韦尔斯利学生自治主席之后，她要求允许一名学生（即她自己）能够在毕业典礼上向毕业生发表有关抗议越战与社会价值的演说。这次演讲使她第一次受到全国性的关注，当天的新闻媒体把这作为学生激进主义的精彩言论进行大肆报道。

这属于实现伟大的两种方式。这两位女性都不属于生来伟大。希拉里通过政治行动努力去成就伟大，而康迪则只是追求卓越的学术成就，对她的认可（以及伟大的前途）不过是来自他人的行动。

赖斯从来就不乏吸引人的魅力，对其才华的赞美之声也不绝于耳。她在四岁时就第一次登台表演，她把这次表演经历描述为是"一次为伯明翰公共学校系统的新教师所举行的茶话会"。② 据报道，她在认识字母之前就看得懂音符，希望长大能成为一名世界级的钢琴家，她将这门才能一直保持到今天。莱曼报道，在国家安全管理办公室的入口处悬挂着"赖斯的一张大

① 这一最高荣誉颁发给：安东尼娅·费利克斯（Antonia Felix）：《康迪：康多莉扎·赖斯的故事》（Condi：The Condoleezza Rice Story），纽约：新市场出版社，2005，第 84 页。
② "新教师所举行的茶话会"：《康迪：康多莉扎·赖斯的故事》。

幅彩色相片，这位国家安全顾问与大提琴演奏家马友友（Yo-Yo Ma）一起站在舞台上，他们双手紧握，兴高采烈地举起手臂。这是他们在华盛顿宪法大厅合演了勃拉姆斯奏鸣曲之后向观众致谢的画面"。① 在 2005 年 6 月，她在肯尼迪中心为一位患有肺动脉高压的年轻歌手伴奏，为肺动脉高压协会筹集善款。②

她对外交政策所表现出来的兴趣可追溯到丹佛大学的学生时代，在这里她被教授约瑟夫·克贝尔的教学方式深深吸引，后者是在其国家捷克斯洛伐克的纳粹与共产主义专制下得以幸存的难民学者。正是在国际关系课上，用赖斯自己的话说就是，她"爱上了"外交事务。③ 也正是克贝尔发现了这位认真的学生在课堂上的出色表现，并帮助她在其新选择的领域里更上一层楼。赖斯回忆到，克贝尔鼓励她成为一名教授，让她选择学术界，而不要把法律作为自己的职业生涯："为了让我进入这个领域，他坚持不懈地给予我支持，甚至可以说是有些热心过头。"④ 赖斯并不是克贝尔的唯一女门徒，他的女儿玛德琳·奥尔布赖特就是美国第一位女国务卿（即康迪的前任），任职于克林顿政府。

随着赖斯从圣母大学获得学士学位以及从丹佛大学获得博士学位，她在新专业领域里的知识得以积累，从而再次受到关注和支持，在斯坦福大学国际安全与武器控制中心赢得研究员职位。这个令人垂涎的职位提供 3 万美元薪俸、一个办公室以及大学所有设施的使用权。赖斯本来应该在这个职位上工作一年，但是，正如她的传记作者安东尼娅·费利克斯所说的那样，"康迪上任数月之后，在政治科学系的一次讲座上给人留下深刻印象，从而受邀

① 在华盛顿宪法大厅：莱曼：《毫无疑问》。
② 在 2005 年 6 月，她在肯尼迪中心：2005 年 6 月 12 日 VOA 新闻《国务卿赖斯在音乐会大放异彩》（Secretary Rice Takes Concert Spotlight）。www. voanews. com/English/2005 – 06 – 12 – voa23. cfm.
③ "爱上了"外交事务：莱曼：《毫无疑问》。
④ "他坚持不懈地给予我支持"：费利克斯：《康迪》，第 97 页。

加入该系"①。这又是一次成功的面试。

赖斯作为第一届布什政府国家安全顾问布兰特·斯考克罗夫特的女门徒进入华盛顿这个圈子。斯考克罗夫特第一次注意到赖斯是在 1984 年斯坦福大学的一次研讨会上，当时赖斯还是一位资历较浅的教员，但却对这位外交政策专家的观点提出了质疑。斯考克罗夫特后来回忆道，"我当时就想，我应该认识这个人。那是一个让人望而生畏的话题，可这位年轻的女孩，丝毫也不胆怯。"②

斯考克罗夫特开始邀请赖斯参加各个研讨会及会议；到了 1989 年，他被任命为国家安全顾问，他随即便任命赖斯为国家安全委员会的苏联问题专家。

赖斯在华盛顿任职期间，开始接近乔治·布什与芭芭拉·布什（Barbara Bush）。她开始了与这位总统的紧密合作，后者也自然成了她的支持者和拥趸。就在她作为斯坦福总统研究委员会成员的这些年里，她的工作表现再次赢得关注，这一次是来自这所大学的新校长格哈德·卡斯帕尔（Gerhard Casper）。他表示"赖斯的学术价值、知识范围与辩论才华给我留下深刻印象……我被她的判断能力与说服力所深深折服"。③

在华盛顿任职期间，她在国家安全委员会的表现吸引了另外一位赞赏者：前国务卿乔治·舒尔茨。1998 年，乔治·W. 布什在旧金山为共和党筹集资金发表演讲，舒尔茨将她引荐给这位总统之子。这次演讲之后，这位前国务卿邀请康迪拜访他家，在他的家里他安排了斯坦福外交专家与布什会面。"康迪阐述了大量观点。"舒尔茨在接受莱曼的《纽约客》访问时表示。正如莱曼所谈到的：康迪已经通过面试。到了 1999 年，赖斯受邀领导小布

① "康迪上任数月之后"：弗利克斯：《康迪》，第 115 页。
② "我应该认识这个人"：莱曼：《毫无疑问》。
③ "所深深折服"：1993 年 5 月 19 日《斯坦福大学通讯社》新闻稿《卡斯帕把康多莉扎·赖斯选为斯坦福下届教务长》（Casper selects Condoleezza Rice to be next Standford provost）。www. standford. edu/dept/news/pr/93/930519Arc3267. html。

什的外交政策团队，当时人们把这支团队称作"火神"之队。赖斯再次通过面试。

"州长与康迪一拍即合，"传记作者安东尼娅·费利克斯表示，"他们俩都是运动迷，赖斯可以在和州长一起气喘吁吁地踩着踏车的时候简单地介绍外交事宜。""他们俩很快就建立起友谊，相互忠诚，相互尊重。"①

当布什先后任命赖斯为其国家安全顾问与国务卿的时候，这不仅是明智的雇佣决定，同时也为赖斯提供了极大的国际舞台来展现她的才华。在她任职的五年时间里，她的表现备受瞩目。从某种意义上讲，她正以一贯的优雅、才华与成功在全国人民的面前面试总统这一职位。在位期间，赖斯在危机四伏的国际外交关系上表现得镇定自若，在打击恐怖主义及促进国内外民主方面又坚决果断，美国人对她的工作能力可谓有目共睹。如果美国人民要求她参加总统选举，应该不会让人感到大惊小怪；这位非凡女性一定会引来对其印象深刻的众多支持者。

这个时候，赖斯声称她不会参加总统选举——她不过因国家安全委员会的工作吸引了斯考克罗夫特的注意，然后又因为国家安全顾问的工作开始了与乔治·W.布什的合作。她前进的一贯方式不是谋求职位，而是职位找到她，她前进的推动力是能力，而非野心。

于是，康迪身处我们其中，没有公然的野心，可能对提升的前景还有些战战兢兢，被动地等待着大家要求她参加竞选。

她是否想成为总统？在她八岁随父母参观华盛顿白宫的时候，她就有了答案。"有一天，我会进入那栋房子。"她这样告诉父亲。② 有人怀疑，在那个时候她的脑子里就已经有了在白宫任职的想法。

她是否具备这个经验？能否赢得选举？就赖斯的面试能力、工作表现以及导师顾问对她的赞赏与提升等方面来说，人们似乎总是对她有所低估。或

---

① "他们很快就建立起友谊"：费利克斯：《康迪》，第8~9页。
② "有一天，我会进入那栋房子"：莱曼：《毫无疑问》。

者，用布什总统为了形容自己所创造的一个词，就是"误解低估"。

在她高中毕业的时候，她遭遇到种族主义的不利影响（不被看好），那个时候她的指导老师建议她高中毕业之后找份工作，因为她不是"大学生的料"。①

布兰特·斯考克罗夫特对赖斯的评价是"举止从容"。② 但是，他接着表示，"那些认为可以任意摆布她的人会发现，她有着一副铁石心肠。"她在斯坦福的同事科伊特·布莱克（Coit Blacker）说得更加形象："那些低估康迪的人终会尸陈街头。"③

前中央情报局长官罗伯特·盖茨（Robert Gates）对赖斯与某位试图暗中破坏其权力的财政部官员谈话的情景仍记忆犹新。"她脸上挂着微笑，不动声色地令他一败涂地，"盖茨说道，"从此以后，这个人就如同行尸走肉一般。"④

在她当选为斯坦福教务长之后，《洛杉矶时代》引用了她在学校里一位最好朋友的话，当她感到"资格较老的系主任或教员对她存有某种屈尊情绪，她成功压制了这些人的傲气，其中不乏一些资历非常深的工作人员，这与多数人都唱了反调"。⑤

据《纽约客》报道，在她早期担任斯坦福教务长的时候，她"给人的

---

① 不是"大学生的料"：劳拉·B. 兰道夫（Laura B. Randolph），发表于 1990 年 10 月《乌木》杂志上的《白宫里的黑人女性：创造美国最高权力历史的三个开路人》（Black women in the White House：Three trailblazers make history at the highest level of American power）。www. findarticles. com/p/articles/mi-m1077/is-n12-v45/ai-8904380。

② 对赖斯的评价是"举止从容"：芭芭拉·斯拉文（Barbara Slavin），刊登在 2000 年 12 月 18 日《今日美国》2A 页的《赖斯与外交职位天衣无缝》（Rice Called a Good Fit for Foreign Policy Post）。www. usatoday. com/news/vote2000/bush42. htm。

③ "终会尸陈街头"：罗梅什·拉特内萨尔（Romesh Ratnesar），发表于 1999 年 9 月 20 日《时代》上的《康迪·赖斯不会输掉竞选》（Condi Rice Can't Lose）。http：//edition. cnn. com/ALLPOLITICS/time/1999/09/20/rice. html。

④ "她脸上挂着微笑"：《康迪·赖斯不会输掉竞选》。

⑤ "对她存有某种屈尊情绪"：马克·Z. 巴拉巴克（Mark Z. Barabak），发表于 2005 年 1 月 16 日《洛杉矶时报》上的《康多莉扎·赖斯在斯坦福》（Condoleezza Rice at Stanford）。http：//hnn. us/roundup/comments/9732. html。

印象是一个有魅力的乡巴佬，带有一种温和的屈尊俯就态度。一位前斯坦福管理人员表示，大家认为她在帕洛阿尔托学院稍加改善之后，具有成为一所传统黑人学院校长的真正潜力"。① 詹妮·诺兰（Janne Nolan）是赖斯在斯坦福的同事，至今也是她的一位密友，她表示："康迪一再地被人低估，我不止一次地看到这种情况。而且这种情况变得越来越糟糕。大家总是认为她不具备某种资格，理解力不够，而她总是能战胜他们。"

赖斯能够被共和党提名？她能否赢得总统选举？按照传统来说，答案是否定的。但是大家是否又误解低估了她呢？

赖斯不仅仅只是一名黑人女性候选人。她是康多莉扎·赖斯。为了理解她在国家政治舞台上的出色表现，我们应该对她的为人以及她在通往权力塔尖之路上的表现进行研究。

康迪的为人

康多莉扎·赖斯在白宫的就职记录始于最近。让我们知道她为什么能够成为一位伟大总统的正是她的生活经历，而非职业生涯。赖斯的生平是一部苦心经营的独特传奇。这部传奇讲述了一名美国黑人女性如何依靠自己的能力轻松优雅地排除致命障碍，取得成功。

康多莉扎·赖斯自从在阿拉巴马州伯明翰的黑人区出生以来，就一直受到不公正待遇。她的家庭属于殷实的中产阶级，但是在那个年代的伯明翰，种族障碍无法克服，即使花钱也无济于事。

伯明翰当时的种族隔离氛围可以说是我们大多数人从未体验过的。康迪的父亲在 1952 年注册选举的时候，登记员拿出一个装着豆子的大坛子，②告诉他如果他能准确猜出坛子里豆子的数量，他就能够登记选举。

① "给人的印象是"：莱曼：《毫无疑问》。
② 康迪的父亲在 1952 年：费利克斯：《康迪》，第 57 页。

在康迪四岁的时候，父母带她去看当地的圣诞老人，据她回忆，这是她第一次看见白人。在这座阿拉巴马的工业城，几乎每个角落都隐藏着种族主义。等到她出落成姑娘与母亲去当地百货公司购物的时候，店员告诉她不能使用"白人专用"试衣间，而得在后面的储藏室换衣服。当康迪的母亲拒绝这么做，并声称要离开的时候，这位局促不安的店员变得有所收敛。"我记得，"康迪回忆道，"这个女店员站在试衣间门口，吓得要死，生怕会丢掉她的工作。"①

在另外一次购物经历中，一位白人女售货员厉声斥责七岁的康迪："不要碰那顶帽子！"而康迪的母亲对这名店员叱责完以后，鼓励她的女儿将商店里的帽子都摸了个遍。

但是，让赖斯记忆最为深刻的是 1963 年的第 16 街浸礼会教堂爆炸事件，这个教堂距离她家只有几英里的距离。她当时听到爆炸声。赖斯对当天的恐惧之情仍历历在目。"这些恐怖事件已经深深植入我的意识当中。"② 她回忆道。当美国人对在爆炸事件中四名女孩的丧生摇头质疑的时候，康迪·赖斯正在为自己认识的两个女孩沉重地哀悼，这其中包括她在幼儿园里的同班同学丹尼斯·迈克奈尔（Denise McNair）。"那些大小棺材以及身处伯明翰的不安全感，我到现在都无法忘记。"

她父亲曾经拿着散弹鸟枪与黑人社区的其他人一起，在夜间巡逻的时候将三 K 党赶出了他们的社区。赖斯的传记作者安东尼娅·费利克斯对这一事件有详细描述，"一颗燃烧弹落在赖斯所在的社区，这是一颗没有爆炸的哑弹，约翰·赖斯（John Rice，康迪的父亲）把这颗哑弹拿到警察局，要求调查，但是警察局并未予以理睬。"③ 正是这个惨痛的经历让康多莉扎反对枪支控制，并开始重视保证"携带武器权"的第二条修正案。

---

① "我记得"：《康迪》，第 45 页。
② "这些恐怖事件"：《康迪》，第 56 页。
③ "一颗燃烧弹落在"：《康迪》，第 50 页。

在 1964 年约翰逊总统签署民权法案，禁止在公共场所种族歧视当天，赖斯一家前往一家白人专营餐厅吃饭，以示庆祝，这是他们自己的个人民权示威。康迪回忆道，当他们走进这个曾经被种族隔离的场所时，"那里的人都停止吃东西，这足足有几分钟时间"。①

　　种族主义同样跟随她进了丹佛大学，她的教授在全班 250 名学生面前引用威廉·肖克利（William Shockley）的伪科学著作，认为非洲裔美国人基因劣等，并在全班发表长篇大论的演讲。当教授讲述肖克利的观点——"艺术、文学、科技、语言，所有这些西方文明的宝藏都是白人智慧的产物"，赖斯怒火中烧。费利克斯叙述道，"赖斯不是蜷缩在座位上躲避这场猛烈的攻击，而是'噌'地从座位上站起来，为自己辩护：'我就会说法语，会弹奏贝多芬！我比你更精通你们的文化。这些都可以学得会！'"②

　　赖斯开始职业生涯之后，种族主义就从未远离过她。她偶尔也会予以反击。有一次她与一位朋友在斯坦福购物，店员在给她展示珠宝饰物的时候，康迪感觉到一丝敌意，于是她说道："我们开门见山地说吧。你站在柜台那边，是因为你不得不为每小时六美元的薪水工作。我站在柜台外边，要求看这些珠宝饰物，是因为我挣得比你多得多。"③

　　然而康多莉扎的童年时代并不仅仅只是有关种族的痛苦经历，它同样还是一个中产阶级女孩追求卓越的过程。正如《纽约客》所指出的，"她出生于一个在黑人社区颇有声望的书香门第，是家里唯一的孩子，父母年纪偏大（相对于当时那个时代和地点来说：赖斯夫妇在生她的时候都已经三十多岁），亲戚朋友众多。"④

　　对于康迪在童年时期所遭遇的种族主义来说，她在伯明翰的生活享有某

① "那里的人都停止吃东西"：《康迪》，第 58 页。
② "赖斯不是蜷缩在座位上"：《康迪》，第 70 页。
③ "我们开门见山地说吧"：莱曼：《毫无疑问》。
④ "是家里唯一的孩子"：《毫无疑问》。

种相对的特权。根据莱曼的描述，她的父母为其教育"赋予了特别大的强度"；她需要"学习长笛、芭蕾、法语和小提琴，而且跳了两级"①，十五岁就进入大学。康多莉扎这个名字就来自于意大利语，是"甜美"的意思，她的父母希望她的人生犹如音乐般美好。

康迪的父母尽量保护她不受种族主义的伤害。正如赖斯告诉《乌木》杂志的那样，"我们的父母亲的确让我相信，即使我吃不上伍尔沃思的汉堡包，我仍然能够当美国总统"。② 父母亲教导她"摧毁障碍"。③ 她补充道："什么是选择？摧毁障碍吗？我常常会想，正是由于个人打破障碍的力量，社会才得以大踏步前进。"

赖斯在 2000 年共和党全国代表大会上谈到她的祖辈如何通过贩卖棉花来支付斯蒂尔曼学院的学费，以及如何鼓励她申请长老会奖学金。"赖斯爷爷说，'我心里想的就是这些事情。'"她回忆道，"我的家庭从那以后都是长老会会员，都是大学毕业。"④

科林·鲍威尔（他的妻子阿尔玛对赖斯一家所在的伯明翰黑人社交圈子比较熟悉）对康迪父母的描述是"非常有成就的专业人士，把所有的希望都放在自己的孩子身上"。⑤ 康迪与她的家人如何看待种族隔离呢？她依然记得他们的感受："他们就顺其自然，不让这件事情成为问题……我们会竭尽全力来保证让你接受与其他孩子一样的文化教育。"

赖斯一家始终与身边的民权抗议运动保持距离，这一点颇令人感到惊

---

① "赋予了特别大的强度"：《毫无疑问》。

② "我的父母亲的确让我相信"：《康多莉扎·赖斯》，Galeschools.com。www.galeschools.com/black-history/bio/rice-c.htm。

③ "摧毁障碍"：沙利尼·巴嘎瓦（Shalini Bhargava），发表在 1999 年 1 月 4 日《斯坦福日报》上的《教务长找回自己的热情》（Provost Going Back to Her Passions）。www.stanforddaily.com/tempo?page=content&id=4220&repository=0001-article。

④ "她的祖辈如何"：美联社发表在 2004 年 4 月 7 日的《康多莉扎·赖斯："万维汉莫"概览图：从阿拉巴马到斯坦福，再到缅因与白宫》（Condoleezza Rice：Profile of a 'Velvet Hammer'：From Alabama, to Stanford, Then Maine and White House）。www.msnbc.msn.com/id/4684024。

⑤ "非常有成就的专业人士"：莱曼：《毫无疑问》。

讶。"我的父亲不是那种喜欢沿街游行的布道者。"① 康迪回忆道。伯明翰的游行以孩子为主。当他们与残暴的警察相遇，狰狞的警犬冲着小姑娘咆哮，这样的场景让所有美国人都见识到种族隔离有多么腐败。但是康迪的父亲"认为没必要让孩子去冒这个风险"，她回忆道，"他绝不会让自己的孩子处境危险。"

但是康多莉扎的父亲并非平庸之辈。正如安东尼娅·费利克斯所描述的那样，"约翰·赖斯不仅仅只是一名不知疲倦的年轻领袖与教育家"②，他还有牧师、教师、顾问与教练等多重身份。伯明翰第一所儿童启蒙教育中心的创办就有约翰·赖斯的功劳，而且他还帮助少数民族孩子寻找夏季打工机会。他在 1969 年获得硕士学位。③

赖斯表示："我的父母非常有战略规划。我准备得极其充分，所做的一切也都是让白人社会感到敬畏的事情，因此，对于种族主义，在某些方式上我可以说是有备而来。我完全能够对抗白人社会。"④

赖斯的童年与希拉里迥然不同。在罗德海姆家族，就不存在提升自我修养的此类压力，显然也没有障碍需要跨越。根据希拉里自己的描述，她的童年缺乏系统的培养与严格的目标，这一点与赖斯就完全不同。在《亲历历史》一书中，希拉里满怀感激地说道："我非常幸运，因为我的父母从未为了某种职业而将我定型。他们只是鼓励我表现出色以及心情愉快就可以了。"⑤

希拉里还写到，她生长在"美国历史上比较谨小慎微、循规蹈矩的年代"⑥，而且她的中学时期就类似于电影《火爆浪子》或电视剧《幸福时

---

① "我的父亲不是那种"：费利克斯：《康迪》，第 55 页。
② "约翰·赖斯不仅仅只是"：《康迪》，第 46～47 页。
③ 他在 1969 年获得硕士学位：《康迪》，第 60 页。
④ "我的父母非常"：《康迪》，第 43 页。
⑤ "我非常幸运"：希拉里·罗德海姆·克林顿：《亲历历史》（Living History），纽约：西蒙＆舒斯特出版社，2003，第 20 页。
⑥ "比较谨小慎微、循规蹈矩的年代"：《亲历历史》，第 14 页。

光》里的情节。① 她整个的成长经历都没有康迪那么结构严谨或要求严格。赖斯的少女时代就是不断追去卓越的一个过程，无论在滑冰、钢琴还是法语上都精益求精，而希拉里的童年似乎是在嬉戏中度过。希拉里对她的家庭每个周日都围坐在电视机旁观看苏利文的节目的情景也有所描写。② 她还谈到自己参加女子垒球联盟比赛、在德普兰河溜冰以及骑着自行车"到处"溜达。③ 她满心欢喜地说到自己与朋友"每个周六下午都去匹克威克剧院"，之后又纠正为"前往提供可乐与薯条的餐厅"。④ 在这位未来参议员的童年时期，没有法语课、长笛课或钢琴课，而是无所事事。然而，她同样也养成了自制的习惯及希求成功的抱负。

如果孩子们得不到父母亲对他们的不断称赞，他们中的大多数人就会从外界去寻求一种认同感。而康多莉扎·赖斯在走出家门之前似乎就已经从家庭里获得足够的信心。

然而，在罗德海姆家里很少会听到称赞声。因此，希拉里不得不从这个家庭之外去寻求认可。在韦尔斯利大学与耶鲁大学的政治运动中以及现在的自由主义朋友当中，她都找到了这种认同感。依靠同辈获取信心的举动在很大程度上对她忠实于左派做出了解释。"运动"可以说是希拉里的另外一个家庭，她在其中锻炼成长，在意识形态上，她似乎本能地需要从性情相投的人群中寻找支持与援助。

赖斯的童年时代无疑也有闲余时光用来打发。但是，她的整个人生似乎一直都是被比较严肃的目标所指引。从丹佛大学的大学时光开始，到19岁从荣誉学会毕业，以及后来在圣母大学与丹佛大学获得学位，赖斯显然都具有某种特殊才能。到斯坦福大学教授政治学之后，她以同样的生活态度来劝诫自己的学生。"寻找你们的激情，"她告诉他们，"大学生活四年，如果在

---

① 电视剧《幸福时光》里的情节：《亲历历史》，第18页。
② 每个周日都围坐在电视机旁：《亲历历史》。
③ 骑着自行车"到处"溜达：《亲历历史》，第13页。
④ "都去匹克威克剧院"：《亲历历史》，第14页。

大学生活结束的那一天，你们知道驱使自己早晨从床上爬起来的动力是什么，那么，这就是你们的全部需求。"①

出现在希拉里青年时代的一个主题就是政治，但在赖斯的青年时代却看不到政治。在《亲历历史》这本书里，甚至在描写童年生活的前几页，就多次提到在童年时期选举的成功经历。在小学的时候，"我当选为童子军联合队长"②，她自豪地告诉我们。她的中学校长"让我加入文化价值委员会"。③ 她还记得，她"与几名男生同时竞选学生会主席，但最终落败"。④ 之后她又从哪里获得安慰呢？她被"当选为当地费边社（青少年偶像）主席"。⑤

在韦尔斯利，希拉里"在一年级的时候就被当选为大学青年共和党主席"⑥，但是之后她发现光明，转换党派。当然，希拉里当选为大学学生会主席。⑦

而赖斯则是全身心地加强自我修养。她在读书期间从未参加过任何职位的选举活动，并刻意保持一种疏离的态度，当时她不过是一名掌握各种乐器的天才而已。

希拉里的青春期特点就是络绎不绝的社会活动。从早期（13 岁）试图对芝加哥市长理查德·戴利（Richard Daley）在 1960 年以讹误的投票总数操纵肯尼迪选举这一腐败事件表示质疑，再到 1964 年作为高华德女孩提供服务，以及 1968 年参加麦卡锡反战运动，希拉里都是一名活跃分子。

但是，即使在 20 世纪五六十年代种族隔离的伯明翰，赖斯身为一名黑人女孩，更多的时候却是形单影只。阿尔玛·鲍威尔这样描述赖斯一家：

① "这就是你们的全部需求"：莱曼：《毫无疑问》。
② "我当选为童子军联合队长"：《亲历历史》，第 15 页。
③ "让我加入文化价值委员会"：《亲历历史》，第 9 页。
④ "竞选学生会主席"：《亲历历史》，第 24 页。
⑤ "当选为当地费边社（青少年偶像）主席"：《亲历历史》，第 18 页。
⑥ "当选为大学青年共和党主席"：《亲历历史》，第 31 页。
⑦ 当选为大学学生会主席：《亲历历史》，第 38 页。

"他们不是改变社会的一代。他们不参加静坐示威与游行活动。他们始终保持警惕状态。在与年长的人交谈时，你可能会听到他们说'噢，我不太清楚事态会怎么发展'。但是他们也不反对任何运动。"

赖斯的一位朋友这样说道："我们并未完全丧失叙述能力。"但赖斯一家并不需要任何施舍。康迪会凭借一己的力量前进。

在《纽约客》中，莱曼谈到"在20世纪美国黑人文化划分方面——在积极倡导政治改革的著名黑人学者杜波伊斯（W. E. B. Dubois）与提倡自我完善而不与黑人体系进行反抗的布克·华盛顿（Booker T. Washington）之间，"他总结道，赖斯一家"更倾向于华盛顿的观点"。[①] 在20世纪60年代，爆发了反战学生激进主义，这时候的希拉里已经到了法定年龄。她在传记里也清楚地谈到自己的政治生活开始于韦尔斯利，她在这里参加校园游行，支持"黑豹党"，甚至前往奥克兰、加州，在身为黑豹党律师之一的前共产主义者罗伯特·特罗伊哈夫特（Robert Treuhaft）的律师事务所工作。从成年以来，希拉里就把自己当作社会变革的行动者，政治世界的积极分子，永远是某个团队的一分子，致力于重组世界。

为了获得权利，希拉里总是与同辈们紧密联系在一起。过去是反战运动，现在则是民主党。无论是哪一种情况，她都是在某个团体中寻找自己的权利，她始终把自己视为某个志趣相投的集体的发言人。在赖斯的生活里，个人的作用总是大于团队作用。她把所有精力都用来追求个人卓越与提高自我修养，到她成年的时候，种族主义正抑制伯明翰黑人的发展，而她则需要超越这种种族主义，成为受双亲鼓励的优异生。

由于成长背景的不同（随即影响到各自的生活选择），希拉里与康迪反映了对各自政党的不同倾向，以及对社会改善、上进心与种族关系等问题所采取的不同方法。

如同希拉里，民主党及其代理人都关心团体，他们想方设法提高团体凝

①　"美国黑人文化划分方面"：莱曼：《毫无疑问》。

聚力与共性。在劳资关系上，工会强调在谈判、契约与罢工等方面集体行动的重要性。比如，教师工会对根据个人成绩支付薪水的任何做法（考绩制）进行抵制，因为他们担心工会成员之间的差异性会破坏团结，或导致利益分歧。美国退休人员组织拒绝布什总统有关私人投资一部分社会保险税的提议，担心大部分退休人员依靠自己的投资就可生活得很好，而不再需要社会保障，从而使选民减少，导致政治实力削弱。所有的焦点都关注在集体之上。团队成员所接受的信息也非常明确：我们必须同患难，共荣辱。

在种族关系上，民主党同样强调团队精神。民权组织与领袖强调所有非洲裔美国人的共同利益，超越经济与阶级界限。他们喜欢把注意力集中在像警察胡作非为这样的问题上，以此来促进团队认同感。这再次传递出这样一个信息：你是黑人；因此，你就是一名民主党。我们都是民主党。

左翼的团队精神与问题认同感是如此强烈，导致女权主义团体在很大程度上都对共和党女性候选人表示反对，认为她们在堕胎权利上没有站在女权主义这一边，从而支持亲选择的民主党男性候选人。的确，由于她们对民主党的忠诚度，在有些情况下，她们更愿意支持一名亲选择的男性民主党人，而不是一名女性共和党人。无数的问题团体（如同性恋、环境、犹太人、消费者与残疾人等）都在努力强调自己的团队凝聚力与共同利益，这直接就形成了对民主党的支持。

个人上进心与民主党的信条背道而驰。那些具有个人上进心且不在乎集体投票的黑人就会被一些人说成是叛徒。而那些离群索居的人（如美国司法界重量级人物克拉伦斯·托马斯［Clarence Thomas］、脱口秀节目主持人阿姆斯特朗·威廉姆斯［Armstrong Williams］、科林·鲍威尔甚至赖斯本人）则被视为变节者，因为这粉碎了民主党所需要的团结，而这也一直是他们说服非洲裔美国人的东西。

个人上进心的真正原理公然违抗了从底层支持民主党的团体领袖的思想体系。如果您依靠自己摆脱贫困，那么拥有民权领袖的目的是什么？如果您因为自己的能力获得加薪，那么为什么还需要工会？如果一位女性没有受到任何压制而爬到公司高层，那么女性团体还应该争取什么？

这种环境是为希拉里量身定做的，她已经学会用团体的方式进行演讲、采取行动与思维。她犹如一头驮畜，在为别人代言尤其在吸引团体对手的时候，她的表现堪称最佳。在这一点上，希拉里的表现要远远超过她的丈夫：团体认同感从未限制过比尔（他作为新民主党人参加总统竞选，身为总统的时候又采纳共和党的政策），而希拉里则不会挑战围绕在她身边的政党团体。

当然，康多莉扎·赖斯的观点或背景无人能及。她在成年以来，就拒绝团体认同感，而是依靠个人能力突破强加在她身上的种族与性别限制。在她通往权力之巅的辉煌道路上，她似乎与团体凝聚力或支持少数民族团体相对立。

本着这种精神，她与共和党的核心思想具有深刻的统一性：不论环境、地域、种族、性别甚至贫困，重要的在于个人。她的事迹证明了，只要具备能力，就可依靠自己前进，而无需有所倾向或给他们优惠待遇。对于那些不具备前进所需要的教育背景或能力的人，共和党强调提高个人修养的手段，如教育、工作培训、个人投资等，准确地来说，这些都是赖斯的个人生活及其得以高升的因素。

如果说民主党把个人上进心视为团体凝聚力的危险因素，那么共和党则认为蜂拥至某个团体内部的倾向，然后凝聚在一起，会促进上当受骗的感觉与阶级认同感，而这有悖于真正的民主。

民主党控诉共和党冷酷无情，认为他们忽视底层人民，只为少数精英人群工作。而共和党则抨击民主党只是想通过将穷人与少数民族划为一个团体，以此来增加集体选票的票数。

当然，每种说法都不乏道理。共和党人并非冷酷无情，但是他们却往往指向自我，对没有任何利益的事情没有兴趣。民主党对团体凝聚力所表现的兴趣并不仅仅只是出于政治目的，但是他们也未忽略身份政治所带来的政治回报。

康迪与希拉里之间的较量将会淋漓尽致地展现这些竞争理念，因为每一位候选人的生活都全面地反映了各自政党的主题。结果可能会对赖斯有利，因为有关其个人成就的记录每天都可见诸于各大传媒的大幅标题当中。而在另一方面，希拉里的公共记录则并不明确。她口中经常提及"我们"所取得的成就，这让她在为公共利益效劳所起的个人作用上显得含糊不清。

媒体为希拉里制造出来的大众印象是一位"优秀的"参议员，以及是一位为自己的选民呕心沥血的温和主义者。但是这其中的意义是什么呢？她又是否真的做到这一点？

而事实是，她几乎一直都是彻头彻尾的自由主义者，而且她也一直毫无效率可言。

第五章

希拉里作为参议员的所作所为：
华丽外表掩盖下的假象

2005 年 7 月 4 日，为《纽约客》杂志撰稿的大卫·雷姆尼克（David Remnick）在谈及希拉里·克林顿"进入参议院后的首个任期内的整体表现时"，他表达出了大多数人的看法①。不管怎么样，希拉里·克林顿的种种表现让公众广泛认为她作为一名美国参议员已经有效地发挥了她的作用。

她真的有效地发挥了自己的作用吗？

根据美国国会图书馆的记录，希拉里自从进入参议院以来，总共让 20 项议案获得通过。在这 20 项议案当中，有 15 项实际上纯属是象征性的，没什么实质意义。只有 5 项完全具有实质性意义的议案获得通过——其中 2 项与 9/11 事件有关，再加上其他 3 项，这 5 项议案就算希拉里·克林顿不提交讨论，任何一位纽约州参议员都会提交并且会获得参议院的通过。

一些成绩！

下面所列出的就是希拉里·克林顿在参议院就职五年内所通过的议案。

象征性的议案②

● 确定卡特·马拉尼国家古址。

● 为实现听证演讲月的目标和最终理想提供支持。

● 给予约翰·J. 道宁（John J. Downing）、布赖恩·费海（Brian Fahey）和哈里·福特（Harry Ford）这些在工作岗位殉职的消防队员以荣誉称号。

● 正式确立爱丽丝岛杰出移民荣誉奖。

● 以瑟古德·马歇尔（Thurgood Marshall）的名字为法院大楼命名。

● 以詹姆士·L. 瓦森（James L. Watson）的名字为法院大楼命名。

● 以约翰·A. 奥谢（John A. O'Shea）的名字为邮局命名。

---

① "进入参议院后的首个任期内"：大卫·雷姆尼克发表于 2005 年 7 月 4 日《纽约客》上的《政治情色》（Political Porn）。www.newyourker.com/talk/content/articles/050704ta-talk-remnick。

② 象征性的议案：第 107 次与 108 次议会的主要议会记录。

● 将 2003 年 8 月 7 日指定为国家紫心勋章奖励日。

● 为国家紫心勋章奖励日目标和最终理想的实现提供支持。

● 在亚历山大·汉密尔顿（Alexander Hamilton）逝世 200 周年之际，对他一生的功绩及身后的影响表示赞誉。

● 祝贺斯拉古斯（雪城）大学（Syracuse University）奥兰治男子曲棍球队获得冠军。

● 祝贺莱蒙尼学院（Le Moyne College）达芬斯男子曲棍球队获得冠军。

● 确定美国独立战争 225 周年的纪念活动。

● 以瑞亚恩·A. 体耶达（Riayan A. Tejeda）中士的名字为邮局命名。

● 因雪莉·奇泽姆（Shirley Chisholm）为国家所作出的贡献向她表示敬意，并对她的逝世表示哀悼。

具有实质性意义的议案

● 针对 9/11 事件的受害者，延长对他们提供失业帮助的时间。

● 为针对 9/11 事件而进行的城市计划出资。

● 帮助其他国家因地雷而受害的人群。

● 使用可承担得起的临时换班看护来帮助家庭护理员。

● 将位于波多黎各的部分国家森林体系划入荒野保护体系之中而使之受到保护。

尽管希拉里·克林顿获得了能干的美国参议员的名声，但是这一系列微不足道的成绩并不足以糊弄人。如果她像亚历山大·汉密尔顿、海丽特·塔布曼（Harriet Tubman）和美国独立战争一般，受到我们那样多的肯定和赞扬，那么本人认为纽约州的选民可能对他们这位资历不深的参议员抱有的期望过高了。

当然，克林顿夫人在共同提交那些最终变成法律的法案方面做得还是比较有成效的。但是，正如对立法程序略知一二的人所证实的那样，共同提交这一行为是不值一提的。在参议院中，参议员会按照常规将一份表格分发给他们的同僚，在这些人当中寻求能与他们共同提交某项重要立法的人。而共同提交一项法案只需要签上自己的名字，偶尔出席一个记者招待会就可以了。希拉里自己没能独立提交通过多少法案，所以她为了平衡这一情况，经常抢夺其他人——通常是著名的共和党人——的新的立法方案，作为共同提交人免费搭上一趟顺风车。

南卡罗莱纳州共和党参议员林赛·格雷厄姆正是企图将希拉里的丈夫轰下台的国会检察官之一，有一天，他正打算召开一个记者招待会，"努力争取更多的人支持他的法案——为预备役军人提供全日制的补助金"①，而此时发生的一件事让他大为惊愕。就在记者招待会开始前的 20 分钟，希拉里的行政人员给他打来了电话，告知他希拉里打算作为共同提交人参与进来，并且要在他的记者招待会上出现。紧接着，希拉里在几分钟之内就露面了。格雷厄姆回忆说："这一切就像一阵龙卷风一样发生了……因为我和她的出现，照相机开始咔嚓咔嚓地不停拍照。"当然，希拉里与这项法案毫不相干。这不是她的想法。这也不是她的法案。但是，即使这个记者招待会意味着——尤其当它意味着——是与一位怀有"巨大右翼阴谋"的成员握手致意，她也会使它成为她的记者招待会。

格雷厄姆不是唯一一位被那阵龙卷风拜访过的美国共和党参议员。希拉里还与南达科他州参议员约翰·图恩（John Thune）合作过，约翰·图恩就是那位让民主党多数派政党领袖汤姆·达施勒（Tom Daschle）早早结束政治生涯的人物，希拉里与图恩一起为那些在执行任务时殉职的武装部队人员的孩子争取联邦政府的资助②。她还随大流加入到堪萨斯州共和党参议员萨姆·布朗贝克（Sam Brownback）的行列中，与他一起呼吁阿尔巴尼亚要进行一场公平的选举。此外，她还同俄勒冈州共和党人戈登·史密斯（Gordon Smith）聚在一起，商讨为年老残疾的难民提供救济金，与罗得岛州共和党

---

① "努力争取更多的人支持"：杰夫·埃尔勒（Geoff Earle）发表于 2005 年 6 月 21 日《美国国会》上的《克林顿的共和党同盟》（Clinton's GOP allies）。www. hillnews. com/thehill/export/TheHill/News/Frontpage/062105/clinton. html。

② 希拉里还与南达科他州：《克林顿的共和党同盟》。

人林肯·查菲（Lincoln Chafee）聚在一起，准备再一次批准为专业机构拨款，处理水资源的问题。

不过，希拉里有时的确会明显表现出她说到做到的作风。共和党参议员迈克·德万（Mike DeWine，俄亥俄州共和党人）就讲述了希拉里是如何与他一起为了成功制定"小儿科条例"而努力的，该条例是要求药品公司使用科学的试验来确定他们生产的药物对儿童是否安全，以及应该对儿童施用多大的剂量。"当希拉里还是第一夫人的时候，她就要求美国食品及药品管理局（FDA）批准这一条例，"德万说，"但是，法院否决了它，他们表示国会必须首先授权美国食品及药品管理局发布这一条例。所以，当她进入参议院之后，就与我、克里斯·多德（Chris Dodd，康涅狄格州民主党人）和泰德·肯尼迪（Ted Kennedy，马萨诸塞州民主党人）一起只为了这件事通过了一项法案。"① 德万是共和党的正式党员，他认为希拉里是能够"控制住左翼理念"的，所以在法案通过参议院的时候没有被附加上一些必要条件，要不然，在比较倾向于保守的众议院内这项法案是注定无法通过的。

当然，提交法案只是参议员工作的一部分。希拉里还通过投票表决来让自己出名。她作为一名民主党人，已经证明了自己绝对是民主党领导阶层可以信赖的橡皮图章（只会履行审批手续而没有实权的人）。根据《国会季刊》（Congressional Quarterly）半官方的记录表明，希拉里在参议院进行投票表决的时候，有90%以上的情况都是支持她的政党的观点。②

《国会季刊》通过分析每年重要的投票情况，发现希拉里在2004年里有97%的情况是支持她的政党的观点，在2003年里是93%，在2002年里是98%，在2001年里是96%。

---

① "当希拉里还是第一夫人的时候"：作者于2005年5月27日对参议员迈克·德万的采访。
② 根据《国会季刊》半官方的记录表明：刊登于2004年11月21日《华盛顿时报》上的《希拉里的参议院记录》（Hillary's Senate Record）。www. washtimes. com/op-ed/20041120 - 084025 - 3316r. htm。

吉尔波特（Gilbert）和苏利文（Sullivan）下面所写的文字可能就是在描写希拉里·克林顿在参议院内的种种表现：

> 我是这么地富有
>
> 以至于国会议员选区将我推选进入[①]议会
>
> 我始终按照我的政党的想法进行投票
>
> 我根本从来没想过独立思考、自行决定什么
>
> 我的想法这么少，他们为了酬谢我
>
> 让我成为皇家海军的主宰者……

要是希拉里的野心只限于管理海军就好了！

克林顿夫人对民主党派利益集团的观点所表现出来的拥护就像是本能做出的反应。美国劳工联合会－美国产业工会联合会（AFL-CIO）表示，希拉里在 2001 年和 2004 年里对他们的观点是 100% 地投票赞成，在 2002 年里有 92% 的情况支持他们的观点，2003 年里有 85% 的情况支持他们的观点。[②]

2005 年 6 月，希拉里对大工会主张的观点所表现出来的盲从最为明显，她跟随她的党派中的大部分人投票反对中美洲自由贸易协议（CAFTA），而对于我们正处于困境中的南部的邻居来说，这个协议是摆脱贫困的最大希望。虽然对于许多民主党参议员来说，这个投票表决有点虚伪，对克林顿夫人来说，情况尤其如此，因为她的丈夫在他任期内的头几年就曾经力促国会批准北美洲自由贸易协议（NAFTA），并且将他那届政

---

① 我是这么地富有以至于国会议员选区将我推选进入：吉尔波特与苏利文创作的《皇家舰队》（*HMS Pinafore*）。

② 美国劳工联合会－美国产业工会联合会（AFL-CIO）表示：参议院关于劳工问题的投票记录，刊登于《项目投票技巧》上的《希拉里·罗德海姆·克林顿（纽约州）参议员》。Www. votemart. org/issue-rating-category. php? can-id ＝ WNY99268&type ＝ category&category ＝ Labor。

府的威望都押在这件事情上。希拉里还投票反对给予总统该项权力——提交与其他国家的贸易协议给国会以求得快速批准，也就是要求快速审议，不允许有任何修正或阻挠。比尔·克林顿每年都会就这项权力向国会做出请求，但都是白费力气。

自由派领导团体"美国民主行动"（ADA）同样对希拉里的投票情况大为赞赏，在她任职于参议院的头四年中，该团体每年给予她的评分都是95分（百分制）①。根据"美国民主行动"的记录，希拉里的投票情况明显比整个民主党还要自由开明。在投票过程中，所有的民主党人加在一起有85%的情况是支持"美国民主行动"的观点的，然而希拉里在投票中有95%的情况都是支持他们的。②

希拉里·克林顿在参议院内都是附和自由路线而进行投票的。③

• 她反对禁止不全产堕胎，而且决定并宣布反对将母亲受疾病侵袭期间对胎儿造成伤害视为非法。

• 她投票反对废止1995的社会保障补助金征税。

• 她反对限制集体诉讼，反对对产科医生和妇科医生方面的医疗事故损害赔偿金进行限额。

• 她反对对古巴的旅游禁令。

• 她投票反对在北极地区钻井探油，还反对布什总统在"空气清洁法"上的改变。

• 希拉里反对宪法修正案禁止同性恋结婚。

---

① 美国民主行动：由《议会季刊》根据每个参与团体所提供的信息编撰而成。可在 http：//cq. com/display. do？dockey = /cqonline/prod/data/docs/html/member/member – 0000007201. html@ member&metapub = CQMEMBER&searchIndex = 1&seqNum = 1 上查阅对各利益团体的描述。

② 所有的民主党人加在一起：格雷戈·萨尔根（Greg Sargent）在2005年6月6日发表于《国家》（Nation）杂志上的《希拉里标志》（Brand Hillary）。www. thenation. com/doc. mhtml？i = 20050606&c = 5&s = sargent。

③ 希拉里·克林顿在参议院内都是附和自由路线而进行投票的：第107次与108次议会的议会记录。

● 她支持将禁止使用攻击性步枪的禁令延长十年。

● 希拉里反对布什总统的处方药补助金计划。

● 她反对布什削减税收的政策，反对废止遗产税。只要有机会，她就会投票要求压低布什提出的减税金额。

希拉里在遵循政党路线进行投票的过程中唯一的例外就是支持了伊拉克战争，而且投票赞成为其拨款，对于强硬的反恐措施，她是一律支持——为了讨好媒体——她还反对废止美国联邦通信委员会（FCC）为了使媒体比较方便联合起来而设的规定。

总而言之，希拉里的投票情况是不可信的，这是一台拥有既定程序的机器也不可能完成的。在希拉里的工作记录中，不管是已经通过的立法还是投票，丝毫都反映不出她向纽约州居民许下的诺言——她将会成为真正有作用的参议员。

实际上，希拉里这些流产的立法动议恰好反映出了克林顿政府的政治策略——化整为零，一小口一小口地吃。她在卫生保健改革方面的动议是非常有限的。虽然她已经就这一问题提交了30项议案，但是大部分议案都只是隔靴搔痒，只轻轻接触到了问题的边缘；没有一项议案直指美国人民在获取卫生保健方面所面临的困难的实质。而且，所有的议案都没有谈到那些没有买保险的人所面临的药品价格和保险问题（为了说服小公司购买保险而实施的课税扣除，这是个例外）。在希拉里的议案中，没有一项是要求医疗监管保健制度进行改革的——没有关于患者权利的议案，没有与健康维持组织（HMO）决策的呼吁所相关的议案，甚至也没有任何立法是关于为了保护医疗保健而提起诉讼的权利。

希拉里为了凸显自己在卫生保健法规方面的成就，就将《护士留用法案》的通过作为一项工作业绩列举出来。她表示是自己与俄勒冈州共和党人戈登·史密斯一起努力使得这项法案获得了通过，但是通过对一位密切注意该法案的参议院工作人员的采访，发现情况与希拉里的表述并不相同。

"这项法案无论如何都会获得通过，"他说，"所有人都支持这项法案。相关的提交并不费力。很多参议员基本上都提交了相同的议案，对于该法案的通过，既不能将大部分的功劳都归于史密斯，也不能都归于希拉里·克林顿。要说希拉里在该法案获得通过的事情上起到了重要的作用，那就是纯粹的吹嘘。"①

　　在教育、儿童和家庭领域——希拉里说她会重点关注的其他领域——她的工作情况同样缺乏实质性意义。希拉里在自己的网站中重点宣称，她"支持'不让一个孩子掉队'这项教育法案"②，但是，布什总统的法规绝不是希拉里的工作成就。她说她"为了改善教师和校长的招募情况，提交了一项修正案"，但是却没有说这项修正案未获得通过。她还吹嘘说自己在全州范围内发布了一个关于纽约州学校的报告，按理说这项工作更适合于一个市政团体去完成，而不适合于一位有权真正谋事的美国参议员去做。

　　其实，在立法方面，希拉里唯一一个积累了良好记录的领域就是反恐方面。她强烈要求对生物恐怖主义的威胁进行评估，所以她提出保护食品供给、提高因恐怖行动而受害的家庭的儿童补助金、增加本国安全保障方面的经费、研究如何确保放射性材料的安全、规定每年对高危场所进行检查、找出有可能发生恐怖袭击的场所、促进炸弹扫描技术的使用、加强对我们大使馆的保护。

　　但是，这些议案没有一项获得通过。

　　尽管希拉里在参议院内说到以色列这个拥有最多犹太人的国家时，振振有词地保证要为以色列而努力奋斗，但是从 2001 年至 2004 年，也就是她在参议院就职的整个任期内，没有一条单个的法规、决议、修正案提及"以色列"，她甚至没有任何意识，也没有通过任何方式提到过"以色列"这个

---

① "这项法案无论如何都会获得通过"：作者于 2005 年 4 月 4 日对参议院工作人员的采访。
② "支持'不让一个孩子掉队'这项教育法案"：参议员希拉里·罗德海姆·克林顿的官方网站的教育部分。http：//senate. gov/issues/education/index. cfm? topic = elementary。

名字。

　　然而，在希拉里·克林顿任职于参议院的头四年中，以色列还是经历了艰险的时期。在希拉里任职期间，差不多有一千名以色列人在自杀式炸弹袭击中丧生，重伤者不计其数。如果美国要失去相应数量的公民，那就意味着将有超过十万的人死亡——9/11 事件死亡人数的 33 倍。当以色列面对着最难熬的一段时期时，希拉里还是没有一项单独的议案表示出对以色列的支持。

　　要回顾希拉里·克林顿曾经提交的立法动议的话——大部分动议都没有获得通过——也就会了解她还是个花钱大手大脚的人。当希拉里对布什政府的赤字情况表示不赞成并要求进行财政制约时，她将自己佯装成财政保守主义者，但是她提交的立法议案所表现出的情况却与此大相径庭。实际上，正如全国纳税人联盟所了解的那样，希拉里"作为参议员提交或联合提交了 174 项开支议案，这一记录已经在参议院内位居榜首"[1]。

　　虽然希拉里投票赞成拨款的每一件事情就其本身而言不是不负责任的，但是如果其中的大多数或所有拨款都获得通过的话，就会在预算赤字上再增添庞大的赤字。确切地说，希拉里已经提议动用额外的开支去改善军队的住房情况、调查封闭防御基地的影响、使封闭的防御基地始终有可使用的设备、提高武装部队医疗准备的等级、增加对科索沃的援助、提高新型的通信技术、修复飞机库、为殉职军人的再婚配偶保留抚恤金、增加对失明退伍军人的帮助、扩大 VA 计划……

　　……扩大教师队伍、提高学校水平、改善看护情况、调查年久失修的学校的状况所带来的影响、增加对纽约的教育资助、扩大成人教育计划、为学

① "这一记录已经在参议院内位居榜首"：安妮·帕特诺德（Annie Patnaude）、德米安·布拉迪（Demian Brady）与彼得·J. 赛普（Peter J. Sepp）发表于 2004 年 10 月 7 日《NTUF 新闻稿》上的《对共和党接管近十年仍然花时间制定议会议程的现象的研究》（Study: Nearly 10 Years After GOP Takeover, Trend to Spend Still Shaping Congressional Agendas）。www. ntu. org/main/press-release-printable. php? PressID = 653&org-name = NTUF。

校招募更多的校长、翻新更多的校舍、增加对较高等教育的拨款、增加职业教育、扩大 VISTA、研究儿童的长期发展……

……协调环境卫生网络、增加 FHA 医院经费、扩大儿童健康计划的符合条件、增加护士留用方面的支出、建立一个全国的健康跟踪网络、加大拨款以研究饮食障碍、为临时换班看护提供更多的钱、对健康保险费给予课税扣除、分析成长障碍的数据资料、加强铅涂料的废除、使电话号码 211 能提供更多的服务、为患者提供更多的保健信息、为在原子武器工厂的工作人员提供保险、为年老者的心理健康治疗出资、保证妇女抵抗艾滋病计划、拨款训练长期的保健巡查员、研究药物的有效性、加大强奸罪的判罪力度、降低未成年人健康状况的悬殊……

……为应急保护方案提供更多的资金、保护纽约的指状湖地区、扩大波多黎各国家森林体系……

……改善投票人安全体系、扩大配电网、对促进经济发展的债券给予课税扣除、增强工作机会的课税扣除、增加对地区性技术联盟的拨款、加强商业发展计划、加强失业保险、加强对制造业的延期帮助。

希拉里所有的法案中使用的动词有一个主题思想，你注意到了吗？"扩大"、"改进"、"增加"、"修复"、"拨款"、"建立"、"出资"、"保证"、"提供"、"研究"、"创造"、"帮助"、"给予课税扣除"——所有这些动词都是关于课税与支出的。

单独看这些议案，大部分都是不错的想法。虽然参议员希拉里·克林顿公开反对布什大部分的减税政策，但是为了这些计划、方案所需的资金，她还是不得不提出一个单独的议案，要求联邦政府在其他领域削减开支，或者增加联邦政府的财政收入。希拉里就如同一位狂购一气的消费者，似乎将她想购买的每一样商品都看做是必不可少的东西。结果这只不过是完全不正常的花费。

离开参议院会议厅，希拉里·克林顿履行了她对纽约州的诺言了吗？她履行了她的诺言，为纽约的北部带去就业机会吗？

希拉里在这一活动领域的成绩有限得可怜。她宣称已经"促使"纽约奥维高的邮政和洛克希德·马丁系统达成了一份 9300 万美元的合同①。她还列举出一些拨款项目，为这些项目拨款 1.8 亿美元，例如：罗切斯特快渡、纽约州多姆堡的整修、布法罗内港的修建、计划中的横过纽约北部的"屋顶公路"、对拿梭医疗中心的援助以及其他未说明的项目。

　　即使将希拉里宣称的这些具有表面价值的成绩归功于她，可对于纽约这个经济发展有 6000 亿美元的州来说，产生 3 亿美元的帮助或合同对它来说是无用的。她真的可以宣称，这些成绩足以增强她作为总统候选人的资格吗？

　　希拉里在描述她在第 108 次关于经济发展的国会（2003～2004）上的工作表现时，似乎将她作为参议员的作用与会议组织者的作用混淆了。在说到会议时，她提到她是如何"帮助纽约州各处的人聚集到一起的，其中包括纽约布鲁姆郡的公司与宾厄姆顿的防御设施承包商之间的会议；在美国锡拉丘兹（雪城）召开的'农场到餐桌'的会议；Microcredit 在纽约首府奥尔巴尼的发行；还有最近在德里的宽带会议"②。她还炫耀说，她联合提交了 21 世纪纳米工艺研究与发展法案，而且这一法案已经变为了法律③。纽约州多次获得少量拨款以购买国防设施，虽然希拉里将这都算成是她一个人的功劳，但是获得的这些拨款的总数也就是 1.6 亿美元——在超过 4000 亿美元的国防预算中，它只是微不足道的一部分。④

　　当纽约市在争取主办 2012 年奥运会时，希拉里陪同纽约市长麦克

---

① 她宣称已经"促使"纽约：参议员希拉里·罗德海姆·克林顿的官方网站的成绩部分。
　　http：//clinton. senate. gov/accomplishments-108th. html。
　　（这条信息以及下方标注星号的其他引文都摘自希拉里·罗德海姆·克林顿关于其参议院记录的官方网站。然而，由于网站更改致使这里所提供的 URL 成为废弃地址。我们保留了最初网站上出现的引用内容的完整版本。）

② 还有最近在德里的：http：//clinton. senator. gov/accomplishments-108th. html。*

③ 她还炫耀说：http：//clinton. senator. gov/accomplishments-108th. html。*

④ 虽然希拉里将这都算成：http：//clinton. senator. gov/accomplishments-108th. html。*

尔·布鲁博格（Michael Bloomberg）到达上海，反复介绍城市的具体情况。但是，就如同希拉里那么多的新方案一样，结果只不过提供了一个给名人拍照的时机。纽约败给了伦敦，而且在最后对决的四个城市中位居最后。

在外交领域，希拉里说她在 2002 年"访问了以色列"，"支持"立法以帮助受害者对支持恐怖行动的国家提起诉讼，"谴责"自杀式炸弹袭击，"要求布什总统"力促阿拉法特（Arafat）终止恐怖行动，"发表了一份反犹太主义的声明"，"要求国务卿鲍威尔加强对问题的关注"。① 正如这些动词表明的那样，希拉里在外交领域没有任何实质性的建树。没有立法，没有完成的业绩，只是说说而已。

从某种意义上说，希拉里很适合当今的美国参议院。伟人的时代已经结束了。这不是丹尼尔·韦伯斯特（Daniel Webster）、亨利·克莱（Henry Clay）、理查德·拉塞尔（Richard Russell）、林顿·约翰逊或休伯特·汉弗莱那时候的参议院了。参议员每年投票六百多次，但是大多数都是遵循着政党的路线而进行的，几乎没有倒戈的情形发生。而且参议员争论的问题往往都是无关紧要的。所有重要的决策都是在议员席之外，甚至是委员会之外而确定的，是通过两党的领导人与白宫之间的广泛交涉而定下的。

在议员席上的投票通常涉及令人费解的观点、程序性的动议，或者少数派通过提交无目标无计划的自戕式防御修正案，意图分化多数派在一个议题上的凝聚力。所以说，在议员席上进行投票，就是一个小机器人都能做得和一般的参议员或国会议员一样好。

在这些有个性的参议员中间，唯一一个真正进行讨价还价的交易就是为自家所在地区的人们争取的分肥项目（议员等为争取选票而促使政府拨款给所属地区的发展项目）。所以，为自己所在地区的哪些项目争取哪些拨款

---

① 希拉里说她在 2002 年：http：//clinton. senator. gov/accomplishments-108th. html。*

就占用了一般参议员的大部分时间。大部分重要的公共政策问题都不是在议员席上解决的，而是在立法委员与执行参谋分部之间的研讨委员会和非正式的电话磋商中进行解决的。

所以，整体观点已清晰明了：希拉里·克林顿之所以受到她的同僚、对手和纽约州选民的高度评价，与其说是因为她**是**什么样的人，不如说是因为她**不是**什么样的人。只是与希拉里过去所表现出来的独断、偏执进行比较，现在的她才显得令人满意。所以说，希拉里是在与自己竞争——暂时，她似乎要取胜了。

拿 9/11 事件做文章

不过，希拉里在纽约州选民中建立起来的正面形象实际上与她的立法成绩没有多大关系。主要是因为纽约州选民普遍认为 9/11 袭击事件发生以后，希拉里为了帮助纽约州做了大量工作。9/11 袭击事件就发生在她任职参议员的九个月后，在纽约州选民的眼中，这件事情比其他任何事情都更能说明她的工作成果。说句公道话，就在纽约市重建的这段期间，这位来自伊利诺斯州、阿肯色州和华盛顿州的女性似乎成为了一名真正的纽约人。

9/11 袭击事件不仅夺走了我们三千多条生命；而且还严重破坏了曼哈顿下城——纽约金融中心的核心部分。城市里大部分办公场所都在那个可怕的日子里化为乌有了。所以，努力重建城市已经成为纽约所有政治活动的焦点。当所有人的目光都转向华盛顿，想要知道纽约能从联邦政府获得什么样的帮助时，其他所有问题——创造就业机会、教育、公共交通、犯罪——就都落到了这一方的头上。

纽约与华盛顿州的关系始终是微妙的。在 20 世纪 70 年代中期，纽约金融危机最严重而且濒于崩溃的时期，杰拉尔德·福特（Gerald Ford）总统拒绝出面帮助纽约市在经济上渡过难关。于是，《纽约每日新闻》通过它的著名的标题"福特对纽约市说——别捣乱了"，将读者的情绪表达得淋漓尽致。①

那时，正是纽约州的介入使得它最大的城市转危为安了。但是，9/11事件发生之后，只有华盛顿能让纽约这座城市起死回生了。结果，希拉里·克林顿就在这几个月之内为自己建立了好名声。但是她的宣传班子和她自己公开发表的声明都夸大了她的努力，有时竟堕落到公开编造的地步。

在袭击事件发生过后一星期，参议员希拉里·克林顿在凯蒂·库里克（Katie Couric）的介绍下，在NBC晨间新闻节目《今天》中接受了简·波莉（Jane Pauley）的一段采访。在这个刚刚接纳自己的纽约州，也许希拉里不想只是这一骇人听闻事件的旁观者；也许她想让自己看起来是这场悲剧的一个受害者，以此来赢得全国观众的同情。但是不知由于什么莫名其妙的原因，希拉里通过广播信誓旦旦地——但实际上却不是真实地——表示就在飞机撞向世贸大厦的一瞬间，切尔西差点儿就待在了世贸中心周围的地方。可是，后来切尔西本人所说的却与她母亲这个不通情理的谎言恰好互相矛盾。

电视观众听到这段访问的话外音这样说："在那时，她不仅仅是一位参议员，还是一位担忧的家长。"然后，希拉里继续说，切尔西"继续慢跑，她期望这会是一次美妙的经历……她打算在世贸中心到处走走。她去喝了一杯咖啡——就在那时飞机撞向了……她的确听到了，她听到了"。②

显然，切尔西不知道在9月11日，有人期望她应该在世界贸易中心，应该面临着迫在眉睫的危险。两个月以后，也就是在2001年11月，切尔西

---

① "福特对纽约市说"：维基百科：《纽约日报新闻》。www. answers. com/topic/new-york-daily-news。

② "在那时"：2001年9月18日希拉里接受《今天》记者简·波莉的采访。http://perec. wnyc. org/blog/lehrer/archives/000064. html。

为《谈话》杂志写了一篇文章，她在文章中非常认真地讲述了9/11事件发生时她的经历。按照切尔西所说的，她正待在一位朋友的公寓中，该朋友的公寓位于纽约联合广场地区，距离归零地（Ground Zero）大约三英里，这时她的女房东从工作的地方打电话给她，向她讲述了这次9/11袭击事件。切尔西写道，当她看到恐怖分子的飞机撞向世贸大厦时，她在"茫然地盯着电视"。她没提到慢跑，没提到死里逃生，也没提到咖啡店。很明显，她不在世贸中心附近的任何地方，她只是通过电视广播听说了9/11事件。慢跑时发生了袭击事件？那完全是希拉里虚构的。

直到今天，《今天》节目也没有更正过这个报道，甚至对希拉里在他们节目中向全国观众扯下的这个让人厌恶的谎言没有提出过质疑。

还有一件事情：希拉里在她的自传中没有再说过这个编造的、带有戏剧性的故事。她的确在书中提到了切尔西和9/11事件，并且感谢了特工部门的史蒂夫·弗瑞斯切特（Steve Frischette）特工，因为他与待在"曼哈顿下城"的切尔西联系的时候"表现冷静"。但是，书中没有提到切尔西与危险擦身而过，也没有提到9/11谎言。

这段插曲使人们对一位总统候选人的资格产生了很强的疑问。什么样的人会做出这样的声明？什么样的人会精心准备这样一个故事，利用这个悲剧以达到自己的政治目的，而不是因为自己的女儿在安全的地方仅仅心存感激？

不过，希拉里编造自己在9/11事件之后所发挥的作用，既不是自她在《今天》节目中的亮相而开始的，也不是随着它而结束的。

希拉里的实际行为远远低于她对自己形象的宣传水平。在最近出版的新书《灾后重建：美国是如何度过9月12日的》，作者史蒂芬·布瑞尔（Steven Brill），一位著名的资深记者，Court TV和《美国律师》杂志的创始人，十分严肃地讲述了纽约当时的实际情况，纽约如何向华盛顿提出申请，要求获得国家援助，以便重建其商业中心区。通过布瑞尔的痛苦讲述我们可以发现，大多数重要措施的制定是另外一个纽约的参议员，查克·舒默（Chuck Schumer）。

布瑞尔的描述非常详细具体，包含了来自国会和白宫的各个援救细节，帮助纽约消除 9/11 袭击产生的破坏。在他的描述中充满了舒默的工作细节；而希拉里所起的作用则微乎其微。（布瑞尔不可能存在偏见，因为他是一个非常著名的政治进步人士，而且在总统弹劾案那段纷纷扰扰的日子里，他是支持克林顿的。）

根据布瑞尔的记载，舒默在 9 月 12 日，星期三这个灾后的早晨很早就开始工作了。他写到："整个星期三早晨，舒默都在向他的部下分配工作。"有些职员被派遣出去评估各种需求的数量，并"登记城市和州机关"的需求。剩下的人则负责物资供应，了解议员们认为哪些方案是可行的。到第二天早晨，舒默听到的数字是 200 亿美元，这是整个国家用于重建和安全的费用。按照布瑞尔的记载，舒默听到这个消息后推算说："如果整个国家需要 200 亿美元，那么，纽约也需要这么多。"①

此时，布瑞尔第一次提到了希拉里的作用。舒默将 200 亿美元这个数字告诉了参议院多数党领袖汤姆·达施勒（南达科他州民主党议员），而希拉里则成功地说服了拨款委员会主席罗伯特·伯德（西弗吉尼亚民主党议员）。

星期四，布瑞尔说这两位纽约的参议员在椭圆形办公室拜见了布什总统，要求国家提供援助，让纽约从世贸中心的废墟中重新站立起来。（与他们一起来到的还有来自弗吉尼亚州的同事，他们是五角大楼的代表。）在去参加会议的路上，布瑞尔写到："克林顿夫人告诉舒默，他应该向总统提出申请。"

此时，布瑞尔描述了一个充满感情的场景。舒默对总统说自己听到美国需要 200 亿美元进行灾后重建。他接着说："嗯，总统先生，纽约也需要

① "整个星期三早晨"：卡尔·林巴切尔 2003 年 4 月 28 日在 NewsMax. com 上发布的《NewsMax 的布瑞尔：重要文件证明希拉里虚构 9/11 角色》（Brill to NewsMax：Notes Prove Hillary Made Up 9/11 Role）. www. newsmax. com/archives/articles/2003/4/27/213024. shtml。

200 亿美元。"然后，他又介绍了袭击对纽约造成的巨大破坏，包括基础设施、运输系统和办公设施的损毁情况。

布瑞尔写到，在开始的时候，总统显得有些犹豫，然后他踱了几步说："纽约需要 200 亿美元？"接着，总统做出决定："好的，给你们。"

希拉里除了沉默的出场以外，在整个过程中似乎什么真正的作用都没有起到。

但是，后来这 200 亿美元的拨款差点儿没有兑现。前国会议员舒默听说，国会拨款委员会不准备将这笔重建资金全部交给纽约使用。舒默勃然大怒。布瑞尔写到，舒默向布什的秘书长安德鲁·卡德（Andrew Card）大声咆哮，发誓说如果总统不信守承诺，自己明天去归零地见到他时，一定给他好看。最后，200 亿美元的拨款终于拨给了纽约。

那么，此时希拉里在哪里？在布瑞尔权威性的记述中，处处可见舒默的身影，可是希拉里却芳踪难觅。

但是，有关布瑞尔和克林顿夫人的传奇故事并未到此结束。

当希拉里听说布瑞尔正在写一本关于 9/11 灾后重建的著作，而且书中对舒默大加赞赏时，邀请这位大作家进行了一次谈话。当她在纪念 9/11 袭击一周年大会上在角落里找到他时，希拉里对作家说："我听说你想和我谈谈你的那本书。"①

布瑞尔和克林顿夫人进行了几次讨论，包括备忘录中没有她的一些内容。在一次讨论她确实出席了的内容时，她坚持说："为纽约申请援助的负责人不是查克·舒默（参议员），而是希拉里·克林顿。"②

因为担心布瑞尔降低自己老板所起的重要作用，希拉里的部下们开始起劲地向他游说，大肆吹捧克林顿夫人在救助 9/11 受害者活动中的积极工作。

---

① "我听说你想和我谈谈"：卡尔·林巴切尔 2003 年 4 月 20 日发布于 NewsMax. com 上的《史蒂文·布瑞尔：希拉里编造 9/11 记录》（Steven Brill：Hillary Fabricated 9/11 Records）。http：//newsmax. com/scripts/shwoinside. pl？a = 2003/4/20/143224。

② "为纽约申请援助的负责人"：《史蒂文·布瑞尔：希拉里编造 9/11 记录》。

他们向布瑞尔提供了很多很多资料，以布瑞尔的话是"一个详尽完备的故事，配备了详尽完备的备忘录和电话记录，那可真是一个好长好长的故事啊"。①

但是，后来布瑞尔还是弄清了真相，他写到："没有一项内容是真实的……他们给我提供的文件、电话记录，或者其他的什么东西，后来证明完全没有真正发生过。"②

布瑞尔对 WABC 广播公司的史蒂夫·马尔兹博格（Steve Malzberg）说，对于克林顿夫人的大胆捏造，他感到极为震惊。这种行为"实际就是为了将查克·舒默从一本书的几页文字中拉下来"。布瑞尔说："如果你往深里想一下，这种行为一定会让你感到可怕的。"③

布瑞尔采访了很多 9/11 遇难者的家庭，发现希拉里费尽心思避免会见遇难者的家人。布瑞尔说："我记得参议员克林顿夫人每次讲话的开头都会提到遇难者的家庭，叙述自己花了无数的时间与他们在一起。"④但是，后来布瑞尔发现，事实完全不是那么回事儿。

布瑞尔以卡迪斯（the Cartiers）一家为例，他们的一个家人在 9/11 中遇难。布瑞尔说："这家人不断要求会见希拉里·克林顿，而工作人员每次都是说：'登记一下吧，如果遇害家庭要想与我们会见，他们必须先给我们写申请，并把会见我们的目的写清楚，否则我们是不会接见的。'"布瑞尔在报告中说，卡迪斯一家告诉他："唉，谁让我们不是政治人物呢。"这些家人有幸受邀会见希拉里的唯一机会是"记者招待会"。⑤

布瑞尔说："相反，舒默参议员却在一个星期天挤出时间会见了卡迪斯一家，而会见的时候，没有记者，没有照相机，什么宣传工具都没有。"⑥朱利安尼市长和舒默还帮助卡迪斯一家寻找亲人的遗骸。

---

① "一个详尽完备的故事"：《史蒂文·布瑞尔：希拉里编造 9/11 记录》。
② "没有一项内容是真实的"：《史蒂文·布瑞尔：希拉里编造 9/11 记录》。
③ "如果你往深里想一下"：《史蒂文·布瑞尔：希拉里编造 9/11 记录》。
④ "我记得参议员克林顿夫人"：《史蒂文·布瑞尔：希拉里编造 9/11 记录》。
⑤ "这家人不断要求会见"：《史蒂文·布瑞尔：希拉里编造 9/11 记录》。
⑥ "相反，舒莫参议员"：《史蒂文·布瑞尔：希拉里编造 9/11 记录》。

布瑞尔总结说："让我感到震惊的是，竟然有这样的人，为了个人利益，竟然冒名顶替他人的功劳，尤其我亲自从遇难者家庭那里了解到的所有证据都表明，舒默参议员才是筹集资金活动的主要力量。"①

但是，布瑞尔所讲述的事实并不是在书中用几页纸记录舒默那么简单，这会威胁到某个神话：希拉里·克林顿在 9/11 后宣称对她过继的州的情感。

当然，希拉里的部下马上对布瑞尔提出的批评进行了回击。在一次典型的克林顿式快速反应反击中，克林顿夫人的发言人菲利浦·瑞恩斯（Philippe Reines）在著名的福克斯新闻节目《欧瑞利因素》对主持人比尔·欧瑞利（Bill O'Reilly）说："布瑞尔的指控是彻头彻尾的谎言"，并称布瑞尔的指责是"因为自己的著作滞销，为了宣传造势而进行的垂死一跳"。瑞恩斯忍不住加了一句："真是难以想象，布瑞尔先生怎么会这样利用这个悲剧事件为自己牟私利呢？"他无奈地叹息着。②

布瑞尔反击说，他可以拿出证据证明希拉里确实诋毁过舒默先生，而且她的部下也确实向他提供了虚假信息。他说："如果希拉里·克林顿不再要求我对谈话内容保密，我将痛痛快快、原原本本地告诉每一个人，到底她对我说了什么。"③

保守的新闻通讯服务公司 NewsMax 对布瑞尔进行了采访，他说他还保留着 9/11 事件发生一周后在归零地和希拉里进行的广泛谈话的原始记录。他说："这些记录将清楚地表明，到底是谁讲的是真话。无论谁想观看这些

---

① "让我感到震惊的是"：《史蒂文·布瑞尔：希拉里编造 9/11 记录》。

② "布瑞尔的指控是"：卡尔·林巴切尔于 2003 年 5 月 6 日公布于 NewsMax.com 上的《美国国会的布瑞尔：发布 9/11 会议日志》（Brill to Hill: Release 9/11 Meeting Logs）。http://newsmax.com/scripts/showinside.pl? a = 2003/5/6/93726。

③ "如果希拉里"：《美国国会的布瑞尔：发布 9/11 会议日志》。卡尔·林巴切尔 2003 年 4月 28 日在 NewsMax.com 上发布的《NewsMax 的布瑞尔：重要文件证明希拉里虚构 9/11 角色》（Brill to NewsMax: Notes Prove Hillary Made Up 9/11 Role）。www.newsmax.com/archives/articles/2003/4/27/213024.shtml。

记录，或者有谁想听听，当我和希拉里谈话后返回我的办公室时，我告诉人们我和谁进行了谈话，也就是那个不得公开发表的谈话，人们都会看得清清楚楚，她非常出格地对查克·舒默进行了诋毁，目的就是为了不让他在我的书中成为纽约重建的负责人。"

事实上，希拉里·克林顿的行为就是如此：在 9/11 事件发生后，她不想和布什总统发生冲突，即便是本可以理直气壮地提出的对纽约的救援要求都不做。后来，她又编造了一些工作记录，如果故事不够充分，她就任意杜撰，添枝加叶。她的目的就是要向大众证明，在美国遭遇当代最严重的灾难时，她起了多么关键的作用。

我们有没有权利要求我们的领导人道德更高尚一点儿，人品更正直一些呢？

第六章

处于事业巅峰的赖斯

赖斯从来不需要夸大她的工作业绩或资历。到 20 世纪 80 年代末期，她成为了苏联（俄罗斯）问题专家。作为斯坦福大学的教授和多产的作家，赖斯关注的焦点是美苏关系中的主要部分：武器控制问题和德国的重新统一问题。

　　学会与苏联共存绝不是件轻而易举的事。自从古巴导弹危机期间，美国总统约翰·F. 肯尼迪（John F. Kennedy）发觉自己与苏联领导人赫鲁晓夫（Nikita Khrushchev）正面交锋以来——一场核灾难制约着双方——超级大国的政治目标已经成为核裁军与非核裁军。每一方所拥有的一万两千枚导弹弹头都对准着另一方，毁灭全世界的威胁深深地笼罩着国际外交。

　　就赖斯而言，她已经沉浸于对俄罗斯文化和生活的钻研之中，甚至掌握了俄语这门难学的语言。不过，涉及的是影响美苏关系的军事问题。赖斯的第一部著作《苏联和捷克斯洛伐克军队，1948～1963——不确定的效忠》聚焦于莫斯科与布拉格的卫星政府间的军事关系。作为斯坦福大学国际安全和军控中心的一名研究员，赖斯研究了限制战略武器会谈（SALT）和削减战略武器条约（START），期望降低这些国家的核武库规模。

　　作为一个研究人员，赖斯还着重分析了俄罗斯和西方国家部署在中欧的几十万部队，他们表面上好像被一根警戒线分割着，实际上处于一种非常不稳定的平衡状态，任何时候都可能导致世界大战的爆发。这个问题的关键在于德国被分割成了两部分——西部的民主德国和东部的共产主义德国，这个分裂状态的形成是希特勒在二次大战失败后，获胜盟军各方攻占了不同的区域造成的。这种势力范围的划分以柏林墙为界线，而这堵墙也成了冷战时期的标志。

　　赖斯对于裁军和德国统一问题的重视程度在 1989 年达到了顶峰，当时她接受斯考克罗夫特的邀请，出任了国家安全委员会苏联问题专家。在 20 世纪 80 年代中期，米哈伊尔·戈尔巴乔夫已经掌握了莫斯科的权力，他提出了一个改革开放的政策，希望重新振兴苏联。他提出的这个政策期望结束妨碍苏联进步的政治迫害和强硬的官僚经济体制。

当英国首相玛格丽特·撒切尔断定，戈尔巴乔夫是一个"我们可以共事的人"时，那些以前看似不可能发生的事情现在已经能够做到了。至少军备竞赛有可能停止，德国的重新统一也可以开始办理。

赖斯的工作内容非常清楚，利用她的专业知识和分析能力跟踪观察当时快速发展的局势。前总统布什在自己的回忆录《重组的世界》中回忆到："我选择康迪是因为她在苏联历史和政治方面有着丰富的知识，能够非常客观公正地分析评价正在发生的事情，而且具有很高的洞察能力，能够将战略和概念过程很好地统一起来……她很有魅力，和蔼可亲，但是当环境需要的时候，她又可以非常的强硬。"①

在老布什政府中，赖斯的工作重点是平衡超级大国之间的关系，实现德国统一，削减军备，并管理冷战结束过程中发生的事情。虽然这些问题非常重要，但是有些人认为她忽视了某些发生的隐蔽性问题。康多莉扎·赖斯在20世纪80年代末期刚刚34岁，这些人认为她对于那些重视这个时代的一些人过于忠诚，而对于有关苏联的学术理论又过于坚持，这种观点相当盛行，即使她进行了解释都于事无补。他们甚至指责她应该对布什政府在后苏联时代中表现出来的行动迟缓承担主要责任。

虽然她在老布什政府中的权力非常有限，但是我们还是可以看到，在乔治·W. 布什成为总统之前，赖斯的地位已经开始发生变化。她从以前的一名优秀的、整日沉浸于历史研究的学术专家，开始转变成一个道德领袖，决心通过自己的努力，实现一个完全不同的未来世界。赖斯的成长过程，以及她诚恳承认错误的态度与希拉里形成了鲜明的对比，后者在承认失误或错误方面非常的不情愿，所以她也难以有所进步。

我们应该清楚地认识到，康迪·赖斯在 1989 年到 1991 年政治表现上的局限性，这样才能全面地评价她在 2000 年后的出色表现。

---

① "我选择康迪是因为"：约翰·普拉多斯（John Prados）2004 年 7/8 月出版的《不防备抑或不知情》（Blindsided or Blind），第 27～37 页。www. thebulletin. org/article. php? art-ofn = ja04prados。

几十年以来，美国国际政策的制定者们都面临着一个基本的问题：我们的外交政策是否应该以促进我们的国家利益为指导方针，还是应该更侧重世界道德价值和民主水平的发展？

这两种观点之间存在的二分选择问题在亨利·基辛格所著的《外交》一书中得到了很好的分析阐述，他对西奥多·罗斯福政府（1901～1909）和伍德罗·威尔逊政府（1913～1921）① 的外交情况进行了分析。基辛格对罗斯福时期重视强化美国影响，保护我们的经济、外交和财政利益，与威尔逊执政时期致力于全球公认法则和国际大家庭的形成的近乎理想主义的做法进行了对比。罗斯福推行的"美元外交"，强调有必要利用我们的军事力量保护美国公司和投资人的利益，并在美国利益受到威胁的时候对西半球进行频繁的军事干预。相对而言，威尔逊则呼吁美国应该支持并推动全球的和平与自由，强调国家的独立主权、公海的自由权利和中立国的地位。即使当威尔逊政府批准美国卷入第一次世界大战时，他仍然奉行这样的政策，呼吁一种"无胜利的和平"。

康多莉扎·赖斯所奉行的外交政策实际上存在着一个变化过程，从她的学术著作所体现的国家利益为重点的角度转移到了 9/11 之后侧重道德和价值问题的方向。

斯考克罗夫斯特是老布什政府时期赖斯的上司，在尼克松和福特政府时期他在基辛格的领导下已经变得成熟老练，当时政府工作的重点是权力的平衡、地缘政治中各种力量的关系协调和国家利益的保证。在1980 年当选总统以后，罗纳德·里根抛弃了基辛格时期盛行的价值中立的政策，要求美国对于苏联的极权政治进行针锋相对的斗争，他把苏联描写成我们的敌人，称莫斯科政府是"邪恶帝国"的核心。随着国家的外交政策重点从国家利益和超级大国之间谋求平衡，向推进美国的价值

---

① 这两种观点之间存在的二分选择：亨利·基辛格（Henry Kissinger）所著的《外交》（*Diplomacy*），纽约：西蒙＆舒斯特出版社，2004，第 1 章与第 2 章。

观和对共产主义国家进行斗争的转移，斯考克罗夫特在政府中的地位进一步削弱。

但是，在老布什执政期间，随着外交政策的重点重新转向对国家利益的重视，斯考克罗夫特和赖斯这个新部下再次进入白宫工作。不过，布什总统对斯考克罗夫特的权力进行了一定程度的限制，没有让他继续担任他在尼克松—基辛格时期所肩负的美国驻联合国大使和中央情报局局长这一实权性职位。

作为学术专家，赖斯致力于"现实主义"概念的发展，这个观念也是作者和国际著名哲学家汉斯·摩根索（Hans Morgenthau）倡导的，这个概念强调在国际事务中对于国家自身利益的追求，这个重点通常通过军事力量的体现进行表达。安·瑞利·多德（Ann Reilly Dowd）在《乔治》（George）杂志中撰文说，赖斯"开始认识到冷战并不是共产主义和民主政治之间的一场思想战争，而是一种更为原始的东西，是国家利益存在冲突的两个超级大国之间一种初级水平的竞争"。[①]

作为老布什政府的苏联问题专家，康多莉扎·赖斯对于处理超级大国关系问题上所持的观点是正确的。她进行的准备工作促成了布什总统和戈尔巴乔夫四次高级会晤的举行，并在 1989 年 2 月组织了一个俄罗斯学者"研讨会"，向布什总统提出有关苏联问题的建议。赖斯陪同总统出访波兰，然后又访问了德国，见证了柏林墙的拆除。1989 年 12 月，她陪同布什总统与戈尔巴乔夫进行了第一次会晤。

在地中海岛国马耳他举行的第一次峰会上，布什总统向苏联领导人介绍了康迪。布什告诉戈尔巴乔夫："这是康多莉扎·赖斯，我所知道的所有关于苏联的事情都是她告诉我的。"戈尔巴乔夫对赖斯进行了认真端详，对这位身材苗条、35 岁就担当重任的黑人女性留下了深刻的印象。

---

① "开始认识到"：安东尼娅·费利克斯：《康迪：康多莉扎·赖斯的故事》，纽约：新市场出版社，2005，第 95 页。

戈尔巴乔夫回答说："我希望你对我国了解很多。"①

（康迪能够参加两个世界超级大国的领导人峰会并非完全出于幸运。这次会议计划在两条轮船上举行，它们是美国的贝尔克奈普号和苏联的马克西姆·高尔基号，两艘轮船在地中海平静的海面上漂浮着，相互靠得很近。但是，当峰会开始时，出现了强烈的风暴，掀起的巨浪高达 16 英尺，使轮船剧烈地摇摆起来。暴风雨实在太剧烈了，记者们都戏称这次会议为"晕船峰会"，所以会议不得不推迟一整天，等狂暴的大自然安静下来以后再继续举行。赖斯不是很擅长游泳，但是却不得不在一个小汽艇中往来于两艘轮船之间，完成这次艰难的谈判。因为她在这次国际峰会中具有的特殊地位，她的谈判经历比起这次风暴来说不算十分艰难。她说："这次谈判中最危险的时刻是我必须沿着搭在船上的厚木板走下去，两侧都是海水，而狂风在怒吼，雨水毫无遮拦地打在你的脸上，而且我又不是非常擅长游泳，所以我不由地担心：'完了，我想我要在这里为了我的国家牺牲了，而我的牺牲却没有人会记得。'"）②

当赖斯在华盛顿刚刚开始任职时，戈尔巴乔夫对她来说就像一缕清新的空气，令人感觉焕然一新。她回忆到："戈尔巴乔夫说：'我们也想让美国在欧洲保持影响。美国应该是欧洲的一股力量。'但是，过去的历史却是另一番景象，我们都受着不同的教育，而且我们也相信这些有关历史的教育内容。这个历史中的主要目标就是，苏联试图把美国赶出欧洲。戈尔巴乔夫的这种论调非常不同凡响，它让每一个人都感到惊讶。"赖斯对戈尔巴乔夫的话产生了深刻的印象，她说："我开始明白，戈尔巴乔夫认为，苏联是欧洲事务的合法参与者，它不会让欧洲感到恐惧，而会让欧洲对它产生敬意。"③

---

① "我希望你对我国了解很多"：罗梅什·拉特内萨尔 1999 年 9 月 20 日发表于《时代》上的《康迪·赖斯必胜无疑》（Condi Rice Can't Lose）。http：//edition. cnn. com/ALLPOLITICS/time/1999/09/20/rice. html。

② "这次谈判中最危险的时刻"：乔治·华盛顿大学国家安全档案，1997 年 12 月 17 日"对康多莉扎·赖斯博士的采访"。

③ "戈尔巴乔夫说：'我们也想让美国'"："对康多莉扎·赖斯博士的采访"。

但是，对于戈尔巴乔夫来说，变化发生得实在太快了，对布什和赖斯来说也是如此。赖斯对于当年的情形是这样回忆的："各种事件发生得太过迅速，为了应付变化你必须要制定政策，作出决定，或者安排会议，但是就在你具体实施这些活动之前，所有情况又都发生了变化，确切地说是整个世界都发生了变化……"① 这位苏联的领导人越来越清楚地认识到，民主改革不会给自己的国家带来统一，而会是越来越严重的分裂。随着新型政治组织越来越强烈地要求结束共产党对政治活动的垄断控制，戈尔巴乔夫越来越强烈地感到自己是一个共产主义者，而不是一个改革者。

美国的右翼人士，其中包括国防部长迪克·切尼（Dick Cheney）和副部长保罗·沃尔福威茨（Paul Wolfowitz）呼吁布什政府与戈尔巴乔夫断绝关系，转而支持俄罗斯的民主力量。因为不管他是不是改革派，戈尔巴乔夫总是一个共产主义者，所以一定会坚持在苏联推行一党专政的制度。"新保守主义者"继续推行前总统罗纳德·里根的观点，他们认为确保美国安全的唯一正确的道路是将世界改造为一个民主体制的集合体。他们不想只是被动地和苏联打交道，而是要从根本上让它改变。

但是，赖斯、布什总统和国务卿詹姆斯·贝克（James Baker）不想过于激进，不想让自己的行动远远超前于苏联的改革，以免削弱戈尔巴乔夫的权威，从而使莫斯科重新回到原来所奉行的强硬路线上去。他们工作的中心是要避免给那些保守的顽固派提供口实，避免让他们进行反攻，并且应该尽可能地避免让戈尔巴乔夫陷入感到尴尬和孤立无援的境地。赖斯说："当你手中掌握重要权力的时候，你必须要非常谨慎，要避免自己的行为阻碍了历史事件的正确走向。如果美国下手过重的话，极有可能造成事与愿违的结果。"②

---

① "各种事件发生得太过迅速"："对康多莉扎·赖斯博士的采访"。
② "当你手中掌握重要权力的时候"：雅各布·海尔布伦（Jacob Heilbrunn）1999 年 9 月 27 日发表于《新共和》上的《布什外交政策导师团队的非现实现实主义》（The Unrealistic Realism of Bush's Foreign Policy Tutors-Team）。

但是，新保守主义者们认识到了这样一个基本观点——苏联正在解体，而这正是赖斯、布什和贝克所忽视的。尼古拉斯·莱曼在《纽约客》杂志上撰文说："学术界的朋友们在那些日子里见到赖斯时会说，最重要的是苏联的社会制度已经相当腐朽，而不是戈尔巴乔夫是一位多么伟大的领导人。而受历史青睐、由一名学者转变成一位政府官员的赖斯则会这样认为：'如果你们也看到了我所看到的有关情报，你们就会同意我的做法是正确的。'"①

苏联的腐败现象不仅造成了俄罗斯内部的民主化改革，而且也产生了连锁效应，同时也造成了东欧盟国对苏联的疏远，并最终导致了苏联的解体。

昔日强大的苏联帝国解体后的初步效果就是勃列日涅夫主义的结束，这个主义过去曾经赋予莫斯科政府权力，如果华沙条约中的任何一个国家想要脱离社会主义阵营，转向令他们不能容忍的民主体制，苏联就有权进行军事干预。戈尔巴乔夫有效地终止了这种思想行为，宣布单方面减少苏联在东欧国家的军事存在。虽然布什、贝克和赖斯对苏联的撤军行为表示欢迎，但是他们却忽视了一个更为重要的问题——如果在东欧没有苏联的军队，苏联的附属国就可以自由地抛弃自己身上的锁链，寻求自由和民主制度。多年以后，赖斯承认自己过分关注苏联军队在数量上的减少，结果使自己"没有认识到……勃列日涅夫主义的结束"。②

一旦赖斯认识到正在发生的事情的本质之后，她就会坚定地支持在苏联附属国家中出现的反共产主义运动。当波兰的工会组织团结工会（Solidarity）在列赫·瓦文萨（Lech Walesa）的带领下结束苏联的占领和多

---

① "学术界的朋友们"：尼古拉斯·莱曼发表于 2002 年 10 月 14 日《纽约客》上的《毫无疑问：是康多莉扎·赖斯改变乔治·W. 布什，还是布什改变赖斯？》（Without a Doubt: Has Condoleezza Rice Changed George W. Bush, or Has He Changed her?）。www. newyorker. com/ printables/fact/021014fa-fact3。

② "没有认识到……"：普拉多斯：《不防备抑或不知情》。

年戒严法令的压迫后，这个组织获得合法地位。赖斯成功说服布什总统，向波兰提供所有可能的援助，支持波兰的自由力量①。1989 年 7 月，布什在赖斯的陪同下访问了匈牙利和波兰，鼓励这两个国家的民主运动，并含蓄地承诺美国将向他们提供援助。

但是，很多保守派评论家仍然认为布什政府还是没有抓住问题的关键。雅各布·海尔布伦在《新共和》杂志上指出："布什政府在苏联解体后甚至有点儿感到失落。政府的本能反应是维持克里姆林宫的势力范围，以避免破坏现存的地缘政治秩序。"② 因为担心苏联核武器库会出现问题，他们甚至希望让昔日的两极世界的格局再延续几年时间。

对于某些人来说，布什、贝克和赖斯的行为有点儿类似于英国电影《桂河大桥》中由亚历克·吉尼斯（Alec Guinness）扮演的战俘尼克森上校。在被俘虏以后，这位上校被指派去建造一座大桥，他在建造大桥的过程中表现出了惊人的积极性和自豪感，即使在联军部队攻击日军来解救他们时仍然奋力工作，希望尽早建成完工。

对于布什等人来说，冷战年代的工作是他们期待已久的，例如战略军控、常规武器削减和德国的统一，所有这些都比我们主要对手的解体所产生的重要影响更为重要。

赖斯认为东欧国家的解放主要体现在德国的统一所产生的影响中。毕竟，由于在第二次世界大战中的胜利，苏联在东德具有合法地位。在 1997 年被采访时，赖斯说到："在这个时期，德国的统一可能是最为重要的历史事件……因为这正是冷战开始的地方，而且这也是能够结束冷战时期的唯一地方……我不认为还有什么东西能够像德国统一那样值得政府获得如此高度的关注。"③

2004 年，赖斯的批评者之一，约翰·普拉多斯（John Prados）在原子能

① 赖斯成功说服布什总统：费利克斯：《康迪》，第 143 页。
② "布什政府在苏联解体后"：海尔布伦：《布什外交政策导师团队的非现实现实主义》。
③ "德国的统一可能是"：国家安全档案，"对康多莉扎·赖斯博士的采访"。

科学家论坛撰文指出："赖斯认为冷战的结束就是促成德国的统一，并把它置于西方的保护伞之下，同时保证不会引起莫斯科的强烈反应。"① 戈尔巴乔夫的失误在于他没有预见到东欧政治制度的变化所产生的影响将会最终导致苏联的解体。最后，苏联内部的所有"人民共和国"都脱离了母体俄罗斯，成为独立的国家，而且在本书写作时，这些国家正在越来越多地向西方靠拢。

当苏联摇摇欲坠、出于解体的边缘时，赖斯感到自己就像"参加一个比赛一样，拼命工作，希望趁戈尔巴乔夫在位时尽早结束冷战阶段。当时的平衡状态非常脆弱，机会稍纵即逝，要确保苏联必须签字放弃四项权力和责任，所以必须要保证它具有相当大的权威，但是这种权威又不能大得使它能够拒绝签字……我总是试图提醒人们，大约一年半以后，也就是在德国统一15个月以后，苏联解体了，这个时机再好不过了。"②

赖斯为什么如此重视当时局势的合适性呢？为什么她如此的僵化，就像一个帮助客户制定临终遗嘱的律师一样墨守成规，促成苏联在解体前签字放弃自己的权力呢？赖斯是有自己的理由的：如果苏联未能签署声明，放弃自己军队在二次大战中占领的德国领土，她担心苏联会残存仇恨心理，将来有一天会打破欧洲的和平。她说，重要的是"要尊重苏联的利益，同时要密切关注在东欧正在飞速发生的脱离苏联控制的一连串变化"。③

赖斯指出，1991年事件的结果并不一定像历史事实那样积极有益。她曾经反问："德国的统一接受了北大西洋公约组织的所有西方条款；苏联的部队体面地回到了自己的国家，而没有发生消极事件，而美国军队却留了下来；所有东欧国家都得到了解放并加入了西方阵营，所有这些难道是自然而然、不可避免一定要发生的吗？不，这些当然不是一定要发生的，所有这些结果的发生都需要我们具有极高的政治智慧。"④

---

① "赖斯认为冷战的结束是"：普拉多斯：《不防备抑或不知情》。
② "参加一个比赛一样"：国家安全档案，"对康多莉扎·赖斯博士的采访"。
③ "要尊重苏联的利益"："对康多莉扎·赖斯博士的采访"。
④ "不可避免一定要发生的吗？"：费利克斯：《康迪》，第149～150页。

但是，需要注意的是，脱离苏联势力范围的并不仅仅是东欧国家，还有构成苏维埃社会主义共和国联盟的非俄罗斯国家，尤其是乌克兰从苏联脱离出来，其意义更加重要。令人难以置信的是，布什试图支持苏联的存在，而不是坐视我们这个主要对手的自我瓦解。1991 年 8 月，他访问了乌克兰的基辅市，并发表了被批评家嘲讽的"基辅鸡"的演讲，他呼吁乌克兰人民忠于莫斯科的领导，并谴责所谓的"自杀式国家主义"。布什宣称："我们将和戈尔巴乔夫总统领导的苏联政府保持尽可能强有力的关系。"①

　　有些评论家对于赖斯在这一时期的表现过于苛刻。《布什团队中的女人们：玩世不恭者的故事》（*Bushwomen：Tales of a Cynical Species*）的作者劳拉·弗兰德斯（Laura Flanders）写到："执行外交政策的这些人是分裂的，那时与她一起工作的大部分男人和……今天又再次合作的都一定会记得赖斯的'专家'身份，而她在自己的专业领域中大部分的重要发展问题上都极其顽固透顶，而又愚蠢可笑，犯下了众多错误。"②

　　随着环境的发展，已经退出政治局和共产党的俄罗斯联邦总统鲍里斯·叶利钦开始挑战戈尔巴乔夫推行的政策。后者仍然坚持马列主义思想（或者当时他们所奉行的其他什么理论），他对叶利钦提出的要求做出回应，拒绝削弱共产党的权力。其他的苏联共和国，尤其是乌克兰，使戈尔巴乔夫感到越来越难以控制。

　　但是，更为严重的是，在莫斯科出现了要求恢复斯大林时期强硬共产党统治的危险，他们非常痛恨戈尔巴乔夫的改革。因为担心共产党再次掌权，布什和赖斯集中精力支持戈尔巴乔夫的领导，忽视了叶利钦力量的成长和民主运动的发展。

　　康迪不是很喜欢叶利钦这个人："他给我的感觉是狡诈而难以对付。"（她的意思是不是喝醉了？比尔·克林顿曾经告诉我，直到他第四次与叶利

---

① "我们将和戈尔巴乔夫总统"：莱曼：《毫无疑问》。
② "执行外交政策的这些人"：《永不道歉》，摘自劳拉·弗兰德斯创作的《布什团队中的女人们：玩世不恭者的故事》（2004 年 3 月）。

钦进行首脑会晤才看到他没有喝醉。）尼古拉斯·莱曼认为："如果你和康多莉扎·赖斯打交道的话，假如你行为举止不是很井井有条，那么你马上就会失去两分。"①

1989 年，当叶利钦在访问白宫期间，赖斯甚至和他有过一次肢体的对峙。当时戈尔巴乔夫还在执政，布什总统不想在总统椭圆形办公室与他会晤，以免落下支持他的口实。所以，当时的安排是这样的，布什装作顺便造访国家安全委员会，而叶利钦则由赖斯和斯考克罗夫特陪着。斯考克罗夫特安排叶利钦从地下室进入白宫，希望以此降低访问的影响，从而避免对戈尔巴乔夫的冒犯。

但是，叶利钦对此并不买账。当他的汽车到达地下室门口的时候，他表示了抗议。他抱着胳膊坐在豪华轿车里边，拒绝下车，除非赖斯许诺带他到椭圆形办公室去。他抗议说："这个门并不是你去见总统时所走的门。"② 当他被告知将与斯考克罗夫特进行会晤时，叶利钦厉声说："我从来没听说过斯考克罗夫特将军这个人。"赖斯和叶利钦愤怒地相互对视了一段时间，谁也不示弱。最后，康迪说："如果你愿意，你可以回你的饭店。"她的强硬态度起了作用，叶利钦的神情缓和下来，然后温和地跟在这个年轻女士身后进入了国家安全委员会办公室，在那里布什总统很快就出来了，当然这位俄罗斯客人也很高兴。

最后，奉行共产党强硬路线的人们厌烦了戈尔巴乔夫的改革，他们发动了政变，希望恢复克里姆林宫昔日的宗教——无神论体系。政变失败了，但是叶利钦却利用这次机会取代了戈尔巴乔夫，并通过民主形式的选举成为了总统。苏联的加盟共和国们抓住这个机会脱离了俄罗斯的控制，于是形成了新的世界版图。

在这段时间康多莉扎·赖斯最为突出的表现并不是那些批评家们认为她

---

① "他给我的印象是狡诈而难以对付"：莱曼：《毫无疑问》。
② "这个门不是"：费利克斯：《康迪》，第 144～145 页。

在华盛顿第一个任职期间如何短视，而是她在自己的第二个任期中有了多大的进步。在老布什政府中工作时，她看待世界时主要考虑超级大国之间的关系、军事力量的协调、势力范围和二次大战后所产生的合法权利。当赖斯再次回到白宫为小布什工作时，她就好像在一所最不可思议的培养未来外交政策领导人的女子进修学校里进行了脱胎换骨的转变，这段时间她在斯坦福大学担任教务长职务。康迪在斯坦福大学的管理工作记录可能告诉我们，她将来会成为一个怎样的总统。

管理一所大学和管理一个国家是否一样？

1993 年当赖斯成为斯坦福大学教务长时年仅 38 岁，在她任职的这所学校有 14000 名学生，1400 名教职工，每年的预算是 15 亿美元。对于她，人们常用这些形容词进行描述：她是斯坦福大学最年轻的第一位女性、黑人教务长。当她在 1999 年离开这个职位时，她受到了人们高度的评价，被认为是斯坦福历史上最好的教务长之一。

在担任这一职务的六年任期中，赖斯在任何一个可能的方面都得到了考验。在斯坦福工作期间，她接触到了很多与美国总统面临的相同问题。例如，她必须主要通过削减支出费用来解决巨额预算赤字问题，而且这些支出大多是行政方面的支出，因此就不可避免地得罪了很多人，自然也就成了人们议论的焦点。

最为棘手的是，这位年轻的黑人女教务长，必须不断面对教师任职问题中出现的种族和性别不平等现象，同时还要保证学校的教学质量。同时，她还要处理愤怒的加利福尼亚人提出的彻底废止平权法案的要求，并向很多优秀人士关闭机会的大门，这些人就像康迪一样，只要给他们一个机会，他们就会取得成功，但是她不得不这样做。

作为教务长，赖斯还有另外一个责任，她必须要保证斯坦福大学的教学质量，尤其是大学生的教学质量，同时还要解决一直存在的师生住宿房屋短缺的问题。

在斯坦福大学，赖斯处理行政、政策和管理问题的能力都得到了锻炼，这些问题要比大多数州长所遇到的还要多，当然比任何一个参议员遇到的也要多。总之，管理一所大学的经历使伍德罗·威尔逊得到了锻炼，同时也使德怀特·艾森豪威尔程度较轻地得到了锻炼，从而使他们成为合格的国家首席执行官。

赖斯对自己在斯坦福大学所获得的经验描述为一个经理所遭遇的困难："作为一个执行官，人们总是不断地要求你对一些你并不非常内行的问题做出决定。有人可能要求我批准一个耗资一百万美元的物理望远镜的项目。我对此并不非常了解，但是我可以提出一些尖锐的问题，这样我就可以了解这个项目是否重要，然后把它和其他的问题进行对比排列。"①

当赖斯来到斯坦福大学担任教务长时，工作之一就是要收拾一个残局，当时因为挪用联邦奖学金丑闻的曝光，原校长唐纳德·肯尼迪（Donald Kennedy）刚刚辞职。《洛杉矶时报》报道说："学校承认向政府报销一艘学校游艇折旧的费用，以为肯尼迪位于学校内的家购买鲜花、举行聚会和购买家具等。"② 学校董事会选择了芝加哥大学的格哈德·卡斯帕尔来取代肯尼迪的职位。赖斯第一次见到卡斯帕尔是在她被指派为调查委员会成员后与他谋面的。卡斯帕尔对于赖斯的能力具有非常深刻的印象，所以在他就任仅仅八个月后任命她为学校的教务长，也就是学校的第二把手。

当然，她的种族和性别，还有能力都帮了她的忙，因为《洛杉矶时报》曾经刊登文章说："斯坦福大学一直都存在着所谓的歧视问题。很多人认为赖斯的就任是为了以一种极端的方式消除人们对于这一问题的批评。"③

---

① "作为一个执行官"：《康迪》，第 13~14 页。
② "学校承认"：马克·Z. 巴拉巴克发表于 2005 年 1 月 16 日《时代》上的《康多莉扎·赖斯在斯坦福》（Condoleezza Rice at Stanford）。http://hnn.us/roundup/comments/9732.html。
③ "斯坦福大学一直都"：《康多莉扎·赖斯在斯坦福》。

卡斯帕尔自己曾经对《纽约客》说："如果我说在我脑海中没有考虑过她是一位女性，她是一个黑人，以及她是一个年轻人这个事实，那肯定有撒谎的成分。"①

但是，最吸引卡斯帕尔的并不是赖斯的种族和性别特征，而是她的年龄。1993 年他对《斯坦福杂志》说："她的年龄对于我来说无疑是一个重要的因素。我希望让年轻人进入学校的领导层。从一个方面来说，这个因素是这次任命的一个非常重要的方面，另外还有她出色的个人条件和背景。"②

卡斯帕尔让赖斯承担了大量的责任，而且两个人形成了一种良好的合作关系。他把赖斯称为一个"代理校长"，而不仅仅是一个教务长，她承担了"各个方面不同的工作"。③

卡斯帕尔要求赖斯成为"学校预算问题的关键人物"，并成为"学校职位任命和提升工作的中心人物，并负责制定学校的最高学术标准，等等"。④《洛杉矶时报》是这样描述的，这个工作"需要具备坚忍不拔的毅力、处理问题的技巧、政治头脑和高度的自信心"。⑤

和以往一样，赖斯成为教务长是克服了重重阻碍的。正如卡斯帕尔所承认的那样，通常来说，一个教务长的人选"首先应该是一个系主任……至少应该在一个系里具有相当的地位"。但是，他还是选择了康迪，因为"我非常坚信，她是一个合格的教务长"。⑥

赖斯认为自己在斯坦福所从事的工作是她有生以来所经历的"最艰巨的工作"⑦，她说的是事实。她的第一个工作就是要处理前任遗留下来的2000 万美元的年度预算赤字。⑧ 当她承诺要在两年内达到收支平衡时，人们

---

① "那肯定有撒谎的成分"：莱曼：《毫无疑问》。
② "她的年龄对于我来说"：布鲁斯·安德森（Bruce Anderson）：《斯坦福杂志》1993 年 9 月"对卡斯帕尔的采访"。
③ 他把赖斯称为一个"代理校长"："对卡斯帕尔的采访"。
④ "学校预算问题的关键人物"："对卡斯帕尔的采访"。
⑤ "需要具备坚忍不拔的毅力"："对卡斯帕尔的采访"。
⑥ "她是一个合格的教务长"：费利克斯：《康迪》，第 172 页。
⑦ "最艰巨的工作"：莱曼：《毫无疑问》。
⑧ 她的第一个工作就是：费利克斯：《康迪》，第 173 页。

对此深表怀疑。为了消除赤字，在赖斯到来之前，斯坦福已经进行了艰苦的努力，并在当年削减了将近 4000 万美元。大部分人坚信，进一步削减预算几乎是不可能的。①

赖斯的一个朋友柯伊特·布莱克教授说：“当时存在着一种习惯性的观点，认为平衡预算是根本不可能的事情，人们认为赤字是结构性的，我们别无选择，只好接受这一事实。”② 但是“康迪说：‘不，两年内我们一定能够达到收支平衡。’在处理这个问题的过程中需要做出痛苦的抉择，但是这些决定都是行之有效的。她需要说服基金组织，保证斯坦福可以做到收支平衡，并为学校寻找新的收入来源。”③ 事实证明，赖斯没有食言，她成功地在两年内做到了预算的收支平衡，她把支出降低了 1680 万美元，并增加了 300 万美元的收入。她削减了院系和学生服务的预算，并且根据需要解雇了一些员工。

但是，赖斯并不认为这个工作多么了不起。她说：“我并不认为这是一次预算危机，这只是 1990 年代经常发生的管理问题罢了，当时每一个美国组织机构都经历了相似的问题。”④

斯坦福大学现任校长约翰·亨尼西（John Hennessy）认为赖斯的改革是痛苦的，但是又是必须的，甚至是需要很大勇气的。他说：“没有哪个组织喜欢解雇员工，大学尤其如此，因为在大学里存在着相当错综复杂的人事关系。”他认为赖斯在预算问题中所付出的工作是“巨大的”，他还说：“如果我们不以这样强硬的手段解决这一问题，它无疑会困扰我们至少十年的时间。”⑤

在那一段时间，赖斯的改革遭到了激烈的反对，而且据《洛杉矶时报》

① 当年削减了将近 4000 万美元：埃德·古兹曼（Ed Guzman）与亚当·克梅兹（Adam Kemezis）发表于 1999 年 1 月 4 日《斯坦福日报》上的《预算削减、学生关系突出　六年杰出的教务长岁月》（Budget Cuts, Student Relations: Highlight Six Outstanding Years as Provost）。

② “当时存在着一种习惯性的观点”：费利克斯：《康迪》，第 174 页。

③ “不，两年内我们一定能够”：《康迪》。

④ “我并不认为这是”：《康迪》。

⑤ “没有哪个组织喜欢解雇员工”：巴拉巴克：《康多莉扎·赖斯在斯坦福》。

报道说："她推行改革的强硬手段更使问题雪上加霜，有人认为她简直是残酷。"斯坦福大学前教务长阿尔伯特·H. 海斯托夫（Albert H. Hastorf）说："她的工作风格近乎专横，她不会与那些与她意见相左的人进行妥协。"

当她被问及在决定对什么项目进行裁减，她是否会向教师委员会进行咨询时，赖斯说："我不会向委员会征求意见。"1995 年，当《金融时报》对她进行采访时，她说："我做事很直接……有时人们必须在提供信息、咨询和制定决策之间划定界限，含含糊糊于事无补。"①

在对斯坦福进行改革的过程中，赖斯非常镇定老练，通过削减开支稳定了学校的财政状况，现在回顾起来，这一过程非常耐人寻味。在对问题进行系统的分析的时候，她没有丝毫的犹豫甚至痛苦。如果存在什么不足的话，那就是她在制定决策时有些过于专断，而且常常不向他人征询意见。

在赖斯离开斯坦福以后，她回忆说："或许，我确实让人们觉得有点儿难以对付。如果再给我一次机会，或许我会稍稍温和一点儿吧。"②

但是，康迪用来大力砍杀的斧头外面还是包裹着天鹅绒的。她的朋友基荣·斯基娜（Kiron Skinner）说："她很招人喜欢，举止优雅得体，但是在必须的情况下，她会对你痛下重手，毫不留情。我曾经见过她对人们非常非常的严厉，他们不得不屈服退让。"③ 当赖斯决定解雇一个西班牙裔的系主任辛西娅·波西亚加（Cecilia Burciaga）时，有些学生进行了绝食示威。赖斯的朋友问她，绝食是否让她感到担心，据说她的回答非常令人惊讶："我不饿，我又不是那些绝食的学生。"④

当赖斯采用强硬手段削减斯坦福预算时，她绝不是一个温文尔雅、和蔼可亲的人。她绝不是那种一点火就着的行政官，她不会急急忙忙地修补篱笆，不会试图做一个好好先生，无原则地保持一团和气。在削减预算时，她

① "我不会向委员会征求意见"：《康多莉扎·赖斯在斯坦福》。
② "或许，我确实让人们觉得"：莱曼：《毫无疑问》。
③ "她很招人喜欢"：《毫无疑问》。
④ "我不饿"：《毫无疑问》。

常常让人觉得过于坚持原则，严厉得不近人情。但是，当她解雇某些教职工时，似乎又传达出这样一种信息：这并不是个人恩怨问题，这是工作，我必须这么做。

这是赖斯和希拉里之间的另外一个重要区别。克林顿夫人与人对峙时具有相当高的个人色彩，而且常常和她要求与自己共事的人保持政治上的忠诚有关。当她解雇白宫交通办公室职员的时候，其目的并不像赖斯在斯坦福那样是为了调整预算，而是因为她担心这些人的政治忠诚度。很多时候希拉里就像患有妄想症一样，认为每一个角落都隐藏着自己的敌人。当赖斯解雇员工平衡预算的时候，希拉里也在进行削减，但是却是为了消除自己的敌人，镇压不忠诚的人。

赖斯在斯坦福从事管理工作时，并不存在任何偏袒的问题。当一个人在削减员工时，每次都必须减少工作职位，对老朋友表现出的丝毫眷顾和对夙敌的任何报复都会暴露于众目睽睽之下，并会受到广大民众的一致谴责。但是，赖斯的实际工作表明，她完全没有这方面的问题。反过来，她一点儿也没有为了保护某些重要支持者的利益，在削减职位过程中奉行怀柔政策。她在工作中总是就事论事，毫不掺杂个人好恶和政治因素。

相比之下，希拉里无论做什么事情总是从政治角度出发。当她在 1992 年策划比尔的总统选举时，她变得非常老练，在对"貌似美国式"政府的规划过程中，她游刃有余地平衡各个利益集团的投资预期。对于希拉里·克林顿来说，无论就业职位是增加还是减少，都是加强部下忠诚度、犒赏盟友、肃清对手、消除威胁的良机。没有哪一次决策未曾涉及政治问题和个人因素。

但是，康迪的工作方式则与之大相径庭，结果也非常令人欢欣鼓舞。《洛杉矶时报》报道说："作为斯坦福大学的二号人物，在 1990 年代出现财政赤字和金融丑闻后，斯坦福的良好形象受到了严重威胁，而赖斯帮助它重新站立起来，所以受到了广泛的信任和尊敬。"[①] 事实上，赖斯的管理工作

---

① "作为斯坦福大学的二号人物"：巴拉巴克：《康多莉扎·赖斯在斯坦福》。

非常成功，在她任职期间，斯坦福大学成功地完成了自己历史上规模浩大的建设时期，费用高达 10 亿美元①。1996 年，赖斯在报告中很自豪地说，斯坦福大学不仅消除了过去的赤字，而且还有了 1450 万美元的储备。

虽然赖斯就任教务长之后成功地解决了收支平衡这个自己面临的第一个挑战，但是这并非她最成功的杰作。后面发生的问题使我们能够更加深入地了解她的内心，以及她为什么能够进入上层担任要职，这就是平权法案问题（affirmative action）。

从 1995 年开始，赖斯就不断受到批评，承受着人们对她施加的巨大压力，要求她增加教师队伍中女性和少数民族人员的数量。随着压力的不断攀升，这位黑人女教务长受到更为严厉的指责，人们批评她没有利用平权法案赋予黑人和女性人士应有的职位数量。

1998 年，斯坦福大学教师妇女委员会出台了一个报告：《斯坦福大学女教师的地位》。此报告认为，斯坦福大学所聘用的女性博士的数量低于应有的水平。报告说："截止到 1997 年，不仅在很多女性教师中，而且在很多低年级教师和少数民族教师中，普遍存在着一种危机气氛，士气相当低落。当时发生的几次针对妇女和少数民族教师就职的事件进一步加重了大家的疑虑，他们认为斯坦福所坚持的多元化原则正在退化，很多非常优秀的女性教师和少数民族教师越来越多地被拒之门外。"②

女教师们对赖斯进行了猛烈抨击："斯坦福最近在保护妇女和少数民族教师问题上的政策完全可以称为一种貌似温和的漠视。一旦被学校聘用以后，所有的教师都可以根据自己的能力和成就体现自己的价值。但是，这种漠视，或者称之为对肤色和性别的'视而不见'，没有体现我们国家多年来

---

① 事实上，赖斯的管理工作：费利克斯：《康迪》，第 180 页。

② 1998 年，斯坦福大学教师：保拉·芬德伦（Paula Findlen）、埃斯泰拉·弗里德曼（Estelle Freedman）、南希·科尔曼（Nancy Kollmann）、辛西娅·瑞吉威（Cecilia Ridegway）、玛丽·路易斯·罗伯特（Mary Louise Roberts）、德布拉·萨茨（Debra Satz），1998 年春季女教员委员会会议的《向校评议会汇报斯坦福大学女教师的地位》（The Status of Women on the Stanford Faculty Report to the Faculty Senate）。

对不平等和歧视问题进行长期历史斗争所取得的在文化和社会方面的进步。"

虽然赖斯受到了学校内部左派的批评，但是整个加利福尼亚在平权法案问题上取得了决定性的好转。1996年，该州以压倒多数票通过了209民权提案（proposition 209）。该法案规定，在加州内部签署合同、公立大学招生和政府职位聘用等问题上任何涉及性别和种族歧视的行为都是非法的①。右派人士则指责平权法案是一种消极的种族主义，他们强烈要求终止任何形式的种族或性别优待政策。

赖斯对于左派和右派的压力都没有屈服，而是采用了一种明确的、毫不含糊的中立路线，并在处理所有此类压力和批评的问题时，始终贯彻执行。赖斯承认自己是平权法案的受益者，并支持在招生和聘用教师的过程中使用种族和性别优待政策。她说："我自己就是平权法案的受益者，我认为斯坦福大学非常重视实行这一法案，因为它冒着风险接受了一个丹佛大学的年轻博士。的确如此，斯坦福大学的校长任命的这位教务长当时年仅38岁，而且从来没有做过系主任。"②

她说，对于自己有益的事情，同样也会给别人带来好处。赖斯说："我支持在高等教育阶段实行平权法案，因为这样能够确保学生群体和行政群体的合理性和完整性。它有利于整个社会阶层更加完整……所以，我们不能再等上100年来解决这一问题了。而且，我也认为，这个政策应该得到非常非常彻底的贯彻。"③但是，在满足多样性需求的同时，康迪还保持非常谨慎的

---

① 该州以压倒多数票通过了209民权提案：《分析209提案对加州高等教育的影响》（Analyzing the Impact of Proposition 209 in California Higher Education）。www. landmarkcases. org。

② "我自己就是"：戴安娜·曼纽阿尔（Diane Manual）于1998年5月20日发表在《斯坦福报道》上的《评议会会员，大学女教师的其他辩论状况》（Senators，Others Debate Status of Women Faculty）。http：//news-service. stanford. edu/news/1998/may20/facsen520. html。

③ "我支持在高等教育阶段实行平权法案"：萨利尼·巴尔加瓦（Shalini Bhagava）1999年1月4日发表于《斯坦福日报》上的《教务长恢复热情》（Provost Going Back to Her Passions）。www. standforddaily. com/tempo？ page = content&id = 4220&repository = 0001-article#。

心态，避免政策标准的滥用："我觉得那些对少数民族学生的特殊经历过分关心的人们实际上是在推行'消极的种族主义'。偏爱和歧视同样错误。"

虽然赖斯支持在聘用教师的过程中实行平权法案，但是却强烈反对在处理任期问题上适用这一政策。从本质上来说，赖斯的观点是，斯坦福大学应该在聘用教师的过程中对少数民族和女性人士给予照顾，为他们提供成功的机会。但是，她同时又认为，在赋予教师终身职位之前，他们应该按照一样的标准进行考核，而不应该考虑种族或者性别问题。

赖斯强调："在聘用女性和少数民族人士担任基层教师问题上应该范围极其广泛，极其积极大胆，"但是又说，在授予终身职位问题上实行种族和性别优待标准就会降低教学标准，阻碍斯坦福成为优秀的大学①。她把平权法案称为一个"非常光滑的斜坡"，在任期问题上，她一贯反对给予少数民族和女性教授特殊的照顾②。

在采取这一立场的过程中，赖斯考虑了自己刚刚来到斯坦福加入教师队伍时的经历。当时，政治科学系的主任告诉她："我们这里的任期是三年，然后你的聘用需要重新进行考核。到时，没有人会考虑你的种族因素；没有人会考虑你的性别因素；你也不会在假期上有任何照顾；在决定你的终身职位时也不会有任何照顾。"③康迪当时的反应，以及后来成为教务长时的反应都是一样的："好啊，嗯，这很公平啊。"但是，当一些很受欢迎的女性和少数民族教师没有能获得终身任职资格后，来自左派的压力变得越来越大：

●1997年7月，来自印度的人类学副教授阿克希尔·古博塔（Akhil Gupta）没有获得终身教授资格（赖斯要求审查委员会重新审查这次否决是

---

① "范围极其广泛"：戴安娜·曼纽阿尔，发表于1993年5月13日《斯坦福报道》上的《向校评议会汇报大学女教师雇用及终身职位情况》（Hiring, Tenuring of Women Faculty Topic of Two Reports to Faculty Senate ）。http://news-service.stanford.edu/news/1998/may13/womfacsen513.html。

② "非常光滑的斜坡"：古兹曼与克梅兹：《预算削减、学生关系》。

③ "我们这里的任期是三年"：费利克斯：《康迪》，第116页。

否正确，最终他被授予了终身教授资格。）①

● 1997 年 4 月，人文学院院长否决了很受欢迎的历史学副教授凯伦·萨维斯拉克（Karen Sawislak）的终身教授资格，虽然她所在系提供的推荐表明，她应该被授予这一资格②。

● 1998 年 12 月，一个很受欢迎的黑人教授琳达·马伯利（Linda Mabry），在教授国际经济法六年以后，突然提出了辞职，她的理由是法学院的工作氛围对于少数民族教师非常不友好。马伯利说，在决定一个新的法学院项目领导人时，她受到了忽视，没有得到应有的竞争机会③。

● 1999 年 2 月，英语学副教授罗伯特·瓦里亚（Robert Warrior）的终身教授资格被人文学院院长否决④。

虽然赖斯反对在批准终身教授资格问题上使用平权法案，但是她却极大地推动了斯坦福在招收女性和少数民族教师方面的进步。

1994 年，赖斯成立了教师奖励基金，这个基金向某些教师职位提供资金支持，那些可以申请这些职位，但是又没有达到现任教师标准的女性或少数民族教师可以获得额外的帮助。在此之后，尽管整个学校都在推行节支降耗的政策，但是斯坦福还是招聘了 46 名新的女性和少数民族教师⑤。当 1999 年赖斯离开这一职位时，斯坦福大学女性教师的比例已经上升到了

① 阿克希尔·古博塔：奥黛丽·哈瑞斯（Audrey Harris）发表于 2002 年 7 月 25 日《斯坦福日报》上的《女性终身任职继续引发关注》（Tenure for Women Continues to Cause Concern）。www. standforddaily. com/tempo? page = content&id = 8657&repository = 0001 -article。

② 凯伦·萨维斯拉克：《女性终身任职继续引发关注》。

③ 琳达·马伯利：比尔·沃克曼（Bill Workman）1999 年 2 月 15 日发表于《旧金山编年》上的《斯坦福多样性阴影：大批教师的离开让法律系黑人学生惊慌失措》（Shadow on Diversity at Stanford：Spate of Faculty Departures Dismays Black Law Students）。www. sfgate. com/cgi-bin/article. cgi? file =/chronicle/archive/1999/02/15/MN55114. DTL。

④ 罗伯特·瓦里亚：1999 年 2 月 24 日刊登于《斯坦福报道》上的《罗伯特·瓦里亚拒绝英语系主任的终身任职》（Robert Warrior denied tenure in English Department at Deans' Level）。www. standford. edu/group/aware/diversity/warrior-denied-tenure. htm。

⑤ 46 名新的女性和少数民族教师：金伯利·唐斯（Kimberly Downs）1999 年 5 月 14 日在《斯坦福日报》上发表的《校评议会就大学女教师进行讨论》（Senate Discusses Female Faculty）。http：//daily. standford. edu/tempo? page = content&id = 2853&repository = 0001 -article。

19%，比起十年前的 11% 几乎翻了一番①。在同一时期，少数民族教师的数量也从 7% 上升到了 14%。在授予女性教师终身教授资格方面，斯坦福甚至也有了长足的进步：在赖斯担任教务长期满时，女性教师获得此资格的比例为 45%，而男教师的比例则仅为 38%②。斯坦福大学法学院的院长是一位女性，整所大学一共有 13 名女性系主任，而赖斯刚刚上任时却只有两位③。

根据《斯坦福日报》报道，当她离任时，"对于少数民族和女性教师在聘用和终身职位方面所占有的过高比例存在着普遍的不满情绪。"④尽管如此，一群斯坦福大学的现任教师和前任教师向美国劳动部提交了一份长达400 页的投诉报告，希望引起政府的重视。报告中说，斯坦福在聘用、升职和授予终身教授问题上对女性存在着严重的歧视现象。具有讽刺意味的是，这次投诉是由于一位女性教务长进行政策改革所引发的，而且至少在媒体方面没有处于下风。《洛杉矶时报》报道说："不可能的是，斯坦福大学历史上最年轻的第一位黑人女性教务长，要求劳动部对于女教师和少数民族教师问题展开调查。"⑤斯坦福大学环境保护法专业的学生认为："看起来，斯坦福大学在此问题上还没有获得最后的成功。"人们所持的一种相同的观点是："要想改变学校文化，我们还需要这种来自外部的干涉。"⑥

尽管赖斯在工作中受到了来自左派和右派的批评，但是在两者之间她选

①　当 1999 年赖斯离开这一职位时：芬德伦等人，《女性状况》（The Status of Women）。

②　在赖斯担任教务长期满时：1999 年 5 月 14 日在《斯坦福日报》上发表的《校评议会就大学女教师进行讨论》（Senate Discusses Female Faculty）。http：//daily. standford. edu/tempo? page = content&id = 2853&repository = 0001-article。

③　斯坦福大学法学院的院长是一位女性：1999 年 5 月 14 日在《斯坦福日报》上发表的《校评议会就大学女教师进行讨论》。

④　"对于少数民族和女性教师在聘用"：达纳·穆尔哈瑟（Dana Mulhauser），1999 年 5 月 26 日发表于《斯坦福日报》上的《亨尼西落逃：未来教务长将展现其解决问题的能力》（Hennessy Takes Flight：Future Provost Will Bring His Problem-Solving Skills to Bear）。http：// daily. standford. edu/tempo？ page = content&id = 2721&repository = 0001-article。

⑤　"不可能的是，斯坦福大学最年轻的教务长"：巴拉巴克：《康多莉扎·赖斯在斯坦福》。

⑥　"看起来，斯坦福大学"：斯坦福环境运动学生弗莱德·鲁米诺索（Fred Luminoso）与路易斯·奥尔哈恩（Louise Auerhahn），《偏见的文化》（A Culture of Bias）。http：// seas. stanford. edu/diso/articles/cultureofbias. html。

择了一条艰难的狭窄的中间路线，她认为正确的路线是支持在教师聘用方面执行平权法案，但是反对在授予终身教授地位时以种族和性别作为基础。赖斯拒绝采用针对政治左派和右派都看似正确的道路和最有益于学校和平的做法。作为一个黑人女性，如果侧重于照顾女性教师在斯坦福大学的利益，她就会自然而然地获得她们的支持，从而也就必然成为一个受欢迎的人。但是，她同时又反对降低终身教授职位的授予标准，所以使她失去了很多朋友，而且也没有给斯坦福带来安宁。但是，她坚持了下来，并获得了成功。

如果她在批准终身教授职位方面进行妥协退让，执行平权法案，那么就不会发生法律诉讼案件。但是，对于原则问题，赖斯表现得非常坚定，既没有讨好左派，也没有讨好右派。

另外，她还可以通过反对所有有关平权法案的活动，从而成为右派的旗手。她也可以像旧金山州立大学校长塞缪尔·依奇亚·哈亚卡瓦（Samuel Ichiye Hayakawa）那样为了维护自己的任职名誉，与反抗的学生进行面对面的对峙，从而获得全州的支持，使自己在1976年成为参议院议员。

1990年代的加利福尼亚已经具有了成熟条件，这位黑人女士完全可以继续努力，彻底消除平权法案的作用。假如赖斯真的采取了这样极端的做法，她就会马上得到选民的支持，获得政治生涯上的成功。但是，从内心来说，她没有忘记自己的过去，因为她是平权法案的受益者，所以她拒绝采取具有煽动性的立场来反对这一法案。

她在面对抗议、诉讼、对联邦政府的投诉、校园示威，甚至学生的绝食罢课等等问题时所表现出来的坚韧品质，说明她已经具备了一个总统应该具有的工作意志和处理问题的能力，这是值得人们敬佩的。虽然这些事件同时也反映出她具有一定的顽固性，如果从事总统工作可能对她产生不利的结果，但是这些在当时应该是次要方面。

从细微方面对平权法案进行分析，我们可以发现希拉里和赖斯之间存在着巨大的差别。从政策和工作风格来看，赖斯处理斯坦福大学纷繁复杂的事务的方式与比尔和希拉里在全国范围内处理同样问题具有显著的区别。

当我在白宫与克林顿总统共事的初期，他预见到了加利福尼亚州209法案悬而未决所潜在的危险。就在1994年选举几个月以后，他告诉我他和希拉里将如何解决这个棘手的问题。那么，他们是会与那些想要终止平权法案的人保持一致，还是继续保持对民主党内部核心力量的忠诚呢？

首先，总统想要分析解决平权法案的各种方案，分析完成同样目标的各种途径，帮助少数民族和妇女，但是又不会过分照顾性别和种族因素。他和我对平权法案进行了讨论，希望对平权法案进行修改，计划照顾生活贫困者，但不考虑性别和肤色因素，给予那些位于市区和由社区居民拥有的组织机构以优惠，但是又不会照顾种族和性别因素。总之，美国贫困人口中一半左右是白人，而且很多人生活在一个白人男子当家做主的家庭中。

但是，希拉里很快就以温和的方式终止了这个刺激性的方案。她认为，如果让支持民主党的黑人和女权主义组织失望，将是非常危险的；她还警告比尔，如果他在平权法案问题上轻举妄动，莱沃润德（Reverend Jesse Jackson）将会在1996年民主党总统候选人提名中对他提出反对意见。

希拉里指出，很多中产阶级的黑人和职业女性都觉得自己需要平权法案，这样他们在工作中才能获得提升机会或者与政府签署合同。如果不考虑种族和性别因素，仅仅对贫困群体进行照顾，就会剥夺这些人的特权，而她警告说，这些人是支持民主党的核心力量。

最后，克林顿政府决定继续奉行种族和性别优惠政策，同时许诺避免根据性别和肤色确定配额和援助。在克林顿制定政策的整个过程中，所有的重点都放在了那些不同立场对于他再次当选所产生的政治影响上。事实上，克林顿总统告诉我，他承认将平权法案建立在统一的标准上要比简单地建立在种族和性别基础上要好得多。但是，希拉里警告他，要想从政就不能偏离党所执行的路线。

（在阿肯色的那些时期，希拉里更愿意实行一个独立的路线。她曾经支持立法，要求老师参加考试，那些没有通过考试的就应该解雇。但是，当她到华盛顿以后，这种独立于工会和其他利益集团路线之外的特性已经不再是她的考虑对象了，现在她开始支持种族和性别优惠政策，甚至同意降低准入的门槛。）

赖斯不需要这样艰难的选择自己的行动路线。她对自己是否受欢迎根本不太关心。她只是选择她认为正确的道路，即使同时与左派和右派产生矛盾也在所不惜。

当赖斯在斯坦福任职期间，也同样要处理投诉，有人认为这所大学已经削弱了自己传统的教学责任，过分重视研究工作。学生们说，他们常常不得不涌进大教室中听课，几乎没有机会亲自和教授进行交谈，因为他们总是忙于自己的研究工作。在这个问题上，赖斯更加关注用户的利益，同情并支持学生的要求。她决心改变学术环境，将教学放在第一位，并要求教师与学生多进行接触交流，上课班级的规模要小，并为一二年级的学生提供更多的座谈机会。最为重要的一件事，是她成立了一个二年级学院，在此她和其他教师可以亲自给 50 名从二年级学生中挑选出来的学生授课，他们提前返回学校的目的就是想进行为其两周的强化培训。因为渴望加强斯坦福大学对于语言的研究，赖斯提出要提高学生的写作要求，修改科学类课程，改革学生指导体系。

在实施这些措施的过程中，赖斯非常重视教师与学生的关系，由此而产生的一个积极效果就是提高了她在公众心目中的地位。学生们似乎已经意识到，赖斯对于他们的教育非常的投入。当她离开这所大学时，她的手势特别像电影《万世师表》中的一个姿势，学生报纸上刊登了一篇社论，题目是："再见，教务长赖斯：康迪为我们留下了一份遗产，她既是一个强有力的管理者，同时又是一个关心学生的人。"社论还说："我们曾经在她主持的研讨会上和她进行交流，从她促成的众多改善学生教育的项目中收益。我们还听取过她的忠告，使我们能够充满激情地去实现我们的理想。"①

她的努力工作提高了学校的教学质量，造成了 1999 年新生入学申请的

---

① 当她离开这所大学：1999 年 1 月 5 日《斯坦福日报》社论，《再见，教务长赖斯：康迪为我们留下了一份遗产，她既是一个强有力的管理者，同时又是一个关心学生的人》（Farewell, Provost Rice: Condi Leaves a Legacy as a Powerful Administrator Who Cares About Students）。http：//daily. standford. edu/daily/servlet/Story? id＝4306&section＝News&date＝01 - 05 - 1999。

巨大高潮。令人感到欣慰的是，直到目前为止，在斯坦福的历史上，当年的新生人数仍然是最高的。约翰·亨尼西对她的工作给予了高度赞扬："与任何同类学校相比，我们在很短的时间内做出了相当多的努力，从而在很大程度上改变了学生入学后前两年的教育情况。"①

当然，希拉里·克林顿出版了一本畅销书《集全村之力》（*It Takes a Village*），呼吁用一种良师益友的精神培养和教育年轻的一代。她在书中讨论了寻找学生榜样的重要性，确保他们将来成长为理智和对社会负责人的公民。但是，当谈到教育这个对于女性选民非常重要的问题时，康迪已经实践了希拉里在书中所写的东西。毕竟，康多莉扎·赖斯是一名专业的教育工作者，但是希拉里·克林顿却不是。康迪的实际经历表明，她不是简单地呼吁，而是脚踏实地地去实践。

国家安全顾问的职务

当赖斯最初返回斯坦福大学时，她说自己并不渴望再次回到华盛顿工作。1995 年，她评论说："我并不像很多在华盛顿工作过的那些人患有波托马克热（Potomac fever），这些人做官上了瘾，当他们离职后总是渴望着重返政坛。我可以非常坦诚地说，我绝对不会在白天清醒的时候花上一分钟的时间去考虑是否重返华盛顿。当我在华盛顿的那两年，我曾经有机会从事了很多工作，所以我不会渴望强求重返政坛。"②

但是，不久华盛顿还是向她发出了召唤，这次换成了乔治·W. 布什。

在 1990 年代后期，身为德克萨斯州州长的布什准备参加总统竞选，而在这段时间，赖斯与他的关系得到了进一步深化。如果我们仅仅把她当成一个顾问，那么我们就没有抓住他们关系的核心要点。她的作用就好像是布什

---

① "我们在很短的时间内做出了相当多的努力"：穆尔哈瑟：《亨尼西落逃》。
② "我并不像很多在华盛顿工作"：费利克斯：《康迪》，第 187 页。

思想的一种催化剂，帮助他吸收、合成和执行所接收的建议。布什与赖斯之间的亲密关系不仅体现在两人可以很亲密地交谈，两个人的身体距离只有一臂远——这个距离是一个顾问和总统候选人甚至总统之间的亲密距离，更加体现在两人共同在这位总统候选人所信任的专家所在的公司中一起研究和讨论问题，分析错综复杂的外交关系。

布什与赖斯因为都喜爱运动和锻炼，尤其是橄榄球运动，关系得到了进一步的深化。布什以前曾经拥有一个棒球队，而赖斯则以前从父亲那里学到了有关橄榄球的知识。他们都有幽默感，而且两人之间非常默契，可以确保他们之间的谈话不会透露给新闻媒体。但是，赖斯精神上的天生素质对于两人关系的培养似乎比其他任何因素都更重要。他们对公共政策工作具有相同的责任感，从而不断促进两人之间的关系，并使之不断加强。

埃文·托马斯（Evan Thomas）曾经在《新闻周刊》上撰文分析了布什和赖斯之间的关系："从表面上看，布什和赖斯是对立的——一个是来自德克萨斯州的富裕的白人男孩，上学时吊儿郎当，松松垮垮；一个是来自中产阶级的黑人女孩，学习刻苦认真，有点儿书呆子的味道。但是，实际上他们是非常完美的搭档，这种融洽并不仅仅体现在众所周知的热爱体育锻炼和观看电视体育节目。他们都具有很强的独立性，甚至有点好战的意味。他们知道被低估的感受，他们我行我素，并且乐此不疲。他们都有虔诚的宗教信仰，赖斯信仰长老教会，布什信仰卫理公会，但都相信救世主的存在。赖斯的真正工作是协助布什驾驶着载有黑人和白人的轮船在神秘莫测和充满道德暗礁的真实世界中乘风破浪，勇往直前。虽然这是一个充满危险的旅程，但是从一定程度上来说，由于她丰富的人生经历，她有能力应付这个任务。"①

---

① "从表面上看，布什和赖斯是对立的"：埃文·托马斯发表于 2002 年 12 月 11 日《新闻周刊》上的《美国政治：康迪·赖斯安静的力量：出生在"伯明翰"，高深莫测的顾问变成"勇士公主"——布什的白宫秘密武器》（US Politics：The Quiet Power of Condi Rice：Born in 'Bombingham'，the Enigmatic Adviser Has Become the 'Warrior Princess'——Bush's Secret White House Weapon）。

赖斯说："首先，我的信仰融入了我所做的每一件事情……我不能把信仰隔离于我所做的任何工作之外，因为它是我不可分割的一部分。"①

布什总统的性格具有本色率真、勇敢上进、充满干劲的特点；他对于外交政策的观点很大程度上来自于自己的是非感。相对而言，赖斯则是一个老练的学者，习惯于客观地评价各种证据，并利用科学方法进行公共政策的分析。他们两个具有互补性，而且配合得天衣无缝。

托马斯写到："在总统竞选期间，布什有时会脱口而出，表达自己对于某个外交问题的本真看法，然后赖斯就得上阵，想法进行巧妙的解释。有时，这种工作还真要费一番力气。"② 但是，除了工作关系之外，康迪还和整个布什家庭建立了亲密关系。《纽约客》报道说，赖斯不仅与布什在工作上密切合作，而且在闲暇时间，如观看橄榄球比赛时，也会拜访他，而其他官员则不会这样做③。事实上，"赖斯工作之余的首选朋友似乎就是乔治和劳拉·布什。"

布什在2000年参加的总统选举，实际上就是赖斯进入选举政治世界的一次战火的洗礼。在黄金时间，她在共和党全国代表大会上进行演讲，此时全国的电视台都可以进行转播，她在此时担任了选举时期外交政策的发言人。但是，不久赖斯就退到了幕后。这位昔日的德州州长没有任何的外交经历，但是却试图说服美国，他可以处理充满危机的世界事务，而赖斯则充当了他的专家型顾问。

在布什当选以后，他任命赖斯作为自己的国家安全顾问，这是政府中处理外交事务的第二把手，具有相当大的权力。在这个职位上，赖斯与布什之间的关系变得更加密切，以至于观察家们说，赖斯就像布什的过滤膜，把总

---

① "首先，我的信仰融入了我"：比尔·萨蒙（Bill Sammon）2005年3月12日《华盛顿时报》上的《2008年竞选，堕胎成了她的政治内容》（2008 Run, Abortion Engage Her Politically）。www. washtimes. com/national/2005031 - 115948 - 2015r. htm。

② "在总统竞选期间"：托马斯：《美国政治》。

③ 除了工作关系之外：莱曼：《毫无疑问》。

统和顾问分离开来。

　　赖斯总是显得非常谨慎，在发表观点时也相当低调，而且通常和总统私下交流。但是，由于她巨大的影响作用，人们总是在猜测她的内心是怎么想的。《新闻周刊》报道说："赖斯显得沉静、恭谨、低调，但是又相当强硬，这正是总统所需要的。赖斯的支持者们称她为'反基辛格型'，意思是说，她不必张扬自己的影响力度，或者让自己表现为一个响当当的全球战略专家……一定程度上来说，这可能是因为赖斯不是一个战略问题的天才，但是对于她的权力却无人质疑。赖斯的助手们还把她称为（友善地）'勇士公主'。赖斯赢得了布什的完全信任，她代替总统发表意见，而这也是众所周知的事实。有点儿难以回答的问题是，赖斯对于总统的思想和决策到底有多大的影响力。"①

　　赖斯对《新闻周刊》说："她作为国家安全顾问的工作就是让辩论变得尖锐清晰，而不是对辩论进行压制或者弱化"。② 当时担任财政部长的保罗·奥尼尔（Paul O'Neil）对埃文·托马斯说："她将事情变得越来越明朗，然后他（总统）决定多数人的意见是什么。"

　　从一定程度上来说，在赖斯担任国家安全顾问期间，布什和赖斯之间的关系就像同乘一艘船一样，总统和他的顾问在共同的道德观和对使命的认识上逐步形成国际事务的观点。这位专家和总统之间的影响链条看起来是双向作用的。康迪向总统提供学术性基础，对于历史的展望和解决现实政治问题的药方。布什则保证对于是非标准的坚持，对国际问题建立在价值基础上的解决措施，并在国际舞台上将自己的价值观和具体行为有机地结合起来。

　　尼古拉斯·莱曼在《纽约客》上是这样描述布什和赖斯之间的关系的："并不是她简单地指导他处理自己所不熟悉的外交事务，事实好像是更为复杂和有趣的某种东西：实际上是总统在影响她，而她则为总统提供大量有益

①　"赖斯显得沉静"：托马斯：《美国政治》。
②　"她作为国家安全顾问的工作"：《美国政治》。

的服务，将简略的想法转变为完善的书面政策。当你听到赖斯发表讲话时，实际上那应该是布什的声音，只不过总统不能像她那样完美地进行表达罢了。"①

他们同舟共济的航行的起点，也是我们大多数人团结一致的起点，即9/11事件。布什第一任期的关键是在攻击发生后他所做出的决定，将他的政策、国人的愤怒和决心进行引导，演变成对恐怖主义的战争和世界各地支持恐怖主义的国家的战争，而不是简单地圈定敌人目标，并惩罚实施9/11袭击的基地组织（al Qaeda）。据《新闻周刊》报道，正是赖斯帮助总统这样回应恐怖袭击的："布什的道德观念在9/11后能够很容易地传达出去并被人们接受。布什的顾问大多都马上认识到，反恐战争是全球性的，而赖斯就是其中的顾问之一。"② 当时布什政府的国务卿柯林·鲍威尔对《新闻周刊》说："在9/11之后人们最初的本能反应是追捕基地组织。"但是，赖斯建议总统把重点放在支持恐怖主义的国家上。当总统在发表国情咨文时使用了"邪恶轴心"这个名词时，实际上他是在重复赖斯在9/11发生几天后向他使用的叫法。

从某种意义上来说，布什和赖斯都从自己的出发点经过了相当多的变化才演变到目前状态的。布什总统的起点是老布什对于外交政策的观点，其重点是保持力量平衡。赖斯同样也经历巨大的改变，最初奉行的是汉斯·摩根索所倡导的力量平衡哲学。但是，在协商之后，他们制定了一个新的政策，一个典型的威尔逊世界观，它是在通用价值观和自由民主责任的基础上建立起来的。

这个新政策能够产生不同的表现形式。在1999年至2000年，布什阵营得到了普遍支持，并出现了"新现实主义"的提法。雅各布·海尔布伦引用布什的一位高级顾问话说："随着权力在世界上的扩散，美国相对于其他

---

① "并不是她简单地指导他处理"：莱曼：《毫无疑问》。
② "布什的道德观念"：托马斯，《美国政治》。

国家的地位将不可避免地受到削弱……美国外交政策的正确目标……应该鼓励世界的多极性，其特征是合作和协调，而不是竞争和对抗。"① 海尔布伦同时引用布什助手的观点说："秩序比起正义来说更为重要。"但是，赖斯的影响超过了这些悲观阴暗的观点，并帮助布什总统形成了一种新型的关于美国全球地位的价值导向的乐观主义。

在接受《国家评论》采访时，赖斯指出，这种世界观与欧洲盛行的在长期反宗教环境中产生的观点具有很大的区别。赖斯说："武力当然重要，但是在美国的外交政策中不能缺少道德价值的内容，而且美国人民也不能接受缺乏这种内涵的政策。欧洲人嘲笑我们的这种观念，认为我们幼稚可笑，但是我们毕竟不是欧洲人，我们是美国人，我们具有不同的原则。"②

布什和赖斯奉行的国际关系政策不仅仅认为反恐战争是全球性的。除了和支持恐怖主义的邪恶轴心国家斗争以外，他们开始认识到，除非整个世界都变成民主制度，否则失败和愤怒不会带来和平和稳定。这种更为宏大的意见成为布什第二任期就职演说的主调，并越来越多地出现在总统和他的国家安全顾问的讲话中。

2002 年，赖斯开始使用"有利于自由的力量平衡"这一说法，这是一种有趣的结合体，它把地缘政治策略和以道德为基础的外交政策目标结合了起来③。2003 年 6 月，在伦敦国际战略研究学院进行演讲时，赖斯以更为优雅的方式阐述了以自由为核心的概念："为了赢得反恐战争，我们还必须通过唤起全世界正义人民的良好愿望赢得一场思想上的战争……要让他们有理由期盼一个更加光明的未来……让他们有理由拒绝包含痛苦、悲伤和仇恨的具有破坏性的虚假安宁。"她接着说，恐怖行为"盛行于与外部世界隔绝的

---

① "随着权力在世界上的扩散"：海尔布伦：《非现实现实主义》。

② "武力当然重要"：杰·诺德林格（Jay Nordlinger）1999 年 8 月 30 日发表于《国家评论》上的《等待之星：遭遇乔治·W. 布什的外交沙皇皇后》（Star-in-Waiting：Meet George W's Foreign-Policy Czarina）。www. findarticles. com/p/articles/mi-m1282/is-16-51/ai-55422936。

③ "有利于自由的力量平衡"：康多莉扎·赖斯于 2003 年 6 月 26 日在国际战略研究学院的讲话。www. whitehouse. gov/news/releases/2003/06/20030626. html。

地方，在这些地方新的思想、新的希望和新的抱负都被扼杀了。当自由消亡时，恐怖主义就会出现。真正的和平只有在世界更加安全、更加美好和更加自由的前提下才能实现。"

在她的讲话中，赖斯批评了我们盟友希望阻止美国过分重视自由的行为："为什么具有共同自由价值观的人们却要试图阻止这种观念呢？民主机构本身是为了限制军事力量的泛滥。为什么我们要试图分裂我们自己，我们本可以更为有效地团结起来建设更加美好的未来？只有反对自由的敌人才会对这种分裂感到欢欣鼓舞。为自由服务的力量应该受到欢迎，承担自由使命的力量可以而且必须团结一致，完成我们共同的抗击自由的敌人的事业。"

2002 年 6 月，在出席斯坦福大学毕业典礼时，赖斯再次重申了这一主题——反恐战争同时必须是一场推进自由制度的战争："是的，人们都想摆脱贫困，都想避免每天为了生存而拼命挣扎。但是，这并不是颠覆人类灵魂，或者阻止我们消除那些看似不能消除的文化差异的原因所在。搭建沟通不同文化的桥梁是自由世界的强烈愿望。如果让我们在专制和自由之间进行选择，人们一定会选择自由。人类都想为自己的后代建立最为美好的未来，他们也都希望通过自己的创造和艰辛的劳动获得回报。人类都想获得自由表达自己的思想，他们都想选择那些带领他们走向进步和拥抱自己信仰的权利。"①

从一定意义上来说，赖斯和布什现在所持有的观点是迪克·切尼在任乔治·H. W. 布什政府国防部长时就已经推行的思想。切尼的道德观念所产生的影响正在不断扩大，原因可能是大家默许了他在老布什执政时期所推行的这种思想的正确性。总之，切尼的观点很有可能影响了乔治·W. 布什，并通过布什影响了赖斯。

① "是的，人们都想摆脱贫困"：康多莉扎·赖斯在斯坦福的就职讲话，发表于 2002 年 6 月 16 日的《斯坦福报道》。http://news-service. standford. edu/news/2002/june19/comm. ricetext - 619. html。

在 2002 年以前，赖斯总是试图这样解释其中的差别："现实主义者总是低估价值的重要性，但是却强调力量平衡是和平和稳定的关键。理想主义者强调价值的首要地位，社会制度对于一个国家的外交政策起着至关重要的作用。"①

完美的冷战现实主义者已经取得了很大进步。

当然，赖斯在担任国家安全顾问期间遇到了很多严重的挑战，同时伴随着强烈的批评。对她提出的批评中值得考虑的一个就是，她没有采取必要的措施避免 9/11 袭击事件的发生。

2001 年初，当布什政府准备执政时，行将届满的克林顿政府的官员警告继任者要特别注意奥萨玛·本·拉登（Osama bin Laden）可能带来的危险。尽管美国没有打死或者抓住拉登，而且他们有着多次狼来了的经历，以及在他相当脆弱时他们所采取的各种漫无目的的预防措施——克林顿的国家安全顾问山迪·伯格（Sardy Berger）在与赖斯进行谈话时，特别强调了本·拉登可能造成的威胁。在随后的几个月中，不时传来最新的警告：在向 9/11 调查委员会作证时，赖斯报告说，布什总统在 9/11 事件发生前，接到了四十多件有关基地组织的简要信息②。

赖斯发现，布什总统已经"厌烦了打苍蝇游戏"一样不断出现的恐怖袭击，从而转向制定一个总体战略，以从根本上消灭基地组织。结果导致了布什总统的第一个国家安全政策命令，这是一个旨在消灭基地组织的计划，在 2001 年 4 月公布，只比军事攻击早了一周的时间。

政府是否应该行动更加快捷？他们能够得到什么消息？当 2001 年春季和夏季关于基地组织活动和报告越来越多，赖斯承认："我们所面临的威

---

① "现实主义者总是低估价值"：康多莉扎·赖斯发表于 2002 年 10 月 17 日《伦敦电报》上的《美国拥有权力，但也拥有慈善价值》（America Has the Muscle, but It Has Benevolent Values, Too）。www.freerepublic.com/focus/f-news/770486/posts。

② 布什总统接到了四十多件有关：赖斯 2004 年 5 月 19 日关于 9/11 委员会声明的记录。www.cnn.com/2004/ALLPOLITICS/04/08/rice.transcript。

胁……在时间、地点和攻击方式上都不确定。几乎所有的报告都集中在基地组织在美国本土以外的活动上，尤其是中东和北非。"

赖斯的批评者们经常说 2001 年 8 月 6 日总统的情报简讯是一个确凿的证据，证明她和布什事先已经得到了有关 9/11 事件的警告，但是他们并没有做出反应。这个简讯强调，恐怖分子有可能劫持美国的飞机，但是就像赖斯指出的那样："这并不表明恐怖分子有可能利用飞机做导弹来实施攻击，我们认为这次行动就像 1998 年可能劫持美国飞机的情报一样，恐怖分子只是想要挟美国政府释放在 1993 年世界贸易中心爆炸案中被逮捕的恐怖分子。"①

即便布什和他的政府接收到了有关 9/11 袭击的确切情报，无论他们采取了什么样的措施避免它的发生，都会因为克林顿政府的错误决定而影响这次行动。

在我们编写的《慎独不足，自信有余——克林顿旁传》一书中，我们详细分析了克林顿执政时期的错误决断是如何使我们变得异常脆弱，从而导致了 9/11 悲剧的发生②：

• 1994 年，FAA 修改了自己的政策，允许乘客携带小型刀具和开箱工具，而这些恰恰是 9/11 事件中所使用的武器，恐怖分子把它们堂而皇之地带上了美国旅客飞机。

• 因为没有人考虑过恐怖分子可能实施自杀性袭击，用于针对检查恐怖分子的阿尔·戈尔档案系统本来是可以成功拦截他们的，但是在 9/11 事件中却毫无用处。虽然这个系统认出了 19 名劫机犯中的 11 个人，但是他们还是被允许登上了飞机，因为我们认为，他们不可能炸毁自己乘坐的飞机。

• 司法部禁止 FBI 检查萨卡里亚斯·穆萨维（Zacharias Moussaoui）的计算机，而他被认为是第 20 个劫机犯，因为他们担心自己没有搜查证，所

① 这并不表明恐怖分子有可能：赖斯 2004 年 5 月 19 日关于 9/11 委员会声明的记录。
② 在我们编写的《慎独不足，自信有余——克林顿旁传》一书中：迪克·莫里斯与艾琳·麦克盖恩合著的《慎独不足，自信有余——克林顿旁传》。纽约：里根书局，2004。

以可能会受到指控。

• 在克林顿执政时期本来有三次机会可以消灭本·拉登，但是都被否决了，原因之一就是担心这位恐怖主义领导人会受伤或者死亡，于是美国政府会被指责利用暗杀手段推行自己的公共政策。

• 第四次试图利用导弹袭击杀死本·拉登的努力也被取消了，尽管当时具有很高的成功性，但是因为美国刚刚误炸了中国驻贝尔格莱德的大使馆，所以政府担心会被指控总是轻易地使用轰炸手段。而且，克林顿担心，如果利用导弹袭击本·拉登，自己可能背上利用这次行动达到转移公众对自己弹劾案注意力的罪名。

• 政府否决了禁止向非法移民发放驾驶证的提案，禁止 FBI 在例行交通检查中利用机动车记录发现恐怖嫌疑人的可能性。由于这个政策的限制，主要是担心侵犯隐私权，三个 9/11 劫机犯，包括头目穆罕默德·阿塔（Mohammed Atta），在被交通警察拦截后又被释放了。

由于整个 1990 年代大量的失误，指责乔治·W. 布什和康多莉扎·赖斯没有制止 9/11 事件的发生是很不现实的。事实上，正是由于赖斯的指导作用，布什政府才采取了系统而严肃的措施解决恐怖威胁，虽然克林顿政府也制定了一些措施，但是其态度都是犹犹豫豫的，他们并不想认真实行，就像罗马马上要葬身火海，而他们还懵懵懂懂，优哉游哉。对于我们如此容易地遭受攻击的指责应该算到克林顿的头上，而不应该批评布什或者赖斯。

领导能力的心理因素

宗教价值观是布什和赖斯处理世界政治政策的核心因素。如果说布什的精神素养是在美国政治的大熔炉里得到锻炼成长的，那么赖斯的成熟则是通过在斯坦福大学长期面对挑战得以实现的，她一直在那里工作到再次返回华盛顿工作为止。正如 B. 丹尼斯·霍金斯（B. Denis Hawkins）在《今日基督徒》中所指出的，在她担任教务长期间，"赖斯觉得自己的同事有时对宗教信仰产生怀疑是令人难以接受的。但是，这对她来说并不是一个严重的障碍。实际上，她曾经公开表示：'对于我的宗教信仰，我非常坚定，不会产生丝毫的动摇，并且认为自己所做的所有工作的首要原因就是出于自己的宗教信仰。我对上帝的信念是最重要的事情。我从来都是毫不犹豫地告诉人们，我是一个基督徒，而我认为这正是我在生活中保持乐观的原因。'"①

像乔治·W.布什一样，在思考外交政策问题时，赖斯也会进行祈祷。对此，她是这样解释的："祈祷对于我来说非常重要，它是这样一种信仰，如果你虔诚地祈祷，你就可以获得上帝的指导。但是，这并不意味着我认为上帝会告诉我具体做什么事情，例如如何处理伊朗核问题。这并不是我对宗教的认识。但是，我坚定地相信，如果一个非常虔诚的基督徒，经常作祈祷，我们就会得到上帝的指引，因为我们都是凡夫俗子，这样我们才能更好地处理极其艰难而又错综复杂的问题。"②

赖斯在工作时非常谨慎，避免怀有一种自己是救世主的态度，而且保持一种非常谦逊的心态去完成上帝的旨意。她看起来非常明白，傲慢会让一个人很容易忘掉现实，而谦逊则会为自己创造机会，使自己能够更清楚地认识世界，也能确保自己站在更高的角度分析问题。她说："我总是尽力告诫自己我并不是先知以利亚（Elijah），我只是一个普通人，接受上帝的召唤去完成一些较为特殊的使命。如果认为自己是一个超人，那将会非常危险。从一定意义上来说，不论我们做什么，我们都是在完成自己的使命。但是，如果你拉大旗扯虎皮，煞有介事地以上帝的名义去做事，历史事实证明你不会成功的。我曾经见过这样的领导人，他们过火地利用宗教因素，结果却事与愿违。我在祈祷时常常这样说：'上帝啊，请帮助我沿着你的路线前进，不

① "赖斯觉得自己的同事有时"：B.丹尼斯·霍金斯（B. Denise Hawkins）发表于2002年9/10月《今日基督教》第40卷，5号第9页上的《康多莉莎·赖斯的秘密武器：我们的国家安全顾问找到保卫这片自由世界的力量》（Condoleezza Rice's Secret Weapon: How Our National Security Adviser Finds the Strength to Defend the Free World）。www. christianitytoday. com/tc/2002/005/1. 18. html.

② "祈祷对于我来说非常重要"：萨蒙，《2008年竞选》。

要让我盲目地乱冲乱撞。'为了确保自己的工作方式有利于计划的实施，要将自己放在一个更大的空间内，把自己当成一个处于从属地位的嵌齿轮。"①

在身处逆境时，赖斯为自己打开了一扇光明的窗户。当9/11事件发生时，她已经非常成熟。担任斯坦福教务长后不久，她在门罗公园的长老会教堂举行了题为"奋争的特权"的演讲，她说："奋争和悲痛不能为我们提供借口，我们不能怀疑自己，不能自艾自怜，不能屈服退让。我们应该把它们当成机会，振奋精神，继续奋斗。"赖斯认为："正是通过奋斗……我们才能彻底了解上帝对于我们生活的全部影响。如果我们没有任何负担，我们怎么能体会到上帝帮助我们解除了这些困难呢？"②

赖斯在9/11事件中似乎从一开始就获得了上帝的启示，所以对她来说，反恐战争使人们在处理国际事务时必须明确道德是非，消除邪恶势力③。赖斯解释说："我觉得，我的信仰使我对于未来充满乐观的期待。当你环顾这个世界时，你会看到很多苦难、罪恶和错误的现象，人们自然会感到消沉……但是，对此我找到的唯一的回答是，这是上帝的安排和考验。因此，我充满了乐观的情绪，如果我们相信上帝，虔诚地祈祷，紧紧跟随上帝指引的方向前进，所有问题都会得到成功的解决。"④

如果有人怀疑赖斯的宗教信仰与她长期以来坚持不懈地推动世界民主进程的使命存在着密切的联系，那么她在华盛顿一所星期日学校举行的全国基督教长老会上的演讲就会使你彻底排除这些疑虑。在这个宗教场合中，赖斯解释了自己对于自由的执著追求：

① "我总是尽力告诫自己"：康多莉扎·赖斯2002年8月4日在国家长老会教堂礼拜学校的演讲，《信仰的态度》（Walk of Faith）。2002年8月27日发表于《华盛顿时报》上。http://chebar0.tripod.com/id117.htm。

② 赖斯为自己打开了一扇光明的窗户：雪莉·汉德森·布兰特（Sheryl Henderson Blunt）发表于2003年9月《今日基督教》第47卷，9号，第44页上的《奋争的特权——赖斯如何理解挣扎与祈祷》（The Privilege of Struggle—How Rice Understands Suffering and Prayer）。www.christianitytoday.com/ct/2003/009/33.44.html。

③ 必须明确道德是非：霍金斯：《康多莉扎·赖斯的秘密武器》。

④ "我觉得，我的信仰"：赖斯：《信仰的态度》。

在过去的一年半的时间里，我进行了认真的观察，发现全世界的人民都渴望获得人类应有的尊严。大家都听说过亚洲的价值观或者中东的价值观，这并不意味着他们如果没有民主的历史，他们就一定不喜欢民主，或者永远不会有民主。我还记得，在阿富汗获得解放以前，很多人说那个国家"不可能实现民主"，那里军阀横行，我们只会面临难以收拾的局面。但是，现在的实际景象说明了一切，人们在喀布尔的大街上欢乐地舞蹈，因为他们现在可以自由地收听自己喜欢的音乐，还能把女孩送到学校里面去读书①。

如果我告诉你希拉里·克林顿也信奉宗教，你可能会感到吃惊。事实上，她经常毫不犹豫地把宗教内容融入自己的政治观点中。但是，如果我们认真研读一下她的政治言论，就不难发现，她之所以采纳一些宗教主题，仅仅是为了形成一个完备的防御体系，从而消除对手对她的批判。

例如，在她的自传《亲历历史》中，希拉里记载了她与南非总统纳尔逊·曼德拉的交往经历。当时，曼德拉公开感谢了三位看押他的监狱看守，感谢他们在他服刑期间对他表现出的善意。希拉里表扬了他的"博大胸襟"，但是，之后她将自己在白水门事件、文斯·福斯特事件和交通办公室事件中所遭遇的"敌意"与南非的迫害进行了对比。她说："感恩和宽恕常常是痛苦和不幸的产物，需要具备极大的自制能力。"然后得出结论说，如果连曼德拉都能宽恕看押自己的狱警，她也应该试着学会宽恕②。啊哈，天哪！她怎么可以将藏匿账单记录、向特别检察官作伪证，与曼德拉反对种族歧视的英勇斗争、被囚禁几十年所表现出来的伟大形象进行比较呢！她是在处心积虑地为自己辩护，其行为简直令人惊愕。

宗教思想位于希拉里自由主义的核心部位。她信奉卫理公会的背景表现

---

① "我进行了认真的观察"：《信仰的态度》。

② "感恩和宽恕常常是"：希拉里·罗德海姆·克林顿：《亲历历史》，纽约：西蒙 & 舒斯特出版社，2003，第 135 ~ 136 页。

为为公众服务和援助贫困人群。重要的绝不是"我一直都坚持祈祷"，这位参议员曾经说，重要的是，信教人士应该"永远坚信自己的信仰"①。曾几何时，民主党曾经不遗余力地攻击共和党内存在的基督教新教特征，她大张旗鼓地标榜自己信奉宗教，只是为了将自己与民主党惯用的花言巧语分隔开来。本人认为，宗教不应该成为为政治服务的方便法门，私下看来，希拉里确实是一个具有严肃信仰的信教人士。

但是，希拉里的政治策略有时似乎与她支持的宗教信仰并不一致。作为第一夫人，希拉里曾经坦言："我有时怀疑，作为一个共和党人和天主教徒，这两种身份是否能够和谐共存。"②

以希拉里看来，结果永远可以证明方法的正确性。在她的脑海中，致力于救助贫困人群非常重要，是一个基督徒必须做的事情，以至于她可以欺骗和误导他人，最终获得权力，达到以权谋私的目的。她深信，只有她可以解释为什么自己努力将个人意志强加于她所面对的任何政治问题上。正是这种深信不疑的态度最终证明了她采用的手段的合理性，因此，自然而然地，她就可以聘请侦探，跟踪并骚扰她丈夫勾引的妇女，从而达到保护他总统职位的更高目的。她还可以以同样的理由，说服她的丈夫赦免 FALN 恐怖分子，这样就可以帮助她赢得纽约西班牙裔的选票，而这又是她为了成为希拉里参议员这一更高目标的必要一步。

这两个女人都有宗教背景和宗教信仰，并因此受益。但是，她们如何依靠自己的宗教信仰当选为总统则是另外一回事，这还有待于未来的检验。

———————————

① "我一直都坚持祈祷"：迈克尔·乔纳斯（Michael Jonas）2005 年 1 月 20 日发表于《波士顿全球报》上《克林顿参议员促进以信仰为主的立法提案》（Sen. Clinton Urges Use of Faith-based Initiatives）。www. boston. com/news/local/massachusetts/articles/2005/01/20/sen-clinton-urges-use-of-faith-based-initiatives？ mode = PF。

② "我有时怀疑"：约翰·哈里斯（John Harris）发表于 1997 年 2 月 7 日《华盛顿邮报》第 A01 页上的《敷用祈祷这块"药膏"：克林顿利用集会公开反对愤世嫉俗》（Applying the Salve of Prayer; Clintons Use Gathering to Speak Out Against Anger, Cynicism）。

两个女人，两种道路

如果我们对这两个女人人生过程中的相同阶段进行一下对比，我们就能更有效地了解她们各自的选择和特征。

例如，在 19 岁的时候，希拉里·罗德海姆考入了韦尔斯利大学，对于自己在新环境的竞争中能够幸存下来没有信心。她写到："我没有马上像韦尔斯利的其他学生那样昂首阔步地走路。我所上的专业具有很高的挑战性……在开学一个月后，我……告诉父母，与他人相比，我不够优秀。"但是，后来她端正了心态，"经过初期的跌跌撞撞以后，疑虑慢慢消失了"。①

19 岁时，康迪·赖斯将从丹佛大学毕业，并且成为了美国大学优等生联谊会会员（Phi Beta Kappa），而且是这个学生团体中最优秀的女性会员。她已经获得了很多荣誉，她是一位音乐爱好者和花样滑冰选手，并期盼着从事国际关系方面的工作。

当希拉里 32 岁时，比尔·克林顿开始担任阿肯色州州长，希拉里则在该州最负盛名的罗斯律师事务所被提升为合伙人，这个事务所具有政治背景。比尔的仕途升迁和希拉里的律师职业之间的联系是不容置疑的。赖斯则没有丈夫的呵护，她在斯坦福大学获得了博士学位，获得了研究生奖学金，并被提升为政治学副教授。在 35 岁时，希拉里已经习惯了阿肯色州第一夫人的生活，康迪则开始在国家安全委员会中工作，是总统苏联问题的主要专家之一。

在 46 岁时，希拉里成为美国的第一夫人，在她丈夫竞选总统的过程中受尽了奚落和辱骂。那么，她的第一项工作如何呢？她试图改革医疗卫生制度，结果却彻底惨败，使克林顿在任期内的前两年形象大受影响，并直接导致了她所在的党在两个议会中令人羞耻的失败，而且直到现在还没有从中恢

---

① "我没有马上像韦尔斯利"：克林顿：《亲历历史》，第 27~28 页。

复过来。

47 岁时，赖斯被任命为布什总统的国家安全顾问，并且在几周之内与总统一起努力，使国家度过了 9/11 攻击引发的危机。

实际上，直到 2000 年希拉里·克林顿才独自奋斗竞选参议院。但是，反过来说，我们所用的"独自"还是有点儿水分的。在美国总统和他所掌控的有利条件下，她获得了数百万美元的竞选资金，为她提供了价值难以估量的研究信息和政策指导意见，从一个她从来没有居住过的州里在没有初选的前提下，确保了她的提名，指导她走好每一步，而且即使在她的这第一次单飞中，比尔也在工作，以托起她稚嫩的翅膀。

在分析希拉里的人生经历的过程中，很难说清楚比尔何时结束呵护，她又何时开始独立工作的，我们看到的是一连串他们的共同成就，而且不知道在他们之间如何划分两个人的功劳大小。

对于康迪来说，我们没有看到这样令人尴尬的问题。她的成就都是她自己独立打拼出来的，她在一系列令人瞩目的重要职位上获得了大量骄人的成就。如果说希拉里的出人头地是一系列复杂的政治微积分的结果，那么赖斯的成功则是靠自己的实干，一步一步脚踏实地地实现的。

第七章
双面希拉里：化身博士

关于希拉里·克林顿，她身上所具有的品质会让人联想到罗伯特·路易斯·史蒂文森（Robert Louis Stevenson）的小说《化身博士》。根据当时的环境或直接政治目标，无论在人格还是风格上，希拉里呈现给我们的印象都完全不同，有时甚至自相矛盾。出现在公共场合的希拉里是善良的"哲基尔医生"，绝对不是私下里那个尖酸刻薄的"海德夫人"。

希拉里不属于内在病态人格。她既不是精神分裂，也不是多重人格精神错乱。不是，其实就只有一个希拉里：海德夫人。另外一个化身——哲基尔医生——不过是精心设计出来的一个人物，代表着一个她认为选民可以为之投票支持的女性选举人的理想形象。

哲基尔医生是一位举止优雅、性格温和的专业人员；海德夫人则是一名思想极端、直言不讳的政治空想家。哲基尔医生几乎在所有时刻都保持巨大的自制力，她就是故意展现，而海德夫人则隐匿在别人看不见的小阁楼里。

对希拉里来说，她的哲基尔与海德并没有多少共同点。私底下的希拉里（即海德）苦大仇深、辛辣讽刺，是一名始终在寻找对手与阴谋的党徒（而且结果都能找到）。她喜欢研究部下们收集来的图表，来搜寻那些构成所谓的"巨大右翼阴谋"的人和团体。她坚信每扇门背后都藏着敌人，正伺机袭击并摧毁她和她的丈夫。

但是公共场合下的希拉里（即哲基尔医生）已经成为两党合作的特定象征。对于那些领导国会对其丈夫进行弹劾的人，她也是抱着开放愉悦的合作态度，但其实她曾一度把这些人当成自己不共戴天的敌人。希拉里在访谈中魅力十足地高谈阔论，认为不管历史怎样，消除两党分歧都是非常重要的。总是面带微笑（如果在什么地方看到电视镜头，甚至会吃吃地笑出声来），她可以说是好心情的典型。

然而，在夜深人静的时候，关起门来（通常都是民主党活动），海德夫人就现身了：阴郁的希拉里对共和党和她的右翼对手进行猛烈攻击。每每当她对总统、他的政策以及政府进行攻击的时候，她的愤怒情绪溢于言表。

在过去六年的时间里，在公众面前，希拉里无论从外表，还是在个性与政治上，都经历了一个精明、大胆以及极其成功的改造。这种转变敏感但必须，其目标是向美国选民展示一个精心包装、具有吸引力与容易接受的新希拉里：即希拉里品牌。

需要解决的首要事情就是她的外表。在其丈夫的总统任期内，希拉里并没有一致的标志性风格，她不停地转换风格，给公共留下一个特别强烈的印象，那就是希拉里喜欢遮遮掩掩，甚至不值得信任。直到她在 1999 年开始认真考虑竞选参议员，她才觉得有必要改变公众的这种印象。亲自竞选公共职位，而且是在一个她从未居住过的州竞选该职位，这已经引来不少怀疑。但是数十年来，她一直十分热心于政治以及公共政策问题，身为妇女儿童的辩护律师更是让她积极踊跃。其竞选活动顾问开始对她的历史大做文章，强调希拉里是一位经验丰富的候选人，对各种问题和流程都有着深刻理解；他们不断重复的颂歌就是"她三十年来都在为妇女儿童作斗争"。但是，她无论什么时候出现在公共场合，只要被拍下来，观众（与选民）脑海里闪出的第一个念头就是她的外表从来都不一样。其实，偶尔想认出她来都很困难：她的许多照片看上去更像是其他某个人，而不是希拉里·克林顿。

在克林顿任职白宫的这些年里，希拉里变化多端的发型也是引来嘲笑声一片。某一天炫耀地弄个翻转式，第二天可能又梳个法式发髻，接下来扎个马尾辫，之后可能又换成高发髻，也可能理个短发。短发、长发、金发、棕发；发型自然或夸张，直发或卷发——希拉里常换常新的发型让她看上去略显轻浮，但是这种古怪行径并没有在很大程度上危害到克林顿夫妇——直到她面临向选民推销自己（而非其丈夫）的挑战。她没有职业化的外表，看上去并不像是一位严肃的候选人。她需要看上去像一名参议员——来自纽约州的参议员，而不是来自堪萨斯州的参议员。她需要一个一贯的形象。其训练者意识到固定形象的紧迫性，因此，他们制作了一个可以被大众接受的新发型，而且大家每天看到的都是同样这款发型。自 1999 年以来，希拉里一直都保持着富有魅力的、不变的金色短发。自此再也没见她留过糟糕的发型。

但是转变并非仅仅只是发型。她的服装行头也与纽约州参议员的形象不相符合。不和谐的色彩搭配以及古里古怪的样式，与顶级的大熔炉时尚界如此格格不入，这些衣服很快就被她冷落到储藏室的角落。蓝绿色短袖套装，俗气的花格呢夹克，帽子与黑色厚长筒袜统统都消失不见，取而代之的是崭新的行头：黑色裤装搭配蓝色、粉色与白色上衣。偶尔也会稍作变化，套件蓝色毛衣。日复一日，在整个竞选活动以及接下来的几年里，希拉里都身着制服。在夜间以及像民主党代表大会等大型场合，她都是非常醒目，身着绿松色的裤套装，佩戴隐形眼镜。从而诞生了希拉里品牌外表——精心修饰、着装专业的纽约州参议员形象。她终于为迎接事业的辉煌期做好准备。

但是希拉里的外表并不是改造的唯一一个方面。几年来，她的变化太多——比如，她的名字。在女权主义的自我形象与暂时的政治需要之间进行一番令人尴尬的斗争之后，她把自己的名字从希拉里·罗德海姆改成希拉里·克林顿，然后又改成希拉里·罗德海姆·克林顿；现在，她最终又将名字只保留为希拉里三个字。在克林顿夫妇1975年结婚之后，以及在比尔担任州长的第一任期内，她从未使用过克林顿这个名字。这种行为让许多阿肯色人感到不高兴，尤其当她以父母的名义——州长比尔·克林顿与希拉里·罗德海姆——寄发切尔西的生日通知时，更是如此。到了1980年，比尔选举失败，部分原因来自选民对希拉里的敌意，她不太情愿地把名字改为希拉里·罗德海姆·克林顿。接着，在1991年，她的丈夫首次参加总统选举，她毅然决然地去掉罗德海姆，开始把自己叫做希拉里·克林顿。等待比尔选举成功，她立刻向媒体发表正式通告，她现在的名字是希拉里·罗德海姆·克林顿。八年之后，当她开始竞选参议员，并希望把自己打造成一名独立政客的形象，她希望自己能够远离克林顿这个有损其光彩的名字，于是她成了"希拉里"。没有姓，就只是希拉里。

也许这还不是最终结局。如果希拉里当选为总统，假如在2009年1月20日本来期待能看到第二位克林顿总统出席发布会，结果却成了"罗德海姆总统"，到时候可别太大惊小怪。

但是对希拉里来说，最大的蜕变还是在政治与公共角色上的变化。就像一只塑料鸡蛋孵出一只假小鸡，另外一个希拉里·克林顿出现在大家面前。这是一个全新的希拉里：温和、面带微笑、放松、开明、诚实、机智、健谈、迷人、友善、随和的纽约人。而我们在白宫所见到的那个严厉、党派性强、意识形态浓厚、冷漠、精明、来自中西部/南部、遭道德质疑的女性则被隐藏起来。而且，这位主张对抗的自由主义者就在我们眼前转变成一名随和的温和派。我们仿佛在看一场魔术表演，就好像魔术师从他的帽子底下变出一只兔子一样：我们知道他耍了一些花招，但却搞不清楚他是如何迅速娴熟地做到这一点的。

《重写历史》是我们在 2004 年对希拉里的《亲历历史》进行反驳所创作的一本书，在这本书里，我们对"希拉里品牌"及作用如何在她重塑自己的策略中诞生的情景进行详细罗列。但是自从那时以来，希拉里品牌远远不止局限于她的外表和发型，而是需要与选民紧密联系在一起。从 2005 年初开始，她在行为举止、立法提案权、政策立场甚至参议院同盟方面也是经历了巨大的本质变化。她好像在新年下了一个决心，列出一份必做清单，其中就包括政治形象的重大改变。

于是，就是在今年初，她开始了一场明目张胆的活动，将自己的公众形象从自由主义者转变成温和主义者。她在公共场合对重要价值问题（如堕胎）发表演讲，谈话态度也流露出对对手的赞成，甚至对自己长期的支持者（这些喜欢她的人都是顽固的亲选择派）予以批评，通过这些举动，她成功实现转变。

如同哲基尔医生，希拉里为自己戴上了一张温和主义、中间主义和宗教价值的面具。那个恶劣的前自由主义者希拉里·罗德海姆（即海德夫人，是一名同泰德·肯尼迪一样的自发左翼分子）在无需稿子讲话的场合依然抬头挺胸，但那个和善理性的哲基尔医生日益遮蔽了海德夫人的面貌。

倒不是说真正的希拉里一直都不赞同泰德·肯尼迪，她其实赞同，但是她假装成这样不过是为了能够吸引摇摆不定的选民。为了做到这一点，她必须重新确立自己的位置，以获得新的支持者。她不可能把教条主义者的本来面目展示给大家看。相反，随着政治风向的改变，她随时可以改变自己的航向以适应每场新的风暴。这也解释了她为什么不停转变的原因——她的修辞、立场以及同盟等。所有这些全部都是哲基尔医生在 2008 年竞选总统的宏伟计划的组成部分。不论代价是什么，她都愿意去尝试。

通过观察丈夫的事业轨迹，希拉里了解到自由主义者不会赢得全国大选。1972 年的麦戈文、1984 年的蒙代尔、1988 年的杜卡基斯以及 2004 年的克里，这些人的失利都应证了里奥·杜罗切① （Leo Durocher） 所说的话——好人总是最后一名，最好的时候也不过是倒数第二名。

为了理解温和主义对赢得总统大选的重要性，不妨想一想吉米·卡特（Jimmy Carter） 与比尔·克林顿分别在各自的第二次竞选中的对比情况。他们第一次尝试竞选的时候，两个人都作为温和派而当选。卡特作为民主党中间路线的倡导者参加竞选，在四年之前就因为反对麦戈文的候选资格以及批评政党偏左而闻名全国。比尔·克林顿在 1992 年作为一名"新民主党"来参加竞选，致力于累犯死刑与强制刑期、预算平衡、对福利的工作要求以及中产阶级减税等问题。

但是在他们当政头几年，卡特与克林顿纷纷偏离让他们得以当选的温和主义，投向左派。他们这么做都为了一个共同的原因：议会两院的民主党多数党驱使他们转向左派。但是卡特从此就保持没变，结果等到他再次竞选的时候，罗纳德·里根就击败了他。克林顿在 1996 年再次竞选的时候又改走中间路线，于是他战胜共和党对手鲍勃·多尔（Bob Dole）。

在 1996 年 7 月，当我们讨论总统是否应该签署福利改革法案的时候，我就曾向希拉里强调改走中间路线的重要性。从一开始，比尔·克林顿就支持福利接受者必须工作才能获得津贴，而且他支持福利时限。但是共和党不断向他提供的福利改革法案，都让他感觉不得不否决。尽管共和党的这些法

---

① 美国 30 年代著名棒球运动员。——译者注

案体现了"福利必须工作"的原则，但它们都没有提供充分的日托、食物券、工作培训与就业计划，而总统认为，如果该法案能够有效执行，所有这些都为必要条件。

但是在参议院多数党新领袖、来自密西西比州的特伦特·洛特（Trent Lott，他在鲍勃·多尔于1996年5月离职参加总统选举之后上任）的领导下，共和党人希望总统能够签署通过某个法案。由于在前一年圣诞节共和党在迫使克林顿接受他们大幅度的削减预算过程中，他的不妥协态度使他们受到政治重创，因此他们为了能够再次赢得支持，需要表现出些许温和态度。因此洛特通过了一项包括日托、工作培训、食物券与儿童保护服务的一项法案——这些利益全是克林顿所希望的。但是洛特坚持纳入一项内容，而大多数人都会认为这项内容是一颗毒药：削减对非法移民的资助。

为了能够得到希拉里对这项立法的支持，我真可谓孜孜不倦。在《重写历史》这本书中，我对这一段有着详尽而有趣的描写，我把自己假装成一名建筑油漆工，告诉希拉里我每隔四年就会进来一次，做我的工作。我强调，为了完成我的工作，我需要把家具挪到房间中央——即中间派；然后我安慰她，我离开之后，他们会把家具放回自己想放的地方。你猜她是怎么回答的？"你这个口才好的家伙。"她说。

在她的自传《亲历历史》中，希拉里表明自己有所领会。"如果比尔第三次否决福利改革法案，"她在书中写道，"他会将一大笔潜在的政治横财拱手相让给共和党人。"[1] 一如既往，她的考虑永远关乎政治。

但是，您可能想知道，我们如何知道希拉里周期性地改走中间路线就不是真的呢？

如果您看一看她的记录，有一件事情非常明确：在任何重要时刻，她都

---

① "如果比尔第三次否决福利改革法案"：希拉里·罗德海姆·克林顿：《亲历历史》，纽约：西蒙＆舒斯特出版社，2003，第369页。

是一名自由主义者。她的投票记录也是尽可能地表现出左倾倾向。《国家期刊》对希拉里的投票记录进行评价，把她列为是参议院里第八个最自由的成员——自由程度甚至比泰德·肯尼迪还要高出四个位置，左倾程度排在汤姆·达施勒以左的第九个位置上。①

她投票决定关于一切司法批准的政党路线，支持所有政党议案阻挠，而且在民主党易受攻击的时候从不予以批评。她的中间路线带有表面文章与机会主义的味道，其实只局限于非强制性立法或相对不会引起很大争议的立法。

令人惊讶的是，大家并没那么容易就识破希拉里改走中间路线的明显举动；大多数观察家似乎只从表面妄加断定。她有时似乎在测试亚伯拉罕·林肯那句名言的极限，"你可以在某段时间愚弄所有人，你也可以一直愚弄某些人，但你不可能一直愚弄所有人。"②

希拉里敏锐的政治把握再次发挥作用。在 2008 年大选前四年，希拉里开始改走中间路线，让自己有足够的时间来说服选民，她的温和态度与她的丈夫担任总统期间相差无几。（比尔在 1994 年之前以及 1997 年之后的态度都非常开明，因为 1994 年之前他必须与民主党议会一起工作，而 1997 年之后他需要参议院民主党投票终止弹劾。而在这两个时间之间，他走的都是比较温和的路线——他作为总统的大多数政绩都是因此而获得的。）

根据由民意调查者斯科特·拉斯姆森设计的一项有关希拉里的调查，只有 43% 的美国人"认为前第一夫人属于政治自由派"。这个数字比 2005 年 1 月底的 51% 有所滑落。③

---

① 《国家期刊》对希拉里的投票记录进行评价：理查德·E. 科恩（Richard E. Cohen）发表于 2004 年 2 月 28 日《国家期刊》上的《他们如何符合标准》（How They Measured Up）。www. johnsullivanforcongress. com/news-articles/2003-vote-rankings. pdf。

② "你可以在某段时间愚弄所有人"：亚伯拉罕·林肯，《每日警句》（Quote DB）。www. quotedb. com/quotes/4183。

③ "认为前第一夫人"：斯科特·拉斯姆森发表于 2005 年 4 月 6～7 日《拉斯姆森报道》（Rasmussen Reports）千人大调查之《72% 的人表示愿意投票支持女总统》。www. rasmussenreports. com/2005/Woman%20President. htm。

尽管她之前的记录表明她是一名自由主义者，但随着全新的希拉里日益接近总统候选资格，她正在三个关键领域努力重新定位。她在意识形态上偏向中间主义，在争议性与重要性都相对较小的问题上与最激烈的共和党右翼分子站在一起；她更加公开地对宗教与精神价值表示支持；她在恐怖主义与国防问题上把自己塑造成一个鹰派人物，以及在外交事务上把自己打造成一名知识渊博的专家形象。

　　希拉里真的从我在1996年帮助其丈夫设计竞选方案的三角测量脚本中有所借鉴，并开始努力。通过支持共和党有关平衡预算、降低犯罪以及福利改革等目标，比尔的行动先于共和党一步，耗尽他们的热情，并赋予他们权力来进行否决。

　　既然希拉里正在为竞选总统积极备战，她在各种热门问题上发表了一连串温和的政策声明，通过反映共和党的立场来减缓他们的敌对程度。唯一的区别是，比尔·克林顿从内心来说是一个温和派，是一个在必要的时候成为自由主义者的政治家。

　　有关我们这个时代最重要的问题——恐怖主义，希拉里走的是鹰派路线。她投票赞成伊拉克战争，尽管她对布什政府打击冲突的方式予以批评，但她一贯的态度都是支持战争，并对布什所要求的供应、资金与部队都是投票赞成。实际上，她提倡我们的军队应再应征80000新兵入伍。

　　希拉里在国防问题上提出自己新立场的过程中，发现了一个重要同盟：前众议院发言人、坚定的共和党人纽特·金里奇。希拉里积极地把纽特当成一个展现自己新发现的政治温和主义的舞台。金里奇与希拉里同为国防优先事宜顾问小组的成员，他们俩不遗余力地表示出对坚固防御体系的共同承诺。根据《纽约时报》的报道，"金里奇表示，当其他共和党人都在对布什总统攻打伊拉克这个决策进行批评的时候，希拉里·克林顿的亲防御态度让他倍感震惊。他把这归功于她在白宫的经验，在那里她的丈夫不得不处理国家安全问题。'与立法机构的大多数成员不同，她拥有白宫经历，'

金里奇说道，'有关国家防御的正确需要，她的态度一直是可靠的。'"①

　　对希拉里来说，她不过把这段关系作为将自己从先前的自由主义者区分开来的一种途径而已，她正在尽一切所能听从其丈夫的建议，为了 2008 年大选而改走中间路线。"我知道这是一个有点奇怪的同事，或者说奇怪的女人，或者两者兼而有之，"希拉里说道，"但是发言人与我这几年来一直在讨论有关医疗保健与国家安全问题，而且我发现，在看问题的方式上，我们有很多共同之处。"②

　　为了理解希拉里与金里奇突然建立起来的友谊有多么做作，大家只需要参考一下她大概在两年前出版的自传即可。在创作这本书的时候，克林顿夫人显然是忘记了对这位前发言人的钦慕之情。希拉里在《亲历历史》中提到金里奇共 25 次，但是没有哪一次流露奉承之意。对于她现在声称的共同点，书中只字未提。相反，她把金里奇描写成一名右翼空想家及政敌，是议会中攻击白水门的领头羊，另外一个带头人物也是她的新朋友——前参议员艾尔·达马托（Al D'Amato）。她对金里奇在《会见新闻界》节目上发表没有政府医疗保险的不实声明进行批判。③ 她责备金里奇作为抗议者出现在她有关医疗保健的全国巡回活动上。④ 她对金里奇在 1994 年共和党掌控众议院时所流露出来的"高兴"心情不屑一顾。⑤ 她还对他为未婚妈妈的孩子建立孤儿院的提议严加谴责。⑥

　　希拉里对金里奇的母亲有一次告诉记者说她的儿子把希拉里称作"泼妇"一事也有描述。⑦ 这之后，希拉里邀请金里奇、他的妻子及母亲前往白

---

① "金里奇表示"：雷蒙德·赫尔南德兹发表于 2005 年 5 月 13 日《纽约时报》第 1 页上的《奇怪的新一对：希拉里·克林顿与纽特·金里奇》（New Odd Couple: Hillary Clinton and Newt Gingrich）。www.iht.com/articles/2005/05/13/news/clinton.php。

② "我知道这是一个有点"：《奇怪的一对》。

③ 她对金里奇在《会见新闻界》：克林顿：《亲历历史》，第 232 页。

④ 她责备金里奇的作为：《亲历历史》，第 246 页。

⑤ 她对金里奇在 1994 年：《亲历历史》，第 257 页。

⑥ 她还对他为未婚妈妈的孩子：《亲历历史》，第 262 页。

⑦ 希拉里对金里奇的母亲：《亲历历史》，第 263 页。

宫。在她对这次拜访的描写中，希拉里放进了金里奇当时的妻子玛丽安说的一段话，对金里奇最初对她的侮辱以牙还牙，玛丽安认为纽特"对美国历史经常发表武断意见"。① "你知道，不管他对自己谈论的内容清楚与否，他总是说个不停。"玛丽安告诉希拉里。② 在她丈夫第二次就职典礼之后，对于在议会吃午餐时与金里奇比邻而座这件事情，希拉里又是怎么看待的呢？"把我的位置安排在纽特·金里奇的旁边可能是某人在恶作剧。"③ 接着希拉里对金里奇的道德问题稍作描述；然后，她言词确凿地指出他对自己婚姻的不忠诚。④ 这就是她对自己新朋友的所有记忆。

希拉里与右翼的新联盟并未阻止她继续对总统进行攻击。但是当她批评总统布什的时候，她试图从右翼的角度出发，对他巨大的联邦赤字表示质疑，以及引起大家对其丈夫在平衡预算方面取得的成功加以关注。

每每慷慨激昂地谈到非法移民所具有的危险性时，希拉里总是激动地把头扭向一边。支持移民（合法移民与非法移民）一直都是民主党刻在石碑上的信条，但是现在她却以一种新的角度进行雕刻。正如《华盛顿时报》所报道的那样，"希拉里·罗德海姆·克林顿在非法移民上的立场比布什总统更加保守，无论是支持者还是诋毁者，都把这种策略视为是这位纽约民主党摆脱'自由主义者'标签以吸引传统的共和党州的一种方法。克林顿夫人因其国有化医疗保健计划以及在其丈夫担任总统期间发表的各种言论而被贴上自由主义的标签，现在对于选民们最关心的问题，尤其在共和党人最关心的问题上，她所采取的态度日渐坦率而强硬。"⑤

在接受福克斯新闻频道的一次采访当中，克林顿夫人强调了她对非法移

---

① "对美国历史经常"：《亲历历史》。
② "你知道"：《亲历历史》。
③ "把我的位置"：《亲历历史》，第304页。
④ 她严词确凿地指出：《亲历历史》，第450页。
⑤ "希拉里·罗德海姆·克林顿在"：查尔斯·霍特（Charles Hurt）发表于2004年12月13日《华盛顿时报》上的《希拉里在移民问题上转向保守态度》（Hillary Goes Conservative On Immigration）。http://washingtontimes.com/national/20041213 – 124920 – 6151r.htm。

民的新的强硬态度，她表示，自己"认为我们并未保护好自己的边境或入境岗，也没有为第一线工作人员提供所需要的资源，因此我们还有许多的工作要做，而且我们也会把工作做得更好"。①

在纽约的 WABC 电台，她将自己的新路线继续坚持到底："你知道，我坚决反对非法移民，"她补充道，"显而易见，作为一个国家，我们必须做一些强硬的决策，其中一项决策就应该是完善我们的出入境体系，如果我们只是欢迎工作人员入境，而将其他人都拒之门外的话，那么我们就应该拥有一套能对此进行清楚记录的系统。"②

这是希拉里的一个新论调：当克林顿夫妇在白宫的时候，他们对此类项目从不感兴趣，因为他们担心冒犯民主党大本营。在 1996 年，我就力劝总统通过拒绝为那些非法居住者办理驾照来严厉取缔非法移民。如果我们的交警能够发现那些签证过期的人群，我认为，我们就具备了一项预防恐怖主义与非法移民的有力工具。但是在那段时间，海德夫人仍然在管一些事情；希拉里反对这一提议，并说服自己的丈夫不要递交该立法法案。

当然，在 9/11 事件之后，新出现的紧迫感使得此项提议再次生效，因为劫持犯拥有六十多张不同的驾照，其中大部分都是通过各种借口而办理的。

希拉里对其新的立场所流露出来的毫无诚意是在 2005 年 5 月，当时禁止为非法移民办理驾照的提议被通过。希拉里投票支持该提议，但只因为它是国防拨款法案的附属提议，拨款法案要求为驻扎在伊拉克与阿富汗的军队进行拨款。她表示，她对这项提议只作为拨款法案的附属提议而不是作为独立法规来对待而感到"愤怒。"她认为该提议"存在严重缺陷"，对它是否能够有助于打击恐怖主义而表示怀疑。"大家要求我们投票支持所谓的真实身份法规，"她说道，"法规支持者认为它理应让我们的国家更加安全，但

---

① "认为我们并未"：《希拉里在移民问题上转向保守态度》。
② "你知道，我坚决"：《希拉里在移民问题上转向保守态度》。

是我们怎么能够知道这点？"① 但是希拉里心知肚明，如果该提议作为独立法规来提交的话，民主党无疑会进行议事阻挠，来否决此项提议。只有作为一项"必须通过"的综合法案，该提议才有可能生效。

但是让希拉里实现大逆转的还是价值问题。自从 2004 年投票后民调显示多数选民主要关心的问题还是"道德问题"，希拉里就竭力表现出自己对宗教问题具有较大的敏感度。② 伦敦的《时代》杂志对这一情形有着精辟的总结："如果说以前还存有疑惑，那么现在可以确信无疑。希拉里·克林顿现在给自己的定位就是 2008 年的总统竞选。随着最近她对上帝与军队的关注，对堕胎的反对……这位纽约州参议员旨在成为白宫第一位女总统的野心已经昭然若揭。"③

希拉里已经用毕生的精力来反对亲生命运动，严厉措辞可谓无所不用其极。在 2000 年参议员选举中，希拉里宣称："我是亲选择派，而且一直也都将是亲选择派，这并不是所有人都认为是正确的一项权利。现在存在一些试图将我们拉回从前的影响力，我们必须对此保持警觉。"④

然而现在，希拉里的警觉似乎完全屈服于她的野心。她在最近表示自己"尊重那些全心全意地认为在任何情况下都不应该采取堕胎的人"。⑤ 在其职业生涯，她第一次注意到"有良知的人们在这场辩论中有机会发现共同点"。她现在正全力以赴地支持如果未成年人堕胎，需要通知父母的提议。当

---

① "存在严重缺陷"：卡尔·林巴切尔于 2005 年 5 月 12 日发布于 NewMax. com 上的《希拉里对真实身份法案"愤怒不已"》（Hillary 'Outraged' Over Real ID Act）。www. newmax. com/ archives/ic/2005/5/12/124534. shtml。

② "道德问题"：2004 年 11 月 11 日佩尤调查中心，《选民们喜欢 2004 年竞选活动，但是太多"揭发隐私"道德价值：什么才重要？》（Voters Liked Campaign 2004, but Too Much 'Mud-Slinging' Moral Values：How Important?）。http://people-press. org/reports/display. php3? ReportID = 233。

③ "如果说以前还存有疑惑"：埃莲娜·摩纳根（Elaine Monaghan）发表于 2004 年 1 月 27 日《时代》上的《竞选总统初期的希拉里》（Hillary in Starting Blocks for White House Run）。www. timesonline. co. uk/article/0,, 11069 - 1458269, 00. html。

④ "我是亲选择派"：《竞选总统初期的希拉里》。

⑤ "尊重那些"：《竞选总统初期的希拉里》。

然，她从未表示过对晚期堕胎的支持，对其他的亲选择表决也不表示赞成。

她已经跳离民主党对"以信念为主的"总统立法提案权的限制，表示在布什提议与保证政教分离的第一修正案之间"并不存在矛盾"。①

希拉里改走中间路线的举动偶尔会让她在所涉及的领域显得不合时宜。希拉里曾经在比尔因严重行为不当艰难摆脱指控的过程中，极力维护自己的丈夫，而现在，这位女性却表示美国当今的电视节目涉及太多性内容。希拉里把成人内容扩散称作是"无声的流行病"，并注意到"就在十年以前，我们在让孩子们远离不健康内容方面就已经取得长足进步"——回想起她的丈夫主张利用 V-chip 技术来阻止儿童观看不合适的电视节目。② 希拉里认为应引用新型通讯方式，支持电视节目应适合儿童群体的拥护者需要"跟上这个多元环境"。她接着补充道："我们所有人都需要迎接这个挑战。"

令人讽刺的是，希拉里哲基尔医生式的表现赢得一片热情洋溢的评论，具体原因是这种表现与那个曾经讨人厌的海德夫人形成了鲜明对比。

希拉里抵达华盛顿开始参议员生涯的时候，其形象可以说是自路易斯安那州参议员休伊·朗（Huey Long）当年"蓬荜生辉"以来最糟糕的一个。两党参议员以及美国普通老百姓看到的是一个古板教条的党徒，而且很多人都怀疑她是否足够诚实。这个声誉来自她在白宫的岁月，而她也知道，如今进入美国参议院，她必须有所收敛。就在她上任没几天工夫，她就被迫召开一场新闻发布会，有人为了从她的丈夫那里寻求（最后也获得）总统赦免，向她的两个兄弟进行了大额贿赂，她必须对此事做出辩护。在早期时候，她的人气狂跌：她在 2001 年 1 月就职时，100 位美国选民当中就有 52 人表示喜欢希拉里，但就在七周之后，其支持率就跌到只有 39%。③

① "以信念为主"：《竞选总统初期的希拉里》。

② "无声的流行病"：卡尔·林巴切尔 2005 年 3 月 10 日公布于 NewsMax.com 上的《希拉里：电视上的性内容太多》（Hillary: Too Much Sex on TV）。www.newsmax.com/archives/ic/2005/3/10/103917.shtml。

③ 在早期时候，她的人气狂跌：福克斯新闻/动态民意调查，2001 年 1 月 10～11 日与 2001 年 3 月 14～15 日。

正如《纽约时报》所评论的，"八年来，克林顿夫人在华盛顿某些圈子里的名声就是冷漠专横，无论她的朋友与顾问认为这种现象有多么不公平，但这个名声在她当选之后还是跟着她进了参议院。"① 但是，华盛顿接着发现当她进入参议院的时候，打开行李包裹的不是海德夫人，而是一个全新的家伙：哲基尔医生。《时代》杂志谈到："过去一年来，克林顿夫人以一连串的个人姿态令多数同事颇感惊讶，这些姿态不仅使她的形象变得更加温和，而且也帮助她融进了参议院这个排他性很强的环境，在这个地方，拉拉家常与一对一政治会大有帮助。"

希拉里为了能够缓和自己的过去形象，巧妙地做着一切。如果有人想从克林顿参议员身上期望看到爱出风头的女主角形象，定会大失所望。在头几年里，她耐心隐忍地摸索其中奥妙，克制住自己想要扬名的冲动，她一直表现得都很好，几乎没出什么破绽。她对其他参议员表现得非常恭敬，不独占媒体报道，并因这种姿态而结交了不少朋友。

她利用自己的坦率态度以及拒绝装腔作势（在委员会议上为参议员们斟茶倒咖啡，邀请他们前往她在华盛顿的家里做客）让参议员同事消除了对她的敌意。② 她极力表现自己温和的女性一面。当德克萨斯共和党籍参议员凯·百利·哈切森（Kay Bailey Hutchison）领养一个女婴的时候，就是希拉里给洗的婴儿浴。她给自己的捐赠者打电话，要求他们帮助自己的民主党参议员同事。当新泽西民主党籍参议员罗伯特·G.托利西里（Robert G. Torricelli）在面对联邦刑事调查的时候，希拉里对于这种事情可谓久经沙场，于是她给了不少安慰。

她甚至吸引了来自内华达州的可塑性很强的共和党籍年轻参议员约翰·恩赛（John Ensign），内华达州是提供第二机会的地方。《纽约时报》对约

---

① "八年来"：雷蒙德·赫尔南德兹发表于 2002 年 1 月 24 日《纽约时报》上的《克林顿夫人并非华盛顿认为的那样》（Not the Mrs Clinton Washington Thought It Knew）。http://query.nytimes.com/gst/abstract.html? res = F20A12F8355FoC778EDDA80894D404482

② 她利用自己的坦率态度：《克林顿夫人并非华盛顿认为的那样》。

翰的话加以引用，"她没有丝毫优越感，而且非常热情。当我告诉大家我喜欢她的时候，你们应该看看他们的表情，"在提到内华达州选民的时候，他继续说道，"这种表情就好像在说，'你已经失败了。'"①

另外一位来自西部的共和党籍参议员——怀俄明州的克雷格·托马斯（Craig Thomas）表示，"传闻中的希拉里·克林顿与所见到的希拉里·克林顿完全不同。"② 他还打趣地说道，希拉里还从纽约送给他一袋奶酪作为圣诞节礼物。"我本来以为她有一点爱出风头，"托马斯先生说道，"但基于我们有些人都发现的那样，她表现得非常出色。"

《时代》引用了希拉里的一位顾问所说的话，这位顾问轻描淡写地说道，"我认为，由于大家对她的期望不高，她正好可以从中受益。"③

希拉里利用她的个人热情也取得成功，《纽约时报》2005 年的报道称："培养一个两党联立、超越冲突的形象让她成为某些纽约共和党派系中极受欢迎的人物，甚至在自由主义支持者心目中的人气也相当高。"④ 该报还谈到，他们的民调显示，纽约州共和党人对其工作的认可程度已由两年前的37%上升到49%。

希拉里成功取悦纽约州共和党人的一个重要原因是她能够把自己过去的形象塑造成一个党派思想极端分子。《纽约时报》报道说，共和党议员彼得·金（Peter King）（是投票反对弹劾克林顿总统的少数共和党议员之一）表示，"克林顿夫人绝不是保守批评家所指责的那种极端自由分子。我不会投票支持她，而且我们在 70% 的问题上都可能达不成共识，"他说道，"但是我感觉批评希拉里·克林顿的共和党人太多了，这种情况就好比迈克尔·

---

① "她没有丝毫优越感"：《克林顿夫人并非华盛顿认为的那样》。
② "传闻中的希拉里"：《克林顿夫人并非华盛顿认为的那样》。
③ "我认为"：《克林顿夫人并非华盛顿认为的那样》。
④ "培养一个两党联立"：雷蒙德·霍尔南德兹发表于 2004 年 3 月 6 日的《纽约时报》上的《随着克林顿赢得共和党的友谊，其对手的任务变得更加艰巨》（As Clinton Wins GOP Friends, Her Challenger's Task Toughens）。http://68.166.163.242/cgi-bin/readart.cgi?ArtNum=87015。

摩尔（Michael Moore）谴责乔治·布什一样。"①

无论出于意愿，还是迫于形势，希拉里都可以表现得极富魅力。1994年，我们在康涅狄格州为民主党议会选举筹集资金。希拉里同意以嘉宾演讲者的身份出场。当我宣布这个消息的时候，所有人都欢呼雀跃，欢迎她来到我们家乡；比尔曾经到纽约大本营拜访过我们，但希拉里从来没有。"我是否应该带个有盖的餐具？"她欢快地问道。

但是希拉里既不**那么**友善，也不**那么**温和，既不**那么**好交际，也不**那么**理性。她现在的好处得益于她**以前**的糟糕形象，也就是指在白宫那段时间。

那个时候，她每天面对的都是刑事调查，丑闻事件可谓一桩接着一桩。她每天似乎都在为自己辩护，所有的矛头都指向她以及她的行为。白水门事件、医疗特别工作组秘书、文斯·福斯特自杀事件、福斯特办公室文件被转移、旅游局员工射击事件、她在麦迪逊银行里的账单记录遗失、期货市场获益、在白宫发现的联邦调查局文件、她在纽约州竞选时她丈夫对波多黎各恐怖分子予以赦免、她的兄弟为了向客户担保总统赦免而收取大笔资金、她在就职参议院前几天接受800万美元的图书预付款以及她从白宫窃取礼品等：所有这些都给希拉里在参议员生涯之前的岁月抹上了一道阴影。

相比之下，现在已经没有什么道德问题缠绕着她。即使不在聚光灯下，她也保持在检举人的发射线之外。占据全国各大报刊头版的不再是有关她的丑闻；夜间新闻也不再充斥着她步入大陪审团或流于俗套地拒绝媒体的形象。

那个时候，希拉里给人的印象是尖刻、具有党派性而且歇斯底里。她对那些反对她关于大型保险公司医疗提议的人进行谴责，引用莫尼卡丑闻期间的著名右翼阴谋作为例证。希拉里因在政治斗争中以严厉批评对手而著称。

现在，由于意识到自己可怕的党徒形象，希拉里不惜费尽心思与共和党人建立友好关系，并公开称赞他们。她在政治上靠近他们，为了打造一个全

---

① "克林顿夫人绝不是"：《随着克林顿赢得共和党的友谊，其对手的任务变得更加艰巨》。

新的希拉里，她集中全部精力变戏法似的为自己镀上了一层极富魅力的外表。

不受欢迎的海德夫人再现

希拉里的形象发生了改头换面的变化，但是海德夫人依然潜伏在这个形象之下。我们以她于 2005 年 6 月出席纽约民主党的集资午宴为例。这个时候，善良的老哲基尔医生不见了，以前的那个希拉里再度现身，对总统进行了毫不客气的党派性攻击。"从来没有哪一届政府……这么热心于滥用权力来促进自己的议程，"她对一群欢欣鼓舞的政党忠诚分子这么说道，她哀叹道："想要阻止那些对自己的行为没有羞耻心的人，很难……想要阻止那些不明真理的人，也很难。"①

海德夫人无需哲基尔医生引以为豪的精神性："有些共和党人的确相信自己被真理所激励，被一种高级的感召力所激励，我想，他们还被通往天堂的直线所激励。"②

这并不是克林顿参议员第一次回到过去的情景当中。一年以前，即在2004 年 6 月 30 日，海德夫人在旧金山与一群民主党观众见面，并面对这些人群提出了极左派的财政与社会观点。"你们中的多数人都非常幸运……减税本来可能已经对你们大有帮助，"她一开场就这么说道，"我们想说的是，美国正在恢复正轨，但我们也许削减得太厉害了，因此无法向你们提供减税。为了所谓的共同利益，我们只能打算从你们这里做一些牺牲。"③

---

① "从来没有哪一届政府"：帕特里克·D. 希利（Patrick D. Healy）发表于 2005 年 6 月 6 日《纽约时报》B1 上的《克林顿参议员在集资活动上攻击布什与共和党》（Senator Clinton Assails Bush and GOP at Campaign Fund-Raiser）

② "有些共和党人的确相信自己"：《克林顿参议员在集资活动上攻击布什与共和党》。

③ "你们中的多数人"：卡尔·林巴切尔于 2004 年 6 月 30 日公布于 NewsMac. com 上的《希拉里："我们只能打算从你们这里做一些牺牲"》（Hillary: 'We're Going to Take Things Away From You'）. www. newsmax. com/archives/ic/2004/6/30/91013. shtml。

撇开表面，我们对其实质可窥见一斑：在她的内心深处，正如这段广播讲话所强调的那样，希拉里相信收入再分配——将一个阶级的收入分配给另外一个阶级的政策。在克林顿政府期间，当我们讨论削减资本收益税时，我对她优先考虑的内容有了些许了解。我向这位第一夫人指出，该税收根本不会带来任何效益。如果削减该税收，大多数经济学家会表示同意，因为削减将会刺激资产的销售，这实际上会提高收入，而非减少收入。（资产收益税于1997年被削减，就是指我们现在讨论的这件事情。）

　　希拉里反对削减，表示只有向富人征税才有意义。向生意人征税，要让他们感觉挣钱像劳力劳动者挣钱一样辛苦，这点很重要，她对此坚持己见。我指出，投资者已经在他们的投资资金方面纳过税。但是我还是将重点放在了关键内容上：我们可以通过采纳共和党方案来吸引保守分子选民，而且，我们还可以利用减税所创造的收入来避免在开销方面的进一步削减。

　　但是她仍然不接受这个观点。即使富人所剩无几也应该帮衬穷人，这一点非常重要——这个观点都会让侠盗罗宾汉破产。

　　有时候她那如歌剧院魅影般的面具会脱落，露出底下真实而原始的党徒分子形象。

　　在2002年5月16日，也就是在9/11事件之后八个月，希拉里在参议院的发言登上了当天《纽约邮报》的头版头条。该报的封面报道说情报部门在2001年8月曾就恐怖分子劫持客机的威胁发出过简短的警告。调查该备忘录的9/11委员会声称，尽管警告可能加强了总统对恐怖主义威胁的意识，但并未采取任何本可预防9/11事件的行动。

　　但是希拉里却有着完全不同的看法。"总统知道什么？"她尖声叫道。"我的选民们都想知道对这件事情以及其他许多问题的解释……"①

---

　　① "总统知道什么？"：发表于2002年5月18日《纽约时报》第A10页上的《恐怖主义踪迹：克林顿参议员发言节选》（Traces of Terrorism：Experts from Senator Clinton's Speech）。http：//query. nytimes. com/gst/abstract. html？res＝F30B14FC3C5C0C7B8DDDAC0894DA404482&incamp＝archive：search。

她继续说道："9/11 所带来的痛苦……直到今天还会袭上心头，我们不禁会想，在九月悲伤的一天到来之前，如果我们能够改变一下拼图的方式，结果会出现怎样的一幅画面呢……"

"至于总统，他可能无法在这一时刻对所有的问题做出回应，但他至少能够就其中某些问题做出解释，比如我们在今天，5 月 16 日所知道的有关他接收到警告的这个问题。我们为什么不是在 4 月 16 日或 3 月 16 日，或 2 月 16 日或 1 月 16 日，又或者是去年的 8 月 16 日知道这件事情呢？"

气势犹如猛虎下山，希拉里一定也意识到自己的爆发已经达到顶点；从此在这个主题上，无论是愤怒的言辞还是激动的语调，都没有再出现过。

但是这种爆发出现在了其他场合。在康涅狄格州的闭幕晚宴上，希拉里（她不知道记者就在附近）的现身，用《美国目击者》的大卫·霍格伯格（David Hogberg）的话就是"几近一场灾难"，这件事也沦为西恩·汉尼提（Sean Hannity）在电台主持节目时的一个笑谈。"我烦透了有些人，"她的声音尖锐刺耳，"他们说如果你对这个政府有不同意见，你就在某种程度上不爱国，我们应该站起身来，说我们是美国人，而且我们有权利与任何政府进行辩论，表达我们的异议。"①

但是这些日子以来，类似这样的爆发事件不过属于偶发事件而已，并不常见。希拉里在通常情况下都极为自制，她的训练者始终小心翼翼地对她加以约束。所有的一切都是尽可能地避免她犯错。不论多小的错误，都会错失良机。为了保护她免于自毁前程，她所说的一切内容都有人为她事先写好；她只要老老实实地不发表任何即兴讲话即可——这不

---

① "我烦透了这些人"：大卫·霍格伯格发表于 2003 年 5 月 6 日《美国目击者》第 A10 页上的《不敢说他们不爱国》（Don't Dare Call Them Unpatriotic）。http：//64.233.161.104/search？q = cache：FDz8wsIp6KcJ：www.spectator.org/article.asp% 3Fart-id% 3D2003-5-5-23-55-48 + david + hogberg + a + near + melt-down&hl = en。

是因为她拙于言辞，而是因为她只要偏离当天的谈话内容，势必就会惹火上身。

希拉里的培训者们对海德夫人喜欢夸大其词、编造故事的不光彩历史非常了解，这些事情一旦败露之后，就造成了她日后的政治问题。只要她试图与自己的拥护者们保持接触，这种事情时有发生，她假装自己只喜欢他们——努力表现得正常。一旦被逼着拿出真正的经验，她就开始以这些人都能理解的方式编造故事。或者，对某一个真实事件添油加醋，为了获取同情而添加许多细枝末节，并且将自己描述成只不过是一位普通的母亲、妻子和女儿。

她的捏造有时也无伤大雅——比如切尔西某一次深夜才回到白宫，她因此而忧心忡忡等。如果大多数母亲知道有一名秘密武装随从人员贴身保护她的女儿，出入也都是乘坐防弹轿车，并一直处于监视状态之下，随时可以保持无线电话联系，我相信这些母亲一定都会很放心——当然，希拉里也从未真正担心过。但是，她只想大家把她看成是一位关心自己女儿的普通母亲。这种吹牛大话非常愚蠢，但好在无伤大雅；但是在另一方面，她针对 9/11 编造一个类似关于女儿下落不明的故事时，那么说得好听些就是这个故事很无聊，说得难听些的话，那就是应该受到指责。

如果哲基尔医生控制着新闻发布会上的麦克风，那么计算参议院选票的仍然是海德夫人——当她对司法确认进行议事阻挠的时候就显露了这一点。

在 2005 年 5 月，参议院在布什总统司法提名这个问题上差点起了内部冲突。从布什就职一开始，民主党就反复利用议事阻挠来否决总统在美国联邦地方法院以及各地联邦地区法院的司法提名。议事阻挠这个词语来源于"海盗"一词，是一种可用来阻止议案（其中包括司法提名）辩论的程序机制。在 1964 年民权法案的辩论过程中，参议员们睡在帆布床上，就这么在议院待了数天，并大声读书或读杂志——吵吵闹闹就是为了阻止总统向全体公民保证民权的计划。在那个时候，需要一场真正的、持续的现场辩论。等到辩论停止，就为是否结束辩论而投票，接着再为法案本身进行投票。

如今，议事阻挠已不再要求昼夜不停辩论的戏剧性场面了。如果领袖知道，如果在某个特定法案上，没有达到必要的60%的选票，那么就不安排辩论。

5月，当共和党威胁要改变规则来阻挠民主党，防止他们破坏总统提名，这时议事阻挠问题达到白热化的地步。为了对威胁做出回应，这些自由分子信誓旦旦地表示，如果共和党这么做的话，他们会把参议院吵个天翻地覆。

这时有十四名颇具胆量的温和派（每个党派各七名）介入了这个混乱局面，使参议院恢复了理智状态。① 这十四个人通过拖延规则的改变以及投票支持布什的三个提名等方法来平息了这场冲突。

但是当希拉里真正有机会从行动上证明自己是一个温和派的时候，她却选择了另外一个途径。她并不是这十四名调停者中的一员；实际上，对于议事阻挠问题，她从头到尾只字未提。

任何熟悉希拉里公共职业生涯的人都知道，她在以前就曾碰到过这个问题——彻底支持共和党反对利用议事阻挠来否决基于党派立场的立法。在1994年，当她希望议会通过她的医疗立法时，她担心会出现议事阻挠来否决她的提案。于是，她煞费苦心地预防这种情况的发生，试图将她的法案附在一个预算措施上，根据参议院规则，这项预算措施不会遭到无限制讨论而不被通过。她的策略被西弗吉尼亚的民主党籍参议院罗伯特·伯德给终止，罗伯特通过一项规定，要求预算法案的修正案必须与之有着紧密的联系。

因此，这一记录确认了希拉已经实现了自己立场的改变。但是这里

---

① 这时有十四名颇具胆量的温和派：2005年5月24日CBS新闻。www.cbsnews.com/stories/2005/05/24/politics/main697516.shtml。

面难道不存在一个更大的问题吗——大多数人到了 57 岁这个年纪，保持本来面目才会让他们感觉舒服。希拉里·克林顿则不然。她是谁？她至今仍在为这个问题苦苦追寻——或者说，为了她想成为的女性，大家会喜欢的女性，选民们会投票支持的女性——什么是最真实的面貌？什么又是最真实的信息？即使历经八年的白宫生活以及五年的参议员生涯之后，即使在媒体不断曝光之后，她仍然试图把自己重塑成最完美的女性政治家的象征。

第八章

希拉里如何成为希拉里

总统候选人通常都不为人们所熟知。有些人在竞选总统的时候，人们甚至都不知道他们来自何处，如吉米·卡特与比尔·克林顿。而有些人则把我们的政治意识由边缘状态带到中央舞台，如罗纳德·里根与乔治·布什。另外还有些人则是起死回生，凭借新的方法使自己的政治生涯再次复活，如理查德·尼克松。

　　但是十四年来，希拉里一直处于全国人民视线的中央。她在公众的关注之下，政治上逐渐走向成熟，仿佛一株温室里的植物，从我们的关注中汲取营养，以求其政治上的成长。

　　我们认识她的时候，她还是阿肯色州州长的妻子，不属于任何党派。接着，当她参加丈夫的竞选活动时，我们看到她是支持丈夫的忠实助手。到了白宫，我们逐渐了解到她是比尔的长期伙伴——推动不成熟的医疗改革方案的代理人。后来在比尔的第一任期内，她以独立明星的姿态重新露面——在世界各地飞来飞去、写书、演讲。待到比尔任期快要结束的时候，她又成了委屈满腹的妻子，委屈但不痛苦，她一边在私底下惩罚自己的丈夫，一边与弹劾作斗争。最后，等到她竞选参议员，她于是又成了我们这个时代无与伦比的一道政治风景。

　　当我在1989年9月认识比尔的时候，我第一次就意识到希拉里可能最终会竞选总统。那个时候，阿肯色州州长比尔·克林顿决定尝试在1992年第一位布什总统准备再次参加竞选的时候竞选总统。但是，有一个非常直接的问题让他很困惑：他在1990年州长任期期满时，他是否应该再次竞选州长？

　　在克林顿仔细考虑该做何决定的时候，事情变得很清楚，如果他无法参加竞选，希拉里可能会代替他参加竞选。但在对该州进行民调之后，我建议克林顿夫妇，希拉里没有获胜的可能性。这不是说她不受欢迎，其实她很受欢迎。但是选民们感觉她参加州长竞选不过是个计谋，认为她是为了给比尔占个位置，以防止其竞选总统失败。

　　希拉里严重受挫。她关于改革阿肯色州教育状况的热情工作结果成了竹篮打水一场空：对于这个州的选民来说，她仅仅就是比尔·克林顿夫人。当希拉里在1992年竞选活动以及结果出来之后，从州政治舞台过渡到全国政治舞台的时候，这次民调在她的脑海里依然留有深刻印象。

在1989年调查的刺激下，希拉里决定在丈夫登上全国政治舞台的时候，自己选择一条独立路线。她不想再重复在阿肯色州所犯的错误。没有人再只把她看作克林顿夫人，他们逐渐把她理解成是一股独立的政治力量——这个人可能会以自己的名字来谋求职位。她的决心非常明显：美国必须习惯于希拉里，而不仅仅只是希拉里·克林顿。

但是结果却是惨败。从她一开始独立冒险以来，希拉里可谓彻底失败。珍妮弗·弗劳尔斯（Gennifer Flowers）的指控（比尔最终承认指控属实）被迫让她为自己的丈夫进行辩护，她告诉全国媒体，她是一位独立女性，而不是丈夫的陪衬，也不是"只会待在家里烘焙饼干"的弱者。[1] 这场大爆发把她带回到幕后管理、筹集资金以及精心撰写活动讲稿等相对不清楚的状态中去。独立还需要等一等。现在，她所需要做的就是让比尔当选。

在比尔赢得选举之后，希拉里又开始为自己谋求新的途径。她是否应该成为比尔的参谋长？在他的内阁就职？担任教育部部长、司法部部长？她如何才能保持自己独立的形象，从他的阴影中走出来，成为属于她自己的独立的政治人物，而不再重复那些长久以来把她贬为克林顿夫人的错误？

在了解比尔任命她就职内阁属于非法行为之后（由于在约翰·肯尼迪任命他的弟弟鲍比担任司法部部长之后通过了一条反裙带法），希拉里琢磨着能否率领一支特别工作组，来解决某项特殊问题。当然，结果就是医疗改革立法提案的惨败。希拉里过于心急，贪多嚼不烂，当大家希望政府角色能够缩小的时候，她却试图去扩大政府作用。在比尔的密友伊拉·马加奇纳（Ira Magaziner）所率领的一群乌托邦自由分子的影响下，希拉里几乎成了

---

① "只会待在家里烘焙饼干"：希拉里·罗德海姆·克林顿：《亲历历史》，纽约：西蒙&舒斯特出版社，2003，第109页。

忠实的马克思主义者——在不改变整个体系的情况下，就无法改变医疗这个部分。

但是美国并不接受这套观点；希拉里的提议遭到议会的坚决反对。她试图单飞的努力结果并不光彩地化作泡影。

她与比尔在1994年选举失去对议会的控制之后，这对第一夫妻邀请我去华盛顿，以帮助他们摆脱困境。我的第一项任务就是对希拉里如何受挫以及如何能够帮助比尔这件事情进行评估。我发现，公众把他们看做是零和夫妻。希拉里表现得越强，比尔似乎就越弱。希拉里占据媒体的篇幅越大，比尔就相对呈现弱势。

从这些调查结果中，一个全新的希拉里出现了。她不再控制白宫的决策部分。实际上，她甚至不再抛头露面。相反，她把她所有的时间全都用来写书和旅游。她不再控制白宫的议程，而且从表面上看，她甚至也不再关心。这是比尔的工作。希拉里有她自己更关心的问题。

于是她效仿起她的榜样埃莉诺·罗斯福，开始为一个专栏写文章。她与一位代笔人合著了一本有关教育的书籍《集全村之力》，这本书连续数周荣登图书畅销榜。她以纳税人的开支游历了国外78个国家，通常结伴而行的有演讲稿撰写人、新闻从业人员、化妆师，切尔西也经常跟在身边。①

现在的希拉里不再提出什么新的立法或美国政治的争论问题来获取媒体的报道和关注，反而是拖着媒体团队一起上路，前往世界各国。这种方式不仅可以将她亮相媒体的效果最大化，而且不会产生任何争议，破坏自己及其丈夫的形象。希拉里的培训者意识到，如果某个新闻机构花钱请记者与第一夫人同行的话，他们将会刊登这些人交上去的素材。

与此同时，总统在医疗改革失败之后也找到了自己的结论，而且为了远离主要的立法提议，他很快就重新修改了自己的国内议程。由于共和党掌控着议会，他只展示了一系列不重要的政策提议，而这些提议却取得重大成

---

① 她以纳税人的开支游历了78个国家：《亲历历史》。

就，同时也赢得巨大的政治支持。

这三大策略（写作、旅游与侧重次要提议）不仅明确了克林顿夫妻针对比尔总统职位的提案，也明确了希拉里在参议院里的立法提案。通过前往伊拉克的两次旅行，到达阿富汗及全球其他热点地区，以及创作的自传广为销售，希拉里在避免严重问题与不和争议的同时，已经成功烘托出自己的形象。

利用并反抗女性传统形象

希拉里不仅仅只是通过改走中间路线来反抗自由民主党人的典型形象。她同时也在竭尽全力地去突破一个更为重要的传统形象——即女性无法驾驭军队或平衡预算。

所有这些从在比尔·克林顿担任总统早期我们进行的一项调查开始，这项调查内容是为了评估女性如何能够及应该竞选公共职位。我们在全国范围内采访了两千名选民，并根据性别以及对平权法案支持与否的态度分成四个小组。

我们问选民，在其他所有因素都同等的情况下，对完善教育状况、克服贫穷、诚实以及富有同情心的行动等工作方面，处在公共职位的男性或女性，谁的工作会更加出色。结果在意料之中，女性在这四个方面都胜出。但当谈到加强国防、打击犯罪以及削减税收等，男性又会占上风。

令人尤其吃惊的是，无论男性还是女性，是否支持平等权利，所有人都有一个完全相同的陈旧观念。"这不同于种族歧视，"我在备忘录里这么告诉第一夫人："当非种族主义者并不真正关心种族问题的时候，种族主义选民绝不会支持一名黑人候选人。"但是一名女性候选人则需要面对其他问题："我们国家的性别歧视不如种族歧视普遍，"我们写道，"不支持黑人的选民要比拒绝女性竞选的人更多。但是所有选民对女性候选人的看法则一成不变。所有女性必须要面对这个陈旧观念，而少数民族候选人则不需要。"

在比尔当选总统之后数月，我简要地向希拉里介绍了这项调查。当我看到她今天所表现出来的策略时，我的建议似乎成了她目前总统候选人竞选策略的基础。"一名女性候选人需要在对她有利的传统方面随大流：教育、贫困、同情、儿童、正直，"我告诉她，"但是她也必须挑战传统思维，全力以赴地在犯罪、国防与税收等问题表现出强硬态度。"我以玛格丽特·撒切尔与以色列总理戈尔达·梅耶（Golda Meir）夫人为例，她们就因打破传统形象而获得成功。

希拉里现在的表现表明她记住了这次民调的另一关键结果。她在纽约大学论坛的一次演讲中对女性在公共职位上所表现的正直发表评论，这是对民调结果的呼应。"调查显示女性就职可以提高道德行为的标准，并有利于减少腐败。"她在评论中这么说道。① 但是由于在整个 20 世纪 90 年代希拉里都是在躲避大陪审团以及各种调查，如果她真的相信选民必然会得出一个结论，即认为她的上任将提高政府道德行为标准——她的态度可谓异乎寻常的乐观。正如我最近在《汉尼提与考姆斯》这档节目中所评论的那样："女性可能比较诚实，但希拉里无疑降低了平均水平。"

在希拉里身为第一夫人期间，她费尽心思地对民调所显示的女性传统观念的积极方面加以利用。她首先决定把注意力集中在医疗保健上，接着就是儿童与教育问题（畅销书《集全村之力》可谓是到了登峰造极的地步），这些都是我们从三年前进行的民调中所确定的优先考虑事宜。对于希拉里，公平地来讲，这些问题对她一直都很重要——只是它们的重要性被翻倍了而已。

然而，随着希拉里把自己定位成总统候选人，她在效仿玛格丽特·撒切尔方面更是下足了功夫，极力给人留下一个深刻印象，那就是女性在国防问题上同样可以强硬。即使在比尔·克林顿对布什及伊拉克战争大加批评的时

---

① "调查显示女性"：卡尔·林巴切尔于 2005 年 3 月 8 日发布于 NewsMax.com 上的《希拉里：女性少腐败》（Hillary: Women Less Corrupt）。www.newsmax.com/archives/ic/2005/3/8/64125.shtml。

候，希拉里·克林顿也是投票支持参议院的这个决议的。如果克林顿当初在其总统候选关键时刻表示支持 1991 年的海湾战争的话，那么这对夫妻可能也不会在竞选中失利了。（克林顿告诉我，当他正在权衡是否考虑提名戈尔为副总统时，正是戈尔投票支持战争的态度帮了他。）

希拉里在参议院就职后不久，就选择加入了参议院军事委员会——这本是鹰派成员的大本营。正如知名国防说客迈克尔·赫森（Michael Herson）所说的那样，"外事委员会的重点基本上就是外交使节团。如果你希望把精力集中在外交政策上，那么军事委员会就是你在参议院该去的地方。那里对一切外交事务都有兴趣。"①

作为军事委员会的成员之一，希拉里有机会前往军事重点，并公开会见军队。在 2003 年的感恩节，她特地前往阿富汗和伊拉克——布什总统在最后时刻决定亲自飞往巴格达才不至于让希拉里出尽风头。这是否是巧合？我看未必。

随着总统候选日益临近，希拉里增加了自己出访国外的次数，以此来加强自己作为一名外交专家的身份，这仍然是在改变人们对政治女性的负面传统形象。比如在 2004 年，她访问印度，并在那里发表了关于印巴谈判的讲话。

但是出访效果并非总是如她所愿。在印度，她对美国工作外包现象（这为印度带来巨大利益）进行辩护，并预测这种现象不仅会持续，而且呈发展趋势。"外包会继续下去，"克林顿夫人在新德里表示，"立法不会违背现实……我们不支持设立任何障碍。"② 希拉里承认存在抑制工作外包的压力："我必须坦白地讲，"她说道，"我们国家的人在失业，美国的政策制定者需要处理这个问题。"

参议院有一项决议就表达了扩大工作外包现象的忧虑，不幸的是，希拉里

---

① "外事委员会的重点基本上"：作者于 2005 年 3 月 3 日对迈克尔·赫森的采访。

② "外包会继续下去"：卡尔·林巴切尔于 2004 年 2 月 28 日发布与 NewsMax. com 上的《希拉里在印度："外包会继续下去"》（Hillary in India：'Outsourcing Will Continue'）。www. newsmax. com/archives/ic/2005/2/28/104755. shtml。

也是该决议的支持者之一，但在印度，她却对自己支持的同一内容进行谴责。①

希拉里在恐怖主义问题上一向都直言不讳，对叙利亚人进驻黎巴嫩的声讨也是口若悬河。但是她对伊拉克新总理易卜拉欣·贾法里（Ibrahim al-Jaafari，自由选举以来的第一位总理）却是大加批评，对他的什叶派教徒背景"忧心忡忡，"怀疑他可能与伊朗存在某种瓜葛。② 她再一次犯错：大多数观察者都在竭尽全力地强调贾法里对伊朗同一宗派的民族主义仇恨，正是反对这些人，伊拉克才在20世纪80年代发动战争。有些人表示，一位美国政治人物最不应该做的事情就是在伊拉克政治上打发时间。而且，贾法里亲自做出回应，他认为自己并不需要希拉里的允许才可参加竞选，并强调她并不知道自己在说什么。

从2005年开始，希拉里的行为就像个影子国务卿——对每个重大外交政策问题都公开发表意见。她是在注视康迪·赖斯呢？还是按照1993年民调结果在行动？

当然，正确答案是两者兼而有之。

历经丑闻而存活

有些人一想到希拉里·克林顿要竞选总统，总是不信任地摇摇头，都奇怪她在白宫期间是如何熬过这些丑闻事件的。但事实是，她就是挺过来了。希拉里走出白宫已有五年多时间，而且自从她任职参议院以来，唯一的一次申辩就是针对其兄受他人收买，想获得并受到其丈夫的赦免这个事件。而所有这些都是在她进入参议院之前所发生的。

---

① 不幸的是，希拉里也是该决议的支持者之一：第108次议会，2311条参议院修正案，《参议院关于工作外包的一致意见》（Concern over Outsourcing Jobs Sense of Senate）。

② 对他的什叶派教徒背景"忧心忡忡"：文森·莫里斯（Vincent Morris）发表于2005年2月26日《纽约邮报》上的《希拉里坚持以武力解决不和》（Hillary Sticks to Guns in Feud）。www.nypost.com/news/nationalnews/41356.htm。

所有这些都已成历史。这些事情在竞选活动中可能会被提及，但自从她建立起自己的政治生涯以来，她无疑都远离了这些。如果共和党人希望获胜，他们必须理解这点，宁可在其他问题上对她进行攻击，也不要再提这些陈年丑闻。

　　正如烟草公司可以将他们曾经坚决抵制的警告标志拿来夸耀，表示他们就香烟所能造成的危害已经对烟民发出警告，希拉里也可以将矛头指向斯塔尔（Kenneth Starr）对其和丈夫所进行的大量调查，然后说她从未被判有罪或遭到指控。

　　希拉里面对选民可以诚实地表示，"肯尼斯·斯塔尔不是我的支持者。五年来，他挖空心思地想打击我，但却空手而归。他不断进行调查，雇佣一流侦探和律师，发传票命令交出各种记录，甚至强迫我面对大陪审团——而我从未拒绝做任何危害自己的证词。然后，你们猜怎么样？我既没有被判有罪，也没有遭到起诉。"的确，希拉里可以模仿那些被宣判无罪的嫌疑犯，对外宣布："我已经被证明是清白的。"（她的好运气无疑也影响到身边的人：她在2000年竞选参议员时的财政主席被司法部因故意少报2000年8月在好莱坞进行的集资款项而起诉，他在为期一个月的审讯之后，在2005年5月被陪审团宣告无罪。）

　　因此，如果有人认为希拉里因为过去的道德问题险些受到法律制裁而终止政治生涯，那么只能说明他们对她躲避责难以及隐藏证据的功夫尚不了解。她就是政治上的霍迪尼①，反复地从各种几近致命的政治丑闻中脱险。

　　然而，尽管民众明显地需要某人能够击败希拉里·克林顿，但怀疑者们仍然对反对她的大多数声音表示拿不准。像康多莉扎·赖斯这样一位政治新手能否赢得提名和大选？他们认为赖斯具备这个能力，她的记录无可挑剔。但是……

---

　　① 美国魔术师。——译者注

第九章

但是……

但是仍存在问题。随着康多莉扎·赖斯参加总统竞选的想法一出现，同样的不确定性也因此反复出现。

以下，是可断然给出的答案。

但是康迪从未参加过选举！

在谈到总统选举的时候，缺乏政治经验这个障碍到底有多严重？

并不太严重。我们可以仔细了解一下几位最伟大的总统：其中许多人尽管缺乏选举经验，但都拥有出色的总统政绩。实际上，我们只要对总统传记进行研读，就不难发现，许多德高望重的总统在成为总统的前几年里，在选举活动中都表现得碌碌无为。他们真正所拥有的经验通常都非常短暂，而且都是在很久以前。

我们最伟大的总统亚伯拉罕·林肯几乎没有任何选举经验。他整个的任职经历总共就是众议院里的两年任期——这个职位距离他竞选总统有十多年时间。他的国会生涯从 1847 年持续到 1849 年，这与 1860 年的总统选举几乎毫无关联。除了这次为期短暂的尝试之外，其唯一一次竞选经历就是任职于伊利诺伊州法院——这距离他成为总统有 20 年时间。林肯的真正经验在于他是一名多才多艺的律师，这个职业日益打磨了他的公开演讲技巧与写作技巧，使他在成为总统之前及期间能够与美国人民保持顺畅沟通。

我们另外三位伟大的总统（西奥多·罗斯福、伍德罗·威尔逊与富兰克林·罗斯福）在成为总统之前在高级选举职位上也都只有短暂的亮相。西奥多·罗斯福在担任纽约州州长不到两年之后便被总统威廉·麦金莱（William Mckinley）提名为副总统；就在几个月之后麦金莱遇刺，他便成为总统。西奥多·罗斯福的发展经验与选举无关：他在美西战争中因身为陆军中校带领一支绰号为"狂野骑士"的兵团而名扬天下，他带领这个兵团沿着圣胡安山找到西班牙军队的路线。早些时候，他作为纽约市警长也获得不

193

少名声。他的国家任职经历与赖斯相同，都是被**任命**，而不是通过**选举**而获得：罗斯福曾担任过海军部副部长，但是只有一年时间，从 1897 年到 1898 年。他唯一的一次选举经历就是纽约州法院的两年任期，这距离他成为总统有 20 年时间。

选举职位在伍德罗·威尔逊的总统之路上也未起到多少作用。他的名声来自担任普林斯顿大学校长的经历，他因提倡教育改革而闻名全国。他提高普林斯顿大学学术标准的记录与康迪在斯坦福的经历相映成趣。凭借在普林斯顿的优秀记录，他当选为新泽西州的州长，仅在一年半之后，他就被提名为总统候选人。

富兰克林·罗斯福在担任纽约州州长三年之后就当选为总统。尽管在他成为总统前 12 年曾竞选过副总统，前 20 年曾在州法院任职过三年，但这两次经历对他参选总统的能力无足轻重。他最显著的经验（尤其在二战爆发之后）来自他在一战期间担任海军部副部长时的经历——他的叔父西奥多·罗斯福也曾担任过相同职位。

来自年代更久远的另一位伟大的总统安德鲁·杰克逊（Andrew Jackson）在竞选总统之前只担任过两年的田纳西州参议员。杰克逊的主要经验在于军事：他在 1812 年著名的新奥尔良战役中获胜。

太多伟大的总统在成为总统之前几乎都没什么选举经验。而且，对于他们中的多数人来说，他们的总统前选举生涯都极其短暂及微不足道。

而有些总统（如德怀特·艾森豪威尔、赫伯特·胡佛、扎卡里·泰勒［Zachary Taylor］与尤利塞斯·格兰特）在成为总统之前，**从未**担任过任何选举职位。

康多莉扎·赖斯在冷战快要结束的时候，曾担任过苏联问题的主要顾问。在 9/11 事件之后的艰难岁月里，她是总统的得力助手与顾问，现在她身为国务卿，在错综复杂、危机四伏的国际舞台上为美国外交政策保驾护航。

议会或参议院职位如何能够增强她的经验？为什么约翰·爱德华兹在竞

选总统的时候，他的经验就没有遭受到任何质疑，尽管他只在参议院担任过一个任期，而赖斯的履历更加丰富，也更有价值，为何她的经验却遭受质疑？

行政职位似乎要比选举职位更为重要。毕竟，总统职位首先是一项行政工作：总统负责监督庞大复杂的行政机构以及成千上万名员工。

自从 1963 年以来，历届美国总统（杰拉尔德·福特除外，因为他不是通过选举而当选）在担任总统职位之前都拥有丰富的行政经验。其中四位在成为总统之前担任州长：吉米·卡特（乔治亚州）、罗纳德·里根（加州）、比尔·克林顿（阿肯色州）与乔治·W. 布什（德克萨斯州）。其中三位担任过副总统（林登·约翰逊、理查德·尼克松与乔治·H. W. 布什）。老布什在成为总统之前还拥有中央情报局管理人员与联合国大使等行政经验。

相比之下，在这段期间内，那些不具备行政经验的总统候选人表现都不尽如人意。参议员巴里·高华德、乔治·麦戈文、罗伯特·多尔与约翰·克里都在总统选举中落败。

尽管希拉里担任选举职位，但她从不具备任何行政经验。在这一方面，赖斯占有绝对优势。她在斯坦福大学担任过六年教务长，掌控百万美元的预算，处理各类行政问题，这让她在管理方面拥有大量经验。担任国家安全顾问的时候，她手下监督人员的规模也不小；国务卿的职位又让她负责起大量外事机构，包括世界各地的 260 家使领馆及其他职位，以及 103 亿美元的预算。①

而希拉里则没有任何管理记录。在罗斯律师事务所担任律师的时候，她并不是合伙管理者之一，手下没有任何监督人员。作为美国第一夫人的时候，身边的人员与政治员工都非常有限，而所面临的管理难题充其量也不过

---

① 世界各地的 260 家使领馆：发表在 2005 年 8 月 7 日《管理职责与预算》上的《国务院与国际协助项目》（Department of State and International Assistance Programs）。www.whitehouse.gov/omb/budget/fy2005/state.html。

是为国宴设计菜单以及为白宫招待会安排嘉宾名单。而在其仅有的一次重要行政职位（担任卫生保健特别工作组的主席）上，她将大部分行政管理职责全都委任给伊拉·马加奇纳，结果证明完全为失策之举。

在美国参议院里，希拉里监督的人员大约只有一百名——其职责几乎无法与赖斯的国务卿职责相提并论。

然而，在选举或管理经验的问题之外，真正的问题难道不是要看这两个女人当上总统后的表现吗？她们如何有效处理日常总统压力以及随着工作出现的大量曝光机会？

我们来看看她们各自的记录吧。

作为第一夫人的时候，希拉里·克林顿对她的媒体曝光机会进行严格控制，故意避开新闻发布会，只允许经过精挑细选的新闻记者进行采访，而且对谈论话题也是设有诸多限制，防止他们把谈话内容带到可能对自己不利的领域。她在白宫的八年时间里，一直被新旧丑闻所煎熬。她的媒体策略是避免访谈与躲避新闻发布会。她只召开过一次处境艰难的新闻发布会：即所谓的桃色新闻发布会，在这次新闻发布会上，尽管第一夫人的社会角色非常光鲜，她还是不得不就某些丑闻一一做出回答。担任卫生保健特别工作组主席期间，希拉里鬼鬼祟祟的行为引起了一场联邦诉讼，这个诉讼试图保持这个团体审议的机密性。

作为参议员的时候，希拉里继续把自己的公共曝光机会只局限在精心策划的演讲与公开露面场合。她不召开新闻发布会，对所回答的问题也是严格把关。比如，在宣传《亲历历史》这本书的过程中，她告诉一家知名的电台脱口秀节目主持人，如果他同意不提出任何有关白宫丑闻的问题，她才愿意上这个节目。[①]

而赖斯自从担任乔治·W. 布什的外交发言人以来，直到目前的国务卿职务，她就一直成为公众关注的焦点。她与媒体之间的互动也从未间断过，

① 在宣传《亲历历史》这本书的过程中：2004 年 5 月，作者采访。

对所有的问题也是来者不拒。在国际舞台上，为了避免引起不必要的争议，她的评论都是字句斟酌。而且，这种情况从未出现过——她在这样一个万众瞩目的舞台上效力了五年，但却从未失手过一次。

尽管希拉里拼命地想控制媒体，但她在公共场合所发表的言论却是漏洞百出，错误层出不穷。

● 比如，在1992年选举活动中，她的言论就遭到全国上下一片嘲笑，她说自己是一名职业女性，不愿"待在家里制作甜点、准备茶水"。

● 1994年，她对于卫生保健提议的愚蠢辩护导致提议在民主党控制的参议院委员会中遭到拒绝，委员会拒绝将提议送往议员席进行投票。

● 她努力对罗斯事务所丢失的账单记录做出解释，这成为无数深夜喜剧演员笑话的来源。

● 她试图将莱温斯基丑闻归咎为"重大的右翼阴谋"，因此而获得妄想症与狂热的党派偏见的名声。

● 她声称她的名字是按照登上珠穆朗玛峰的英雄人物埃德蒙·希拉里爵士（Sir Edmund Hillary，她出生五年后埃德蒙才攀上珠峰）而取名，这一言论再次遭到广泛嘲弄。

● 有本书揭露希拉里在白宫求助神秘的琼·休斯顿（Jean Houston），让她作为"灵媒"向自己的前任——第一夫人埃莉诺·罗斯福寻求建议，这一事件让希拉里尴尬不已。

● 在2000年她开始竞选参议员的时候，她不得不对自己两年前所发表的评论做出解释，她当时支持某个巴勒斯坦国家。

● 她同样不得不花大量时间，对在某次访问中东期间亲吻亚西尔·阿拉法特的妻子这一事件做出解释。

● 当她竞选纽约参议员时，声称自己是纽约洋基队的忠实球迷，这一说法迎来笑声无数。

在她成为参议员之后，仍然继续上演着这种荒唐的言论：

● 在圣路易斯的一次演讲中，在称赞印度独立领袖甘地的时候，希拉里开了一个种族玩笑，说甘地"曾在圣路易斯撞过一个加油站"。①

● 在 2004 年 2 月 24 日，希拉里表示，与美国占领时期相比，伊拉克女性在萨达姆·侯赛因的统治之下生活得更加幸福。在萨达姆政权统治下，她认为，女性"有机会学习、工作，进入政府部门与商界，只要她们不插手（萨达姆）政权，她们还是有大量的行动自由"。② 希拉里将这种情况与当今的普遍情况（"女性朋友告诉我她们不能出门"，面临各种限制）进行比较。（令人奇怪的是，她对萨达姆在监狱里以及用毒气杀害无数女性受害者却只字不提。）

● 在 2004 年 4 月，希拉里·克林顿接受了一位国际记者的采访，在这次访谈中，她对布什总统与伊拉克战争大肆批判。阿拉伯国家对她的评论进行重印。比如，伊朗通讯社—迈赫尔通讯社引用了她的话："美国深陷伊拉克这块沼泽地"，并且把布什政府的政策说成"傲慢无礼"。③ 她表示，布什"不愿意承认自己在伊拉克这个问题上所犯的错误，这些严重错误危及伊拉克人民与美国军人的生活"。她叱责布什"危害到和平与地方稳定性"。当克林顿夫人的言论通过 MSNBC 的新闻评论员乔·斯卡布罗（Joe Scarborough）广播出去以后，希拉里的参议院办公室当即就否认了曾对阿拉伯新闻媒体或对布什总统发表过任何评论。斯卡布罗表示，"我们的制作人立即对消息来源进行核实，并找到了采访克林顿参议员的这位记者，到中午的时候我们已经证实确实进行过这样一次采访。然后参议院的新闻处秘书开

① "撞过一个加油站"：乔·马霍尼（Joe Mahoney）发表于 2004 年 1 月 7 日《纽约日报》上的《希拉里关于甘地加油站的笑话引起轩然大波》（Hil's Grandhi Gas Jockey Joke Fuels Row）。www. nydailynews. com/front/story/152686p - 134376c. html.

② "有机会学习"：希拉里·海德罗姆·克林顿参议员于 2004 年 2 月 25 日在布鲁克林领袖论坛上的讲话——《有关我们这个时代的国家安全问题的讲话：反恐斗争与大规模破坏性武器的传播》（Fighting Terror and the Spread of Weapons of Mass Destruction）。www. brook. edu/dybdocroot/comm/events/20040225. pdf.

③ "美国深陷伊拉克"：卡尔·林巴切尔 2004 年 8 月 22 日发表于 NewsMax. com 上的《希拉里在阿拉伯媒体上攻击布什》（Hillary Blasts Bush in Arab Press）。www. newsmax. com/archives/ic/2004/4/27/105458. shtml.

始放弃原来的主张……并承认希拉里接受过访问，而且她的确知道这位记者是面向国际听众的，她也确实批评了布什总统。"

我们将希拉里的失言记录及在公共场合的拙劣表现与赖斯无懈可击的公开露面比照一下，然后问问您自己，哪一位女性已经为她们的事业鼎盛期做好了准备？

但是康迪没有内政经验！

对于赖斯可能成为总统候选人，认为她内政记录不足的批评则比较合理。她如何处理我们最迫切的问题，对此我们还真的一无所知，而且我们无法参照某个投票记录去了解她的立场。她只是在国际事务上为人所熟知。

但是许多总统上任之前的记录不是侧重于国内事务，就是侧重于国际事务。就拿比尔·克林顿来说吧，他唯一一次外交经历就是在国际烤饼店就餐。而且，除了在担任阿肯色州州长期间与其他国家进行贸易谈判之外，他没有任何外交事务方面的背景，这一点千真万确。而在另一方面，德怀特·艾森豪威尔只拥有外交事务经验，他在二战期间一直担任盟军司令，战后担任北大西洋公约组织司令官。他在没有任何内政基础的情况下就职，但是他在20世纪50年代所掌管的美国是美国历史上最繁荣昌盛的时期之一。哈里·杜鲁门（Harry Truman）总统在位期间创建北大西洋公约、制定马歇尔计划、杜鲁门主义、柏林空运与苏联遏制政策等，并打响朝鲜战争，而他就职的时候完全没有外交方面的经验。在外交事务上不太成功的林登·约翰逊在国际关系上也毫无经验可言。吉米·卡特、罗纳德·里根与乔治·W.布什在成为总统的时候都没有国际事务方面的背景。

在内政或外交事务方面缺乏有力背景的总统往往会在他们薄弱的环节加强自我训练，反而会比有经验的同事表现得更为出色。

但是，认为康多莉扎·赖斯在最重要的内政方面都缺乏经验，这种说法是不准确的。在过去五年内最重要的国内事务——防恐国土安全问题方面，并没有几个人能与赖斯相提并论。与单纯的美国参议员记录相比，她在国家安全问题方面的丰富经验让她更有资格保护我们免遭类似 9/11 恐怖事件的再次发生。到了 2008 年，她将会花八年的时间到达国家安全问题这条食物链的顶端。到时候她将会接触到各类精英人士，当国土受到恐怖威胁时，在所应采取的反应方面成为重要决策者。谈到处理内政，有哪方面经验比这个更重要呢？

谈到希拉里认为最重要的教育问题，赖斯在斯坦福担任教授与教务长的经历无疑让她比这位纽约参议员更具有明显的优势。赖斯是一位教育者；希拉里只不过撰写教育文章。除了教育切尔西以外，希拉里仅有的一次亲身教育经历就是努力对阿肯色州（美国最落后的地区之一）的学校制度进行改革，但结果并不太成功。而赖斯，做了十年的大学教授，并在重要大学里担任高级管理者长达六年以上。

希拉里声称自己在三个主要领域具备专业知识：教育、卫生保健与恐怖主义。显而易见，在教育与恐怖主义这两方面，赖斯轻而易举地就占了上风。希拉里在卫生保健方面的"经验"难道不最能说明她不具备总统资格吗？

无论如何，在如今距离越来越小的世界，外交事务与内政之间的差别也变得日益模糊。这两者之间相互缠绕，不可分离，就如同 DNA 的双螺旋结构。这两者结合起来，将决定我们所居住的这个世界会呈现什么面貌。比如，如果无数份工作都依赖于对其他国家的出口，那么如何将国际贸易政策与国内就业问题区分开来？调整与中国的贸易关系以及纠正进出口之间巨大的失衡现象难道对降低美国的失业率不至关重要吗？美国工作外包到底属于外交问题还是内政？显然，两者兼而有之。再如，保护美国在国外的知识产权会对国内经济的健康发展起到关键作用。

对经济管理至关重要的财政与货币政策是全球头号问题。对于外汇来说，美元不论下跌还是上涨，都有助于决定美国出口以及就业情况的命运。外币的涌入无疑会对纯粹的国内交易形成打击，同样，国际事务要比狭隘的国内利益更为重要。

有关贫困、失业、学校过度拥挤以及医疗体系等方面的问题是否就能够与非法移民及边境安全维护等问题剥离开来？理解与墨西哥的双边关系难道不会让一位国务卿知道，有必要去了解南加州、亚利桑那州与德克萨斯州的问题吗？

　　赖斯在布什政府所处理的众多问题看似是国际问题，但其实我们也可把它们称作内政。比如，在早期，赖斯就因某个与非洲艾滋病作斗争的重要项目对布什总统施加压力。除国务卿科林·鲍威尔外，赖斯也是说服布什总统拨出 2 亿美元作为预防艾滋、结核与疟疾等全球基金的关键人物。① 在病情最严重的地区（尤其在南部非洲）准备拨款 150 亿美元，用以抵制艾滋病，而这笔款项不过是其中一部分。

　　身为国务卿，赖斯需要直接面对重要的环境问题，她需要处理有关气候变化方面的担心，对布什拒绝签署有关全球变暖的京都协议表示支持。

　　当她掌握人权与反恐需要之间的平衡时，我们能够意识到，她在最近几年困扰我们国家的问题上所代表的立场。同样，当全球人口控制问题与宗教权利对出生控制及堕胎的憎恶情绪相互冲突的时候，我们可以更加清楚地了解赖斯的为人，以及她在我们所面临的关键问题上的立场。

　　在一些重要内政方面，赖斯也已经明白说出自己的观点。而且，她的观点似乎都来自于自己的背景及其深思熟虑的结果。

　　比如，她在反对枪支控制立法方面坚持自己"绝对支持第二条修正案"——这一立场来自其童年经历，她亲眼所见自己的父亲与另一名巡逻者将三 K 党赶出了他们的社区。尽管法律希望换个思维角度，但赖斯始终也无法忘记拥有武器进行自我保护的重要性。

　　作为平权计划的受益者，赖斯支持大学招生应以种族为优先参考标准，在这一点上不惜与布什总统闹翻。在一篇有关 2003 年综览的书面声明中，

---

　　① 拨出 2 亿美元：雪莉·汉德森·布兰特（Sheryl Henderson Blunt）刊登在 2003 年 8 月 22 日《今日基督教》上的《镇定自若的康迪·赖斯：世界上最强大的女性为什么要向上帝求助》（The Unflappable Condi Rice: Why the World's Most Powerful Woman Asks God for Help）。www. christianitytoday. com/ct/2003/009/1. 42. html。

赖斯说到，"我赞成总统的立场，强调民族多样性的需要，认识到种族偏见的残余，并有必要与之进行斗争。"① 但是她接着又表示，"我认为，尽管种族中立手段具有可取性，但是为了实现学生群体的多样性，种族仍然是一项适当的考虑因素"——这个立场与布什反对种族平权计划不一致。（然而，正如前面所提到的，赖斯认为平权计划应该仅止于打开机会之门，而不应为那些并不具备真正实力的教授确保终身职位。）

在政治上引起强烈争议的堕胎问题，赖斯对布什总统的观点表示强烈认同——"我们必须学会尊重，而且需要拥有一个尊重生命的文化。"② "我们必须为之努力，让大家来尊重（这个生命文化），"她表示，"尽可能地减少堕胎现象。"尽管持有这种观点，她仍然把自己称为"温和的亲选择派"，因为她考虑到"在这个问题上的政府角色"。她承认，她对父母选择与父母通知单表示"强烈"支持，而且她反对晚期堕胎。在联邦资助堕胎这个问题上，她继续持反对意见，"因为我相信，那些道德观念强烈的人不应被迫为这件事情提供资助。"

但是一名女性（而且一名黑人女性）
能赢得总统职位吗？

在事情发生之前，我们都不会确切地知道一名黑人女性在全国总统选举中会有怎样的表现。在国会中，黑人女性成员并不太多，而且在她们所代表的选区，选民几乎都是由非洲裔美国人组成。没有一位黑人女性坐镇参议院，参议院里只有一名成员是非洲裔美国人——伊利诺伊州参议员巴拉克·奥巴马（Barack Obama）。

---

① "我赞成总统的立场"：刊登在 2003 年 1 月 23 日《黑人评论员》上的评论《康多莉扎·赖斯：魔鬼的侍女》（Condoleezza Rice：The Devil's Handmaiden）。www. blackcommentator. com/ 26/26_ commentary. html。

② "我们必须学会尊重"：《华盛顿时报》编辑与记者对国务卿康多莉扎·赖斯的采访副本。www. washingtontimes. com/world/20050311 - 102521 - 9024r. htm。

但是，我们已经看到，全国民调显示女性具有当选总统的可能性。两位女性可能同台竞技的现象，把问题的重点转移到这个国家是否已经做好接受一位女总统的心理准备。在 2005 年 4 月，民意调查人斯科特·拉斯姆森报道，72% 的美国人"表示愿意为一名女性总统投票……（其中包括）75% 的美国女性与 68% 的美国男性"。① 但是美国人仍然在问这个问题：我们是否准备好去接受一位女总统？我们不断问这个问题的原因是，尽管 72% 的人表示愿意为女性候选人投票，但只有 49% 的人认为"在他们的亲朋好友与同事中，大多数人可能会愿意投票支持女总统。"

　　换句话说，美国人需要就此事进行讨论！您可能想知道自己的邻居是否认为全国人民都已经做好接受女总统的心理准备，但是，如果您这么认为的话，您的邻居可能也是一样。

　　对于女总统的支持跨越党派之争。84% 的民主党人表示愿意投票支持女性候选人，而表示支持的共和党人占 61%。（希拉里·克林顿作为潜在总统候选人已经产生了巨大的宣传效应，这有充分的理由削弱共和党人支持女总统这一调查结果的真实性；如果表示支持的回答不是指向**那位**特定的女性，多数共和党拥护者可能会给出肯定答案。）

　　我们无需依赖调查结果来衡量自己是否愿意支持女总统候选人。目前，有 14 位女性效力于美国参议院，她们分别来自纽约州、马里兰州、密歇根州、北加州、路易斯安那州、阿肯色州、阿拉斯加州与德克萨斯州等不同地方。② 在缅因州、华盛顿与加州的参议员也均为女性。另外，还有 8 位女州长，任职于众议院的女性也有 59 人。③

---

①　"表示愿意为一名女性总统投票"：2005 年 4 月 6 ~ 7 日《拉斯姆森报道》，斯科特·拉斯姆森进行的千人大调查。www. rasmussenreports. com/2005/Woman% 20President. htm。

②　有 14 位女性效力于：白宫计划，《目前政治领袖印象》（Snapshots of Current Political Leadership）。www. thewhitehouseproject. org/know_ facts/snapshots_ women. html。

③　众议院的女性也有 59 人：若歌大学女性与政治中心，《2003 ~ 2005 年效力于第 108 任国会的女性》（Women Serving in the 108th Congress 2003 – 05）。www. cawp. rutgers. edu/Facts/Officeholders/cong03. html。

然而，非洲裔美国人又是怎样一种情况呢？一名黑人候选人能否当选为总统？即使在十年前，人们有一阵子对科林·鲍威尔竞选总统表现出莫大的兴趣，当时的支持人数也居高不下。克林顿政府的内部调查显示，鲍威尔将以52比44的优势击败现任总统。尽管这位将军最终放弃竞选，但是他显然具有当选的可能性。身为黑人可能不是赖斯成为总统候选人的真正障碍。实际上，这可能会是一项重大资源。除了她能够从民主党那里攫取非洲裔选民的选票以外，人们在1996年对鲍威尔所表现出来的热情在某种程度上也揭露了当代美国在种族关系上的一个事实：多数白人可能渴望为某个非洲裔美国人投票支持，以消除我们国家的种族主义残余。

试想一下，赖斯的胜利对美国的非洲裔男孩和女孩来说将意味着什么！其意义在于告诉他们，没有他们克服不了的障碍。这将会给所有企业、院校、董事会及政府机构传递一个信息，那就是只会做表面文章的时代已经一去不复返，现在保留的是真正的民族多样性。

如果说20世纪60年代的民权运动受萦绕心头的歌曲"我们必胜"所激励，那么康多莉扎·赖斯当选为总统将具有非统寻常的意义："我们**终于胜利**。"除了康迪本身所具有的总统潜质以外，这个可能也是值得投票支持的原因之一。

但是……怎么看待她的社交生活？

被问及未婚女性的生活，赖斯谈到，"我是个非常虔诚的人，我一直认为，如果我注定会结婚，那么上帝一定会为我找一个生活伴侣。"[①]

她差点进入婚姻的一个契机令人意想不到，竟然是橄榄球。在康迪年轻的时候，她的社交生活似乎总离不开橄榄球。赖斯被父亲带入这个体育世界

---

① "我是个非常虔诚的人"：安东尼娅·费利克斯，《康迪：康多莉扎·赖斯的故事》，纽约：新市场出版社，2005，第19页。

之后，就成为一名狂热的球迷，据说她还是位十分专业的球迷。而她的社交生活，就如其传记作者安东尼娅·费利克斯所说的那样，"围绕橄榄球而展开"。在赖斯 23 岁的时候，她与丹佛野马队的一名球员开始约会，他们的关系很快就步入正轨。康迪的朋友德波拉·卡尔森（Deborah Carlson）表示，她的男友曾是这支球队的"主力球员"。她的传记作者对当时的情景这样描写到，"康迪与美国职业橄榄球联赛的太太团打成一片，她与她们一起坐在嘉宾席上，成为职业橄榄球联赛核心集团的一名可爱的成员。"这对情侣最终订婚；赖斯"挑选婚纱，并与母亲开始为婚事进行张罗"。卡尔森告诉费利克斯，"她当时真的希望能够嫁给他"。[1]

但是不久之后，这对情侣取消婚约，并结束关系。"我完全不知道发生了什么，"卡尔森说到，"他们并没有大吵大闹；我想他们只是意识到再也不能融洽相处了。"[2]

费利克斯写到："她之后也与更多橄榄球球员以及其他行业里的男士约会过。"[3] 但是，再也未涉及婚嫁。

美国人是否会接受一位单身女总统？考虑一下这个：42% 的美国成人女性都为单身，也就是说，五个美国人中就有一位单身成人女性。她们为什么不投票支持自己队伍中的一分子呢？

但是，万一她拒绝参选，该怎么办？

无论是过去还是现在，康迪一直都是拒绝态度。至少在她改变主意以前，她将会继续说"不"。

从她的话语中可窥见一斑。她没有竞选总统的"计划"。她"从未想过"参加竞选。对她来说，很难"想象"自己"扮演那个角色"。她对总统竞选

---

① "她当时真的希望能够嫁给他"：《康迪》，第 110 页。
② "我完全不知道发生了什么"：《康迪》。
③ "她之后也与更多橄榄球球员"：《康迪》，第 111 页。

"没有兴趣"。她没有参加竞选的"意图"。总而言之，她表示不会参加竞选。

明白了吗？

赖斯可能坚信自己不会参加 2008 年的总统选举。但是，如果美国人民希望她参加竞选，他们会为她设计角色……将伟大强冠在她身上。

如果他们做到这一点，她会参加竞选。

赖斯拒绝的真正意思在于希望其候选资格来自选民的推动力，而不是源自于她自己（除非她仿效谢尔曼，如果被提名，就拒绝参加竞选，如果当选，就拒绝就职）。

每一位候选人都会故作姿态，假装是支持者在推动他们采取行动来谋求职位。自从乔治·华盛顿之后，每一位候选人都沉湎于这样一个假象当中：职位在寻找他们，尽管事实可能完全相反。即使这位候选人成天与民意调查人、战略顾问、媒体、直接邮件顾问、现场组织者、先遣人员、调度程序员、会议规划者、资金筹集者、主要捐赠人以及党派首领聚在一起为总统选举进行策划，也仍然是职位在寻找候选人。

但是康多莉扎·赖斯的确是这么认为的。她并不打算参加竞选。毕竟，她的日常工作就已经相当的费力劳神。克林顿、克里、麦凯恩及其他潜在候选人将保留参议员职位——这充其量不过是一份兼职工作，可以腾出大量时间来参加竞选。不论是克里，还是爱德华兹、麦凯恩或利伯曼，在 2000 年或 2004 年的时候都认为如果参加选举，就有必要离开参议院。朱利安尼与爱德华兹都在私营部门工作，因此日程安排相对灵活。

而康多莉扎·赖斯身为国务卿——这可不是什么兼职工作。她目前的职位不仅不允许她有任何时间来为总统选举做准备，而且也没有丝毫精力来应付选举工作。更重要的是，她无法同时一仆二主。她要么全心为布什总统与这个国家效力，努力实现总统目标与外交政策目标，要么就投入到自己的总统选举活动中去。这种分裂并不像表面看上去那么简单。归根到底，她必须只有一个目标：作为国务卿效力于自己的国家与这个世界。

但在另一方面，她的支持者有自由为她制定总统候选资格的计划。如果他们希望赖斯参加选举，他们会为此注入自己的精力：广泛宣传、筹集资金、组织代表、赢得候选人提拔会以及在大会议员席上提名她为候选人等等，她因此而成为 2008 年共和党总统候选人。

他们唯一不会浪费时间去做的事情就是央求赖斯参加竞选。她如果拒绝，他们也不会伤心失望。他们都是一群勤勤恳恳的追随者，会坚持不懈，并会让她看到他们的热情。在如今野心膨胀、自我追逐的这样一个政治时代，选民们难道不会对一位尽职尽责、以他人意愿为服务目的的人物表示欢迎吗？

她是否希望参加竞选？答案可能是否定的。她可能从未把自己当成政治家。显然，她真正想参加选举的机构是国家橄榄球职业联盟。费利克斯声称，谈到如果布什州长当选为总统，她是否希望成为国家安全顾问时，赖斯回答得非常委婉，但是她补充了一句，她的梦想职位是美国国家橄榄球职业联盟的负责人，"所有了解我的人都知道这千真万确"。她表示，如果布什当选为总统，但是她"有机会获得国家橄榄球职业联盟工作的话，州长只能靠他自己了"。①

康迪与国会竞选相提并论的唯一一次机会是选举职位成为任命职位的那一次。在 1990 年，加州共和党籍参议员彼得·威尔森（Peter Wilson）当选为州长。威尔森辞去之前工作以后，必须任命一位接任者。（如果一名参议员中途退职，由州长［在这个实例中是威尔森本人］来任命接任者。）

当威尔森为这个职位在加州网罗人选的时候，布什政府向他推荐了康多莉扎·赖斯。据说赖斯只草草地向威尔森递了份就职报告，结果州参议员约翰·西摩（John Seymour）获得该职位。尽管康迪表示对任命职位不感兴趣，但她也从未要求撤销对她的提名。

赖斯差点为某个选举职位竞选是在加州居民请愿要求他们的民主党州长格雷·戴维斯（Gray Davids）下台那一次。在散布的诸多共和党人的名字当中，最有可能与戴维斯抗衡的就是康多莉扎·赖斯。2003 年 4 月由萨克拉门

---

① "国家橄榄球职业联盟工作"：《康迪》，第 17 页。

托共和党政治顾问雷·麦克纳利（Ray McNally）所进行的民调发现，康迪将会以 66 比 17 的优势战胜施瓦辛格，并会击败两位最主要的民主党候选人。①

这个时候，赖斯似乎对竞选采取比较接受的态度。据《圣何塞水星报》报道，"赖斯，48 岁，对自己的意图总是三缄其口，然而那些了解她的人都表示，这个州的最高位置可能对她才具有吸引力。她并未公开表达过自己的兴趣，也未采取任何明显的措施来为竞选活动铺路。但是共和党重要人士都认为，只要她考虑参选，她的前景就是一片光明。"

她在斯坦福的同事科伊特·布莱克告诉《圣何塞水星报》，"她从未对我说过，'这（竞选州长）是我要考虑的事情，这是我希望发生的事情。'……但是，机会自然降临到她身上与她自己积极去争取这个机会，这两者迥然不同。如果时机合适，我个人的想法是，她可能会为了迎接这个挑战而做准备。"②

对她来说，康迪现在对参加总统选举的态度同样也是犹抱琵琶半遮面。"这事不在我的日程安排上。"她在加州被问及竞选州长的时候表示。③ "而且我手头的工作已经排得很满。"她接着又补充了一句。但是，她在这里也仍没有给出谢尔曼式的誓言。

在这样一个利欲熏心的政治时代，是否可以选拔一名总统候选人？是的，可以。而且不仅如此：2004 年总统选举活动记录表明，自从财团老板控制选举过程以来，在如今，选拔这个趋势的成功几率比以往任何时候都要大。在 2004 年，政治发生了翻天覆地的变化，人民成为积极参与者——在这种特定的情形下，选拔总统可能将是大势所趋。

---

① 康迪将会以：吉姆·普赞格拉（Jim Puzzanghera）发表于 2003 年 6 月 18 日《圣何塞水星报》上的《有人表示，赖斯比比尔更适合当州长》（Rice Fits Bill for Governor, Some Say）。www.freerepublic.com/focus/f-news/931618/posts。

② "这（竞选州长）是我要考虑的事情"：《有人表示，赖斯比比尔更适合当州长》。

③ "这事不在我的日程安排上"：《有人表示，赖斯比比尔更适合当州长》。

第十章

2004 年：翻天覆地的政治年

在 2004 年的总统选举活动中，对于两党的极端情绪与激烈热情犹如星星之火般在政治这片草原上熊熊燃烧。这是一种全新的政治形式，它改变了总统选举过程，并标志着媒体控制时代的结束：选民最终超越观众的角色，成为总统候选人选拔过程中的全权参与者。

正是这些政治变化才使得康多莉扎·赖斯有可能被选拔为总统候选人。

在 2004 年以前，选民们都是坐在看台上，观看着政治大戏在他们面前上演。在电视上，他们对会议、辩论、广告与广播讲话亦步亦趋，并形成相应的政治观点。除了在酒吧或晚宴上和善的党派对话之外，从本质上来讲，他们扮演着被动角色。唯一要求他们所做的事情就是接听电话，回答民意调查者的问题，让他们在选举日当天投票选举。此时，选民们不过是形同虚设，有名无实。

没有人会指望普通人资助总统选举活动。尽管直接邮件铺天盖地，但是活动管理者从来都没期望邮件回复率超过 2% 以上。整个活动全都仰赖于大亨们（捐款项目都在五位数、六位数甚至七位数的捐赠者）来为他们最喜欢的候选人或傀儡一掷千金。

自从约翰·F. 肯尼迪以他优雅的外表与雄辩的才华令我们深深着迷以来，电视就成了选举过程中的关键因素。在媒体时代，政治可以说跟电视是分不开的。展现政治的舞台就成了电视辩论、媒体广告、新闻采访、新闻报道、面向全国观众转播的机场新闻发布会以及周日上午的访谈节目等。电视效果让选民变得越来越麻木，逐渐令他们沦为被动的看客。

约翰·肯尼迪通过电视辩论说服我们，他风华正茂，而尼克松已经垂垂老矣。林登·约翰逊通过一个由媒体权威人士托尼·施瓦茨（Tony Schwartz）制作的广告片——这支臭名昭著的雏菊广告展示了原子弹爆炸的情景——让我们了解到高华德是一个危险的好战分子。尼克松利用各个精心掌控的电视证明大会，向公众呈现一个"全新"的形象，从而使自己的事业起死回生。吉米·卡特极具感染力的笑容与罗纳德·里根的迷人魅力无疑也都是通过电视展现在观众面前。当比尔与希拉里不得不从珍妮弗·弗劳尔斯①的谴责声中恢复元气时，他们接受了美国老牌电视新闻节目《60分钟》的采访。当布什在2000年的总统辩论上出人意料地战胜艾尔·戈尔的时候，也正是电视把这一惊喜传送到千家万户。

但是，电视新闻本身始终都是由精英印刷媒体所操控。像《纽约时报》、《华盛顿邮报》、《华尔街日报》、《洛杉矶时代》以及最近的《今日美国》所报道的内容成为各大新闻机构的线索。每周一，《时代》、《新闻周刊》以及《美国新闻与世界报道》都会奉上一致的观点，以它们的特别报道来帮助设定当周的政治议程。为这些新闻机构出版、编辑与撰稿的新闻精英可谓是操控政治的幕后高手。

媒体时代的白宫生活围绕与媒体之间的对话而展开。控制白宫决策流程的不是国会、行政系统或法院，而是媒体。猜测新闻界与电视将作何反应正是白宫工作人员与顾问们日思夜想的问题。曾经有一次，比尔·克林顿在做完一次学生演讲之后，告诉我他是如何解释政府运转方式的。"他们没有意识到，是媒体在运转政府，"他不无感伤地说道，"他们还以为是我在管理政府呢。"

随着媒体加固其对政治的统治地位，资金筹集者与捐赠者（他们可以将大把资金砸在电视广告上）的重要性就显得尤为关键。政治顾问也变得日益重要起来，因为他们会帮助候选人决定电视讲话内容。

在克林顿白宫工作的时候，我的职业范围就包括为总统撰写每天的媒体声明。我可能只需写出十秒钟左右的声明核心内容，然后再将这部分内容转交给撰写发言稿的工作人员。我的指示是，"尽量将剩下的声明内容写得枯燥乏味，这样一来，媒体就别无选择，只能报道我的讲话内容了。"

在媒体时代，只有一小群人（可能不到两百人）成为该体系的长期主

---

① 曾是克林顿的秘书。1992年克林顿竞选美国总统时，她声称自己和克林顿保持了十二年之久的特殊关系，著有《与克林顿同床》一书。——译者注

宰者。

　　媒体本身已经从政治党魁那里获取政权，自从托马斯·杰弗逊（Thomas Jefferson）、詹姆斯·麦迪逊（James Madison）与阿伦·伯尔（Aaron Burr）在 1800 年创建政党，以及安德鲁·杰克逊（Andrew Jackson）与马丁·范·布伦（Martin Van Buren）在 1828 年对政党进行改良以来，政治就一直由党魁在操作。在 20 世纪 60 年代电视开始抢夺他们的权力之前，政党候选人都是由党魁来选拔，这些党魁群聚一堂，在烟雾缭绕的房间里商议着决策，仿佛一帮黑手党首领在瓜分地盘。只有几个州设立总统候选人选拔会，但是大多数州（包括面积最大的几个州）的选民都没有选举候选人的真正权力。一个州的整个大会代表团将支持谁，这个决定通常都是由某个大权独揽的男性（不可能是女性）说了算。

　　直到 1960 年，约翰·肯尼迪在候选人选拔会中获胜，从而获得提名，这时，选民的选择才作为考虑因素。（约翰·肯尼迪认为他必须证明一名天主教徒能够获胜，因此他在预测自己在候选人选拔会上的表现时采取了与众不同的步骤。）到了 1964 年，右翼分子巴里·高华德通过在加州的候选人选拔会上击败纽约州州长尼尔森·洛克菲勒（Nelson Rockefeller）而打倒共和党当权派，从而获得共和党提名。自从 1968 年以后，候选人选拔会成为普遍现象，当时受民主党提名的副总统休伯特·汉弗莱（Hubert H. Humphrey）就未进入任何一次候选人选拔会。参议员乔治·麦戈文与尤金·麦卡锡（Eugene McCarthy）的反战支持者（以及被刺杀的罗伯特·肯尼迪以前的支持者）纷纷要求改革，并迫使政党核心机构要求在每个州设立候选人选拔会或政党会议。党魁的权力从此结束。电视开始掌权。

　　在媒体时代，每一次的活动广告、两位候选人的讲话、重要报纸的剪报以及夜间新闻报道等都能让我们对正在发生的事情了如指掌。我在 1996 年为克林顿竞选工作的时候，就是对这些新闻来源进行搜集，就好像一名外科医生在整个手术过程中核对重要的标志一样。

　　每天晚上我都会在酒店房间里观看几盘三大电视广播网的新闻节目。我向工作人员了解每位候选人耗时多少秒的讲话时间、讲话主题、正面报导占报道内容的百分比以及哪些内容为重要内容等。我每天还要为 25 份地方报纸的头版内容写一份总结，并阅读《纽约时报》、《华盛顿邮报》、《今日美国》与《华尔街日报》。跟随总统的工作人员还会给我发送总统及共和党对手鲍勃·多尔当天的讲演选段。我观看我们政党以及对手的广告录像带。为了对整个选举活动有一个全面认识，我需要了解以上种种内容。

这是振奋人心、其乐无穷的岁月。然而，这段岁月也一去不复返了。

到了 2004 年，选举过程突然变得更加多元化。控制对话的不仅仅是候选人或政党，甚至也不仅是他们的特殊利益团体，如出庭辩护律师、工会、医疗协会或商业团体等。现在，数百万人加入到选举过程中来，这些人自由支配各种手段与选民进行沟通。不论其工作团队有多么庞大，在 2004 年大选中，没有一个人能掌握事情的经过，哪怕只是其中的一部分。

在 2004 年，普通民众取代媒体机构，占领了我们政治体系的控制地位。在意义重大的这一年里，美国人民终于从他们的扶手椅上起身，关掉电视，走出家门加入到选举过程中来。

回顾历史，当人们想起 2004 年的时候，令人称道的应该不是布什的再次当选。正如多数人认为，在 1960 年竞选活动中，电视辩论要比肯尼迪战胜尼克松更具有长远的历史意义，以后的政治学专家可能会把 2004 年认为是媒体丧失其在选举过程中垄断地位的一年。突然之间，电视就莫名其妙地只成为政治游戏的一个参与者而已。

首先，书籍出现了。50 种政治书籍上了 2004 年《纽约时报》的畅销书榜单。根据《出版者周刊》的消息，在前 30 本纪实文学书籍中，就有 10 本关于政治与总统选举。

在过去的选举活动中，都是在计算投票票数之后才出书。西奥多·怀特（Theodore White）所著的《总统的诞生》系列丛书以及其他类似书籍都是在选举活动结束后对所发生的情况进行分析。书籍出版时间过长以及公众兴趣过于有限，使得书籍在选票揭晓之前很难成为有说服力的一项重要元素。

但是在 2004 年，有关两大政治势力的书籍占据了各大书店、网站与谈话节目。① 左派书籍有来自《天天秀》节目的乔恩·斯图尔特（Jon Stewart）所著的《美国》，该书共售出 1519000 册；艾尔·弗兰肯（Al Franken）所著的《谎言与说谎者》（1030450 册）；迈克尔·摩尔（Michael Moore）在 2003 年 10 月出版的《小子，哪儿是我的国家？》（806892 册）；姬蒂·凯利（Kitty Kelley）所著的《家族》，讲述的是有关布什家族的负面故事（715000 册）；理查德·A. 克拉克（Richard A. Clarke）所著的《对抗所有的敌人》（540000 册）；穆琳·多德（Maureen Dowd）所著的《布什世家》（282000 册）；朗·苏斯金德（Ron Suskind）所著的《忠诚的代价》（178000 册）；迈克尔·摩尔（Michael Moore）所著的《他们是否会再信任我们？》（235000 册）；佚名所著的《帝国的傲慢》（这与 20 世纪 90 年代创作《原色》的作者佚名并非同一人，210000 册）；托马斯·弗兰克（Thomas Frank）创作的《堪萨斯怎么了？》（187000 册）；约翰·迪恩（John Dean）所著的《其恶甚于水门》（169000 册）；凯文·菲利普（Kevin Phillips）创作的《美国王朝》（168000 册）；西摩·M. 荷西（Seymour M. Hersh）所著的《控制链》（111000 册）。这些书籍共售出六百万册。但是，还应该再算上克林顿自传《我的生活》，其两百万的销售量还是颇具影响力——尤其要考虑到每册书的篇幅！

然而保守派作者的产量也毫不逊色。比尔·欧瑞利（Bill O'Reilly）所著的《您是谁的物色对象？》（共售出 932750 册）；约翰·奥尼尔（John O'Neill）与杰罗姆·R. 科尔希（Jerome R. Corsi）合著的《难堪大任》（814000 册）；托米·弗兰克（Tommy Franks）将军创作的《美国士兵》（660000 册）；西恩·汉尼提创作的《大急救》（527000 册）；安·库尔特（Ann Coulter）所著的《（如果必须）如何与自由党人交谈》（445000 册）；

---

① 但是在 2004 年：Bookscan（www. bookscan. com）是一家记录美国图书销量的机构。由于并不是所有卖家都向 Bookscan 汇报自己的销售，因此其数据可能会低于实际销售量。

卡伦·休斯 (Karen Hughes) 创作的《偏离常态十分钟》(321000 册)；扎尔·米勒 (Zell Miller) 所著的《走向衰落的美国民主党》(172568 册)；史蒂芬·曼斯菲尔德 (Stephen Mansfield) 所著的《乔治·W. 布什的忠诚》(151000 册)；我们所创作的《重写历史》(106000 册)；大卫·T. 哈迪 (David T. Hardy) 与杰森·克拉克 (Jason Clarke) 合著的《迈克尔·摩尔是又胖又蠢的美国白人》(105000 册)；约翰·麦凯恩 (John McCain) 所著的《为什么重要的是勇气》(103000 册)：图书销售量共为 430 万册。

有些书籍不仅属于畅销书，而且本身就是新闻事件。理查德·克拉克的《对抗所有敌人：美国内部的反恐战争》在选举年的春季出版，这就有助于影响公共辩论。随着克拉克的书飙升至排行榜的榜首位置，它对布什政府反恐战争的攻击逐渐控制了调查 9/11 袭击事件委员会的听取意见。首先，克拉克本人在委员会以及数千万全国观众面前严厉斥责此项控告；接着，康多莉扎·赖斯对他的谴责代表政府做出回应。克拉克的书为左翼设定政治议程所起的作用，是克里与民主党都未所能及的。

水门事件的重罪犯约翰·迪恩因一本严厉批评总统的畅销书——《其恶甚于水门：揭秘总统乔治·W. 布什》而引起一场争论。攻击布什经济政策的书籍有《忠诚的代价：乔治·W. 布什、白宫与保罗·奥尼尔的教育》，在书中，这位前财政部长对他以前的上司进行激烈的抨击。但是右翼也不是省油的灯。由约翰·E. 奥尼尔与杰罗姆·R. 科尔希合著的《难堪大任：越战快艇战友质疑约翰·克里》给民主党的选举活动带来不少麻烦，使克里在休会之后处于守势。西恩·汉尼提创作的《大急救》因其对恐怖主义者及其自由主义辩护者的猛烈攻击而排在《时代》排行榜的榜首位置。保守运动中最敏锐也最风趣的作品当属风格独具的《(如果必须) 如何与自由党人交谈：安·库尔特眼中的世界》。

千万不要在选举前几个月去书店，因为政治书籍多得足以将书架压垮，很难从中找到平时阅读的惊险读物与饮食书籍。

为什么大家会抢购这些书籍呢？无非是为了在第二天的网站论坛上能够

大显身手。

在选举紧锣密鼓进行期间，闹哄哄的网络世界每天都有数百万人上演着激烈的政治辩论。聊天室成了辩论中心。互联网布告栏贴满了有关选举的信息。我每天至少都会收到一打来自各方的电子邮件，邮件内容都是关于辩论特点以及对他们有利的报道。

由克里斯·鲁迪（Chris Ruddy）负责的保守派网络通讯社 NewsMax 起到至关重要的作用。它利用在政党路线与政策以及对自由主义左派攻击等方面的最新消息，每小时对大量的谈话广播站与保守派发言人进行更新。克里或希拉里的每一次失误即刻就被传送给成千上万的互联网用户，然后再通过谈话广播站的无线电频率从东海岸传到西海岸。希拉里所谓的巨大右翼阴谋使得 NewsMax 的网页成为访问量为第六的互联网新闻网站，影响力完全可以与最重要的报纸、电视台与新闻杂志相提并论。① 其月刊杂志也是在竞选关键问题上对民主党展开全面攻击。

由于从 NewsMax 获取素材，保守派谈话节目每天也都是充斥着大量党派争论。带头示范的是至今仍无人能与之媲美的拉什·林堡（Rush Limbaugh）。每周有将近两千万听众虔诚地收听他有关来自竞选前线的最新消息，他的节目也从未让听众感到失望。

然而，有着 1200 万电台听众与 300 万电视观众的西恩·汉尼提却站在布什这一边开始了他自己的政治竞选活动。他像一名候选人那样在全国展开巡回活动，在"摇摆州"② 召集群众集会，将自己的电台节目提升到一个新的政治高度。他每晚还在电视上与自由党派嘉宾以及民主党同事阿伦·考姆斯（Alan Colmes）就竞选活动的发展情况进行辩论。

另外一个全国性电台谈话节目也提出了自己的辩论观点。劳拉·英格拉汉姆（Laura Ingraham）打破旧习的风格吸引了通常不太收听电台谈话节目

---

① NewsMax 的网页成为访问量为第六大：2005 年 4 月 20 日，NewsMax. com，作者对克里斯·鲁迪的采访。

② 指的是总统大选中战情最胶着，也最让参选者头疼的州。——译者注

的年轻听众。前总统尼克松政府工作人员 G. 戈登·利迪（G. Gordon Liddy）以其保守、亲战的节目聚拢了一批忠实的追随者，这有利于将自由党人远远地甩在身后。福克斯新闻的比尔·欧瑞利除了在黄金时间主持一档电视节目以外，还主持一个全国性的电台谈话节目，在这档电台谈话节目中，他对当晚电视节目中提及的话题加以发挥，发表长篇大论。福克斯新闻节目主持人托尼·斯诺（Tony Snow）也通过自己的谈话节目这个平台来发表诙谐深刻的见解。

但是，造成政治环境两极分化局面，对活跃政治气氛居功至伟的还是地方谈话节目主持人。亚特兰大的尼尔·波茨（Neal Boortz）、芝加哥的曼考（Mancow）、圣地亚哥的马克·拉尔森（Mark Larson）、洛杉矶的艾尔·兰特尔（Al Rantel）、纽约的鲍勃·格兰特（Bob Grant）、纳什维尔的史蒂文·基尔（Steven Gill）、罗利的基思·拉尔森（Keith Larson）、波士顿的豪伊·卡尔（Howie Carr）以及旧金山的罗恩·欧文（Ronn Owens）等，这些地方主持人在为布什或克里的竞选活动所起的宣传作用甚至比国家政党组织还要大。

如果说在书店里，左翼比右翼略胜一筹，那么电台则由保守派所控制。尽管在当今美国，民主党与共和党的中坚力量几乎持平（各党派各占30%），然而，2/3 以上的自由党人都是年轻的黑人或西班牙裔美国人，他们更愿意收听电台节目，而不愿意参加政治谈话节目。大多数保守派都是白人，而电台谈话节目可以说是他们的天下。

电影也开始传递党派信息。在以前，电影的唯一形式就是远离现实世界的空想，而现在却开始对党派对话进行深层挖掘，无论是电影院公映的电影，还是音像制品商店的 DVD，都不乏此类作品。如果说保守派基本上控制了电台方向，那么迈克尔·摩尔的电影无疑是对极左派的一种支持。

他的电影《华氏 9/11》（这部作品可以说是既不计后果、又不准确也不负责任）使得反战运动成为 2004 年重要的政治事件。他对美国士兵歪曲的恶意攻击以及经过精巧剪辑的电影镜头为观众制造一个印象：让伊拉克人民受到威胁的不是卑劣的萨达姆·侯赛因，而是乔治·W. 布什。一位为国家失去双臂的士兵在与摩尔交谈过程中所流露出来的愤怒情绪似乎给人留下反战的印象，而这只不过是摩尔编辑的结果而已。其实，这位士兵对自己的奉献深感自豪，他认为摩尔对他的伤害程度不亚于伊拉克敌人。

《华氏9/11》成为唯一一位真正反战候选人——霍华德·迪恩的募集影片。（克里、利伯曼［Lieberman］、格普哈特［Gephardt］与爱德华兹都投票支持战争决议。）佛蒙特州州长竞选活动让反对布什与反战活动变得活跃起来。几十万百姓由于受到摩尔这部电影的误导，纷纷志愿投入到州长竞选活动中来。

摩尔的这部电影不仅在全国各地自由党的电影院中公映，而且还于2004年5月23日在反战的法国获得戛纳电影节金棕榈大奖。正如戛纳网站所报道的那样："九位评委会成员站在电影宫入口处，为此次电影节的最大赢家拍手称赞，纷纷向这位美国导演表示最后的祝贺。"①

无论如何，《华氏9/11》都必须被认为是美国政治具有里程碑意义的变化。尽管没有可靠信息显示有多少人看了这部电影，但观众人数很可能超过1000万。一部电影具有如此大的政治影响力，这在总统选举史上可谓史无前例，但绝不会后无来者。

为了对摩尔的电影做出反驳，我们参与制作了一部名为《华氏骗肖9/11》的电影（在 www.overstock.com 上可以观看）。我们所做出的回应尽管遭到隶属于自由党派机构的电影院禁映，但所售出的拷贝超过25万个，多少有助于弥补摩尔抨击所造成的不利影响。另外一位电影制片人——大卫·博西亚（David Bossie）也以一部电影《摄氏41.11》来反驳摩尔的电影，这部电影在125家影院成功上映，并获得广泛的网络发行。②

但是，2004年参与政治得以发扬光大的关键是福克斯新闻频道，其作

---

① "九位评委会成员"：发表于《戛纳电影节》上的《2004年5月23日——金棕榈获奖者步入红地毯》。www. festival-cannes. fr/films/fiche_ film. php？langue =6002&id_ film =4201423。

② 在125家影院：2005年4月23日，作者与电影制片人大卫·博西亚的访谈。

用大于谈话电台节目与电影。这个最新的有线新闻频道最大的特点就是谈话节目以观点为导向，这些节目体现了 2004 年总统选举中的大多数辩论，收视率远远超过 CNN 与 MSNBC。① 其中收视率最高的节目是《欧瑞利因素》，言语犀利、善于辩论的比尔·欧瑞利形成一种新的新闻报道风格，可以说是曾经在电台如日中天的现代沃尔特·温切尔（Walter Winchell）。随着 2004 年选举日的临近，有 330 万个家庭收看欧瑞利的节目，在有线新闻收视率竞争中，遥遥领先于其他同行。紧随其后的是《汉尼提与考姆斯》，观众人数达到 300 万。CNN 比较倾向于自由党派的节目（由阿隆·布朗［Aaron Brown］与保拉·扎恩［Paula Zahn］主持）以不到 100 万观众远远落后，而克里斯·马修（Chris Matthews）的《强硬立场》的收视率则更加靠后。

由于福克斯的观点/谈话形式以及每天对竞选活动的报道，选民们对每天的进展情况有了一个深入的了解。然而，权威媒体的报道都是对准候选人声明及其竞选活动所提供的信息，而福克斯新闻优先报道的则是竞选活动事件：网民们对丹·拉瑟的攻击、"越战快艇战友"对克里在越战表现的爆料、伊拉克弹药储备空虚成为上周竞选活动的主要话题、最后，在投票揭晓前几天，播放本·拉登的视频等等。

福克斯新闻报道的真正本质（强调观点，而不仅仅只是播放候选人的演讲内容）营造了一种前所未有的竞选环境。由于左翼与右翼竞相在福克斯新闻节目上互打擂台，正酣的竞选之战所取得的点滴进展都成为当晚福克斯节目的优秀素材。

除了新闻与谈话节目之外，电子邮件用户与网络网民也成为 2004 年参与政治的核心人群。这些自发、无序、无组织性的总统政治参与者有一种自得其乐的快感。竞选活动既无法控制他们的谈论话题，甚至也不清楚他们的谈论内容，因为他们的信息都是每天贴到互联网上。

---

① 收视率远远超过 CNN 与 MSNBC：大卫·维辛（David Wissing），《海吉霍格报道》。www. davidwissing. com/index. php？ s = cable + news + ratings&submit = Search。

如果说左翼在电台谈话节目方面落人一截，那么他们在互联网上终于找到自己的位置。通过像 MoveOn. org（在克林顿弹劾时期创建）这样的网站，民主党可以向忠诚分子表达自己的政党路线。MoveOn. org 由硅谷"企业家"琼·布莱德（Joan Blades）与维斯·鲍伊德（Wes Boyd）创建。正如该网站所给出的解释"布莱德与鲍伊德都无政治经验可言，（但是）他们却能感受到华盛顿特区所遭受到的政治攻击重创"。① 该网站源自于一次"谴责（但不是弹劾）克林顿总统与解决国家所面临的紧迫问题"的网络请愿。当埃利·帕里瑟（Eli Pariser）发动一次反对布什政策的网络请愿时，该组织开始谈论反战问题。在得到 50 万人签名支持之后，帕里瑟成为 MoveOn 政治行动委员会的执行理事，并至今仍担任此职位。MoveOn 在 2004 年竞选活动期间一共获得了 200 万积极分子的支持，甚至在网络与电视上刊登自己的广告。

竞选负责人或候选人能够控制自己竞选活动的时代随着博客的出现而终结。在如今这个参与政治的时代，确切地来说，候选人更像是代表着某种特权：代表拥护者的利益在他们自己的竞选活动中被他们挑选并得到他们的支持。在这个崭新的政治时代，您的**支持者**把您说成什么样，您就是什么样；**他们**希望您的竞选活动成为什么样，它就是什么样。在这个世界上，还没有哪种力量能够控制甚至约束网民与电子邮件用户。从某种意义上来讲，他们**主宰着**竞选活动。他们的见解与信息对选民们的影响比任何一家媒体机构都要大——甚至比所有机构联合起来的影响还要大。他们的信息最能引起共鸣。

这些言论如何能积聚如此大的力量？他们的信息为什么比大型媒体机构更受到人们的严肃对待？

部分原因是由于这些网民与电子邮件用户之间的关系网早在竞选活动之

---

① "布莱德与鲍伊德都无政治经验可言"：发表于 MoveOn. org 上的《关于 MoveOn 家族》（About the MoveOn Family of Organizations）。www. moveon. org/about. html。

前就已经确立。网络积极分子通过互联网与他们的亲朋好友、同学同事以及其他同辈取得联系。与电视上的言论相比，人们肯定更愿意相信亲朋好友所说的话，这也是人之常情。

但是，也正是因为权威媒体机构的名誉扫地才推动了网民与电子邮件用户的成功。过去两年里发生的四件重大新闻事件占据了各大国内与国际媒体——但是结果证明是错误的：

• 2003 年 9 月，据 BBC 报导，对于萨达姆·侯赛因大规模毁灭性武器能够轻而易举攻击到大不列颠这一可能性，布什政府在伊拉克战争方面的重要同盟——英国首相托尼·布莱尔命令其情报局一定要将这份报告弄得颇具"感染力"。据称，接受此项要求的情报局特务自杀身亡，然而议会调查团发现这则报道实属伪造——之后不久，布莱尔被迫接受了长达数月的调查。

• 在 2004 年选举日之前两个月，CBS 新闻报道了一则消息，对布什在部队的服役记录进行大肆批判——而这则消息所依据的文件结果证明都是伪造的。

• 在选举日前一周，《纽约时报》报道某个伊拉克军火库里弹药丢失，并暗指这些弹药是在美军的眼皮底下被撤走。这种断言并未得到证实，很有可能属不实报道。

• 2005 年 5 月，《新闻周刊》报道在古巴关塔那摩湾海军基地的美国海军在看守及审问恐怖嫌疑犯的时候，在穆斯林嫌犯面前亵渎古兰经。这一报道在阿拉伯世界掀起反美狂潮，至少有 16 人在此类暴乱中丧生之后，该杂志终于怯懦地承认，这则报道未经证实，而且管理部门已经撤回该报道。他们最终不得不发表否定声明。

有着类似的记录，也难怪人们已不再相信权威新闻机构所写的内容，他们开始相信自己身边人所说的话。

在这个电脑活跃的新世界，所有媒体（如福克斯新闻、电台谈话节目、NewsMax 等等）的功能之一似乎就是为网民们提供谈论话题，然后他们再利用该话题展开自己的党派争论。在以互联网相互沟通的世界，竞选活动与媒体机构的功能就是提供交换意见所需要的素材与信息。

从某种意义上讲，这种发展使竞选活动状况反而回归到19世纪晚期，当时的候选人并不是自己总统竞选的焦点所在。一批汲汲无名的黑马（拉瑟富德·J. 海斯、詹姆斯·A. 加菲尔德［James A. Garfield］、本杰明·哈里森［Benjamin Harrison］、詹姆斯·G. 布莱恩［James G. Blaine］与萨缪尔·J. 蒂尔顿［Samuel J. Tilden］等人）在当时参加了总统选举，而他们的候选人资格通常都是在数天的大会投票之后在烟雾缭绕的会议室里所决定的，真正的操作方式由民众来决定。正是这些民众为了各自政党的竞选活动集会游行、进行野餐以及发表演讲。而一切说了算的又是组织。因此候选人不过是各自竞选活动的一名嘉宾而已。

显而易见，与19世纪的前辈们相比，现代候选人更为强大。但是这种平衡已经有所打破，竞选活动已经由过去完全以候选人与政党为中心，转而由民众进行参与，以及由无数信仰者、政党积极分子与好奇旁观者的自发活动进行参与。

在这个大众授权的环境下，将某个候选人拉入总统竞选的可能性比以往任何一个时候都要大。如果民众认为康迪将会成为一名优秀的总统候选人以及政绩可观的总统，他们会和2004年选举一样，在网络上尽情发挥他们的意志力。

回顾2004年选举的此消彼长是为了了解普通民众如何使用自己的权力来影响选举结果。

在2004年大选拉开帷幕的时候，没有任何征兆显露当年将会成为美国政治具有里程碑意义的一年。共和党方面对乔治·W. 布什不造成任何挑战；艾尔·戈尔一旦退出竞选，大多数人都认为约翰·克里将会成为民主党总统候选人。

然而，在民主党选举过程早期，半路就杀出个程咬金，佛特蒙州州长霍华德·迪恩对克里造成威胁。没有人把迪恩当成一回事。佛特蒙州规模本就不大，因极端自由主义而著称。（其唯一一位国会议员以及未来参议员人选

223

是伯纳德·桑德斯［Bernard Sanders］，他也是唯一公开承认自己是社会主义者的国会议员。）佛特蒙州州长的重要性不过也就相当于西部十大联盟学生会主席的位置。迪恩签署美国第一份同性恋民事结合法案的决定似乎就注定了他将有可能成为总统候选人。他反对美国干涉伊拉克的态度强烈而尖锐（但对支持入侵阿富汗却表现得犹豫不决），这又似乎为他的政治生涯起到盖棺定论的效果。

民主党的主要捐赠者根本没在意迪恩，而是将候选人提名之争集中在克里、北加州参议员约翰·爱德华兹、康涅狄格州参议员约瑟夫·利伯曼与议院少数党领袖理查德·格普哈特等人身上。迪恩似乎得不到任何支持。

但是迪恩的政治顾问乔·特里皮（Joe Trippi）意识到他可以影响数百万反战及亲同性恋的积极分子，并通过互联网煽动这些人对他的支持。起初，迪恩的前景似乎非常渺茫。正如特里皮在他的图书作品《新革命不会被电视化：民主政治、互联网及一切的颠覆》里所讲的那样，这次竞选活动在最开始的时候只有"七名工作人员，银行里只有 10 万美元，支持者也不过 432 人"。①

然而，他们以一种前所未有的方式对互联网加以利用；迪恩的竞选活动开始进驻聊天室，在互联网论坛上发帖子，发送电子邮件，通过反战及同性恋社区建立网络。到了 2003 年底，迪恩一共筹集到 5000 万美元；仅在当年的最后三个月里，他就获得 1580 万美元的筹款。特里皮写到，迪恩拥有六万"热情洋溢的支持者……这些人从前从未参与过政治，而现在他们却与（迪恩的）竞选活动共进退"。②

在 1999 年的时候，我们就已经对即将到来的互联网政治革命有了自己的图书作品，书名长度也毫不逊色：《选举.com：大财团说客与媒体的影响

---

① "七名工作人员"：乔·特里皮创作的《新革命不会被电视化：民主政治、互联网及一切的颠覆》（*The Revolution Will Not Be Televised: Democracy, the Internet, and the Overthrow of Everything*），纽约：里根图书，2004，第 2 页。

② "热情洋溢的支持者"：《新革命不会被电视化：民主政治、互联网及一切的颠覆》。

力如何日益殆尽，互联网赋予人民权力》，书中内容就对电视向互联网的过渡进行预测——但是真正首先让它成为现实的人却是特里皮，我们这个时代伟大的政治顾问之一。

互联网竞选活动很好的一个方面就是能够将所有消息一网打尽。权威新闻机构对迪恩总部所发生的事情一无所知，继续把他当作一名微不足道的候选人。因此，克里的竞选活动为了能够迎接来自温和派对手（如爱德华兹、利伯曼与格普哈特等人）的挑战，正在为投靠中间派而忙得不亦乐乎，而对来自这位真正反战的左翼候选人的巨大威胁却丝毫没有察觉。尽管惊讶地发现来自迪恩的左翼挑战，但克里的竞选活动对这位佛蒙特州州长的影响力还是估计不足。克里竞选活动的负责人吉姆·乔丹（Jim Jordan）因对迪恩挑战未做出充分反应而被解雇，他在之后几个月的一次预测讲话中表示，"互联网上没有选票"①。

由于受到大量志愿者与资金的激励，迪恩的竞选活动逐渐处于上升势头。当佛蒙特州报道迪恩在2003年第三季度的筹款已经位于所有民主党候选人之首的时候，媒体才不得不开始重视起他来。《新闻周刊》对此极感兴趣，报道称迪恩的竞选活动"以互联网刺激的方法脱颖而出"②。

在互联网出现之前，候选人只能通过三种途径来为自己的竞选活动筹款：提供自己的资金、依靠重大捐赠者与特殊利益团体或者试图通过直接邮件与电话请求来积聚资金。迪恩自己并没有钱，而政党机构也不打算资助这样一位获胜希望渺茫的自由党人。

然而直接邮件或电话筹款也并不就是理想答案。通过邮件来吸收资金，竞选活动必须要投资巨大费用给数百万潜在捐赠者发送邮件。通常来说，即使是大量发送，每封邮件的成本至少也需要五十美分。在这些发送邮件当

---

①　"互联网上没有选票"：《新闻周刊》工作人员刊登在2004年11月15日《新闻周刊》第48页上的《特殊选举问题：2004年大选》（Special Election Issue：Campaign 2004）。www.msnbc.msn.com/id/3144249/site/newsweek。

②　"以互联网刺激的方法脱颖而出"：《特殊选举问题：2004年大选》，第45～49页。

中，如果2%的人群平均捐赠二十美元，也仅仅只能够保持收支平衡，不过足以支付邮件成本而已。想要获得高回报率可以说非常困难，而且几乎不可预测。但是，竞选活动财务经理为了能够达到这个水平，不得不提前支付数百万美元。他发送邮件，动用竞选活动的所有资金，并祈求会有所成效。

当然，想要在竞选活动中生存下来，保持收支相抵还远远不够。发送邮件的目的是为了给更重大的事件筹集款项：电视竞选活动。直接邮件在首轮寄出的时候几乎都不会挣钱。出于这个原因，直接邮件活动取决于那些在首轮邮寄过程就有所捐赠的"倒霉蛋"。这些毫无疑心的牺牲者现在大约每隔六周就被催讨一次，希望他们能捐出更多款项。然后竞选活动希望每次能从这些捐赠者那里获取10%的回复率，这样才谈得上有真正的资金涌入。

电话请求捐款甚至比邮件更成问题，单位成本通常也更高。据说花钱雇人给每个选民打电话，给他们照原稿宣读广告的话，每通电话的成本就高达一美元。磁带录音相对便宜，但是效果却不甚理想。无论哪一种方法，最终是否成功，要取决于邮寄或电话名单的质量。如果名单内容有限，将不会筹集足够款项。如果名单内容过于庞大，首轮邮寄成本又会太高。

然而，互联网改变了民众筹款的整个考虑。由于网络没有邮资与电话费用可言，竞选活动可向潜在捐赠者发送大量电子邮件，接触人群谈不上需要种子基金。直接邮件回复必须通过手工打开、记录和存放，而互联网捐赠通常都是通过信用卡来实现，而且即刻就可使用。

如果是普通的筹款信件，获得回复需要数周的时间，而在互联网上与捐赠者取得联系只需轻点鼠标即可，而互联网捐赠者却是迪恩政治基础的核心所在。这种迅速取得沟通的能力结果证明对迪恩所赢得的势头来说必不可少。

迪恩在特里皮的指导下筹集数百万美元，在短短的时间内他就对克里造成严重威胁。2004年的政治突变拉开帷幕。一位汲汲无名的候选人正是依靠着民众筹款，对党派领先者发出挑战。尽管克里及其他民主党候选人的竞选活动都有重要捐赠者为他们撑腰，每位捐赠者所捐款项就高达数万美元，但迪恩却筹集到数百万美元，这全仰赖于特里皮对互联网的理解。

但是特里皮与迪恩并不仅仅只是利用互联网来为电视广告筹集资金。通过网络恳求捐赠当然可以筹集资金，然而，如果只是利用网络来获得资金，就好比是利用空军力量将部队运往战场一样。特里皮发起的互联网竞选活动形成了一个完整的网络群体，这个群体里汇集了迫切渴望帮助迪恩当选的积极志愿者。随着竞选活动发出各种新闻通告与报告等，这些通告都是有关迪恩的活动与日程安排，大家逐渐感觉到自己不仅仅只是筹款名单上的一个姓名而已；他们已经属于一个团体，一个试图改变这个国家的团体。这种参与感为迪恩的整个选举活动带来生气，所产生的热情在选举之后仍久久不肯散去。到了 2005 年，迪恩成为民主党全国代表大会主席，他的政治生涯依旧非常红火，其互联网组织也是热火朝天，都渴望帮助迪恩在政治上能够更上一层楼。

随着迪恩在 2003 年的势头日渐看涨，比尔与希拉里·克林顿作为克里最初的亲密支持者开始担心这位佛蒙特州州长会赢得提名。情急之下，他们怂恿韦斯利·克拉克（Wesley Clark）上将加入到选举中来。本来一直在为克里工作的克林顿政府工作人员，在马萨诸塞州参议员竞选活动负责人克里斯·莱汉（Chris Lehane）的带领下，纷纷投向了克拉克。

由于民主党权威人士开始担心迪恩获得提名，认为其在十一月份的时候会惨败给布什，因此他们开始以各种负面报道不断攻击这位自由党人。突然之间，迪恩就被处于第一线的位置，拒绝发布他的州长文件，并对竞选活动发表即席评论。由于面对巨大压力以及遭到不断骚扰，迪恩犯了一个严重错误，解雇了特里皮。

最终，在民主党权威人士及其新闻跟从的联合压力之下，霍华德·迪恩的竞选活动开始有所动摇；分别在爱荷华州与新罕布什尔州先后失利，最终被淘汰出局。

党派权威人士在 2004 年选举季节与民众政治行动的第一次遭遇战中取得上风。但这不过是侥幸逃脱，同时也反映出了之前温顺选民的力量。约

227

翰·克里的竞选活动在遭到网络支持者（而他们却成为民主党的基础核心）挑战之后，耗尽全班人马才得以重整旗鼓。在以前的党派总统提名过程中，也出现过无名小卒对领先者造成威胁的情况。在 2000 年候选人选拔期间，比尔·布拉德利（Bill Bradley）与约翰·麦凯恩（John McCain）的势头飙升之猛烈程度，令戈尔与布什措手不及。在 1984 年，加里·哈特（Gary Hart）的势头直逼前副总统沃尔特·蒙代尔。再往前追溯，巴里·高华德与乔治·麦戈文分别在 1964 年与 1972 年赢得各自政党总统提名之前，也都不是处于领先地位。

然而，2004 年标志着互联网成为刺激产生候选人新贵的开始。毕竟，迪恩从未在候选人选拔会或政党会议中获胜。正是网络筹款所取得的成功才使他在代表全体选举人的公意投一张总选票之前成为领先者——所有这些都是由于互联网积极大军的功劳。

而且，从更广泛的意义上来讲，迪恩现象证明了从广大的网络捐赠者人群筹集资金，比起从少数富有的捐赠者以及拥有特殊利益的政治行动委员会那里筹款不仅更加容易简便，也更迅速有效。在约翰·麦凯恩与康涅狄格州议员克里斯·谢斯（Chris Shays）等竞选活动财政改革者的全力以赴之下，正是对互联网捐赠者的动员才加速了特殊利益团体控制竞选活动筹资这一现象的终结。这是在我们这个时代不可多得的一场革命。干净的钱比有着特殊利益的脏钱更容易获得。候选人在筹集资金活动中再也无须出卖自己的灵魂。如果他通过网络筹资，而捐赠者与他之间唯一的联系就是同意其政治观点，拥护其候选资格，那么该候选人不仅更加正派清白，而且还会筹集到更多资金！

为了战胜霍华德·迪恩，收复失地，约翰·克里不断回顾他的历史——回顾其获得候选资格之前、成为参议员之前、担任马萨诸塞州副州长之前以及在越战期间担任海军上尉时的事迹。克里当年的越战快艇战友丹尼斯·拉斯姆森（Dennis Rasmussen）也加入到其竞选活动当中。他向大家讲述了这位候选人如何在危难之际救他一命，这个感人的故事迷惑了他所在的爱荷华州选民。由于民主党人对反恐战争的艰苦性表现得颇为敏感，以及为比尔·克林顿逃脱兵役辩护给他们所带来的心灵创伤，能够拥有一名自己的战争英雄让他们感到激动不已。

克里想要在第一个真正的初选州——新罕布什尔州胜出，就需要在爱荷华州获胜。他与迪恩来自邻近的两个州，因此爱荷华成了双方的必争之地。

决定以争夺爱荷华作为赢得新罕布什尔州的一种途径，这是克里竞选活动的天才之处。在偏远的中西部农场州，克里认为中止迪恩势头的机会要比他们共同拥有的新英格兰州更有优势。只要新罕布什尔州民主党在爱荷华收复失地，他们就可以扭转乾坤。

新罕布什尔选民长期以来都是总统初选政治的重心所在，他们具有战略投票的习惯。他们把初选当作半决赛来看待，他们所选出的两名候选人会在接下来的争夺候选人的过程中所向披靡。他们认为自己具备清理落选者战场的职责。

自由党人（是新罕布什尔大选中人数占多数的党派，但却是民主党初选的控制党派）尤其觉得有义务要保住某个与自己政见相投的人，在后来的候选人选拔会上能够与规模较大的州争夺提名资格。他们最初把赌注压在迪恩身上，但既然爱荷华已经有所表示，他们开始怀疑迪恩是否能够自身难保。他们需要一个强有力的左派候选人来挑战可能进入半决赛的中间派候选人约翰·爱德华兹，因此他们转而投向下一个自由党人，让约翰·克里在初选中获胜。

新罕布什尔之后，争夺基本告一段落。爱德华兹无法阻挡克里的势头；在数周之后他便缴械投降。但是在初选过程中，克里的传记成为候选人策略的替代品，他的妻子与训练者争相处理竞选活动中最重要的问题：伊拉克战争。急于在政党会议中的支持有所回升，克里团队决定他在接受政党提名时的演说（通常是竞选活动的重大事件）以其战争记录为特色。

在快艇战友们的簇拥之下，克里登上波士顿的演讲台，向代表大会及电视机前的观众发表演讲。致意之后，他以"海军上尉克里前来报到"开始了演讲。这一举动结果酿成大错，掀起了 2004 年第二轮真正的战争：权威媒体对阵博客与新媒体。

美国人民并不希望一名海军上尉成为他们的总统。他们心目中的总统对象应该是总司令。如果克里把自己的参议员生涯、哪怕成长时期作为演讲内容，对选民们的吸引力可能会更大。然而，围绕着自己的越战时光大讲特讲，实为失策之举。在政党会议结束之后，他的投票数未见丝毫上涨。①

但是故事并未结束。很快就被发现，他的战争记录并非如他所言。现在，互联网以及新的参与政治又发动了新一轮的攻击。

观众看着这位民主党候选人对自己的战争记录大肆称赞，对他的英勇事迹并不以为然。快艇退伍军人甚至认为克里口中的战争记录并不属实。他在他们之前离开越南，却得到三枚紫心勋章，他们对这个情况感到不满。更糟的是，他们怀疑他是否获得最后一枚勋章。在克里回到美国之后，他们对他将责任推卸到他们身上以及把旧时战友暗指成战争罪犯的举动表示厌恶。

但是这些老兵手头没钱，或者说没有太多钱。他们从一个名叫鲍勃·佩里（Bob Perry）的德克萨斯人那里凑集到 20 万美元。他们采取大胆行动，在美国几个市场上刊登了一些电视广告，对克里的战争描述提出质疑。借助这个现代竞选活动工具，他们决定改变这个世界。但是他们也是现实的。《时代周刊》的报道是，"快艇老兵认为他们无法制造太大轰动效果……但他们确信权威媒体会对此进行大肆宣扬。"

他们的想法可以说既有道理，也略失偏颇。权威媒体并未大肆报道此事。但是，在广播网与重要报纸对他们的攻击置之不理之后，一些新媒体（如互联网、网络电台、有线电视与个人博客等）看到了这些老兵的故事，克里的整个竞选活动从此发生了大逆转。

快艇老兵利用他们筹集到的微薄现金在西弗吉尼亚州与俄亥俄州（两

---

① 投票数未见丝毫上涨：《新闻周刊》工作人员刊登在 2004 年 11 月 15 日《新闻周刊》第 86 页上的《特殊选举问题：2004 年大选》（Special Election Issue：Campaign 2004）。www. msnbc. msn. com/id/3144249/site/newsweek。

个摇摆州）的某些地区刊登了第一个广告，谴责克里在获得勋章的问题上撒了谎。[①] 第二个广告指责他在回到美国之后，开始攻击自己以前的战友，并参加了演员简·方达组织的反战运动。该广告展现了年轻的约翰·克里在国会面前作证，控诉美国军队的战争罪行。[②]

与上次对来势汹汹的迪恩竞选活动毫无防备一样，克里的顾问这次同样没有抓住重点。他们对快艇广告不屑一顾，从一开始就没有预见到这个事态的灾难性后果。[③] 毕竟，这些快艇老兵只能承担得起微薄的广告预算；由于媒体反应不足，他们不得不取消在华盛顿特区召开的一次新闻发布会。

但是，这些广告却随着新媒体的各个渠道蔓延开来。网民们奔走相告，网络电台节目对克里战争记录的谴责进行大肆报导，拉什·林堡与西恩·汉尼提将快艇老兵事件传播给无数听众。NewsMax 向全国各地的地方网络电台主持人提供信息。《欧瑞利因素》与《汉尼提与考姆斯》这两档节目也开始在福克斯新闻频道报道此事，指控开始已成定局：克里的勋章是个骗局。

消息私下里及通过网络得到传播。网民也参与进来，一直将信息传播给数千万选民，而这种传播力量单单靠快艇老兵本身的微薄资金是远远无法企及的。

由于未对这些谴责做出回应（他们认为回应不过是让这些老兵得到更多关注），克里的竞选活动使损失变得更加惨重。克里的顾问鲍勃·施鲁姆（Bob Shrum）与玛丽·贝丝·卡西尔（Mary Beth Cahill）的主张是广告只会对共和党具有吸引力，因此没有回应的必要。在广播网、《纽约时报》及其他权威新闻机构对此事未予理睬之后，克里团队对自己不做回应的决定甚至更加自信。但他们却犯了一个典型的错误。

快艇指控开始吞噬克里的形象。这位候选人把自己的人气全都指望在自己的战争记录上。当人们回过头去想的时候，都对克里怎么可能将其整个总

① 快艇老兵利用：《特殊选举问题：2004 年大选》，第 89 页。
② 控诉美国军队：《特殊选举问题：2004 年大选》，第 90 页。
③ 他们对快艇广告不屑一顾：《特殊选举问题：2004 年大选》，第 91 页。

统理想全都寄托在 35 年前发生在湄公河三角洲上的一切而感到奇怪。

人们对克里战争记录表示怀疑的地方并不多，很少有人真正关心他的受伤次数到底是两次还是三次。但是选民对克里撒谎这件事情却非常感兴趣。人们对比尔·克林顿伪造真相的事情仍记忆犹新。选民们对在 1992 年竞选活动期间没有察觉到比尔的破绽并让他在一片指责声中顺利通过而自责。他们决定再也不犯同样的错误。

对控诉做出回应还是保持沉默，这种争论在克里阵营里一直从未间断。① 克里本人希望在 2004 年 8 月 18 日对美国海外战争退伍军人协会的一次演讲中做出回应，但他的竞选团队却说服他不要这么做。副总统候选人约翰·爱德华兹也希望公开发表评论，但是克里沟通方面的负责人史蒂芬妮·卡特勒（Stephanie Cutler）却表示反对。为什么要唤起公众对快艇老兵指责的注意呢？

由于对新媒体在全国范围内报道此事的潜在力量一无所知，克里工作人员认为，如果《纽约时报》、《华盛顿邮报》、CBS、NBC、ABC、《时代》或《新闻周刊》等主要媒体不报导此事，这事就不存在。如果这些老兵的广告费用不过区区 25 万美元，又会产生怎样的广告效应呢？几十年来，政治老手们也一直在讨论这种组织松散、资金匮乏的攻击，但他们通常都是利用自己的有利广告与精心挑选的媒体反驳，轻而易举地就压制了此类攻击。但这一次却失效了。因为现在的互联网以及通过电子邮件与博客的一对一的交流为此次事件与快艇老兵指控赋予了力量与动力。

报道在克里顾问的眼皮底下悄然席卷全国，而他们却对此毫不知情。由于不愿意与这些老兵形成直接对峙，克里竞选班底最终开始为主流机构（如《纽约时报》、《波士顿环球报》与《华盛顿邮报》等）提供报道素材及证明材料，向这些指控发出挑战。当然，他们的推论是，一旦这些强大的媒体机构发表观点，这些指控就会失去公信力。但是事实并非如此，权威机

① 这种争论在克里阵营里一直从未间断：《特殊选举问题：2004 年大选》，第 92 页。

构的力量始终未能赶上新的媒体与互联网。

到八月底共和党全国代表大会期间，克里的信誉已经千疮百孔，而以其战争记录作为竞选活动基础的努力更是适得其反，损失惨重。这是民众首次完全依靠自己的力量击败民主党巨大的公关机器，同时也让全国媒体对克里在代表大会演讲的关注变得无效。网民在第二轮交锋中获胜。

但是自由媒体机构准备发起支援。CBS 左倾新闻主播丹·拉瑟与其《60 分钟时事杂志Ⅱ》全体工作人员策划了一场重大的后共和党代表大会，对总统布什在德克萨斯国家警卫队的任职情况进行揭露。CBS 声称他们有机密记录在案，这些记录包括布什当时的指挥官表示他经常不前来报到、利用政治徇私、躲避惩罚及不遵守纪律等。如果属实，这些指控将会缓和对克里的攻击，通过细枝末节来埋葬布什的政治生涯。正如《时代周刊》在其竞选活动综合报道中所说的那样，"在某段时间内，局势似乎有所逆转，有关其在美国本土护卫队里劣迹斑斑的表现（而克里却一直在湄公河三角洲接受枪林弹雨的考验）被公布于众，布什将不得不面对各种尖锐问题的狂轰滥炸。"①

《60 分钟时事杂志》与《60 分钟时事杂志Ⅱ》都属于美国顶尖的电视新闻节目。收看这两档电视节目的观众人数是电视网夜间新闻节目观众的两倍，他们开创了一种调查报道的方法，这种方法吸引了全美国人的眼球。毕竟，正是《60 分钟时事杂志》在 1992 年选举期间给比尔与希拉里一个反击珍妮弗·弗劳尔斯的机会。"我们挽回了他们的颜面。"该节目创办人唐·赫维特（Don Hewitt）这么跟我说。②

《60 分钟时事杂志Ⅱ》在选举的两个月内对现任总统进行谴责，无疑是来自权威媒体的一枚重磅炸弹。但是这次攻击却出现一个致命弱点：它依靠"文件"证据——由布什当时的司令官提供的一堆揭露其违反纪律以及政治

---

① "在某段时间内"：《特殊选举问题：2004 年大选》，第 96 页。
② "我们挽回了他们的颜面"：作者于 1996 年 12 月对唐·赫维特的访谈。

干预劣迹的信件。而这些信件结果证明都是伪造物。

第一个对这些文件提出批评的人是第一夫人劳拉·布什，她对这些信件的真实性表示怀疑。① 不久，陆续有人对此表示怀疑。全国各地的互联网网民们开始对拉瑟提供的文件文本进行仔细研究，这些文件本来应该写于电脑出现之前的时代，但是日期之后的"th"却处于右上角的位置（如 14th），在当时那个时代，普通的电动打字机或手控打字机都不可能有这个技术。

伪造的消息通过网络电台以及那些公布快艇事件的各个渠道迅速传播，他们对 CBS 提供的文件以及所引发的主张纷纷表示怀疑。主流媒体仍然一如既往地毫无准备，起初拒绝屈尊对《60 分钟时事杂志》报道进行批评，而 CBS 也未做出丝毫让步。

但还是掀起了无情的攻击，不久之后，攻击的焦点不仅针对电视网的信誉，同时也指向克里的竞选活动。显而易见，这则报道的制造者——《60 分钟时事杂志Ⅱ》的玛丽·梅普斯（Mary Mapes）曾经致电克里助手与前克林顿新闻秘书乔·洛克哈特（Joe Lockhart），让德克萨斯国家护卫队的退休陆军中校比尔·伯克特（Bill Burkett）与她保持联系，为她提供伪造信件的消息来源。在政治活动期间，CBS 的主管人员甚至都会把一通电话认为是一种利益冲突。

最终，在 CBS、丹·拉瑟与约翰·克里的错误被证明已无法弥补之后很长时间内，电视网才稍作退让，承认了自己的错误。这位资深的新闻工作者也引咎辞职，由于倾向民主党选举的拙劣行径而名誉扫地。

到了九月中旬，一些投票结果显示布什领先克里 13 个点。选举似乎已经拉下帷幕。网民们对克里形象的成功破坏以及对攻击布什在国家护卫队记录的反击造成了克里竞选活动的失败。网民们赢得第三轮胜利。

但是，布什战胜克里的根本原因不仅只体现在这两个问题上的战术优势。布什团队认识到总统在恐怖主义、国家安全与防御问题上一直领先于民

---

① 对这些信件的真实性表示怀疑：《新闻周刊》，第 96 页。

主党对手，而克里的顾问对此却没有意识。如果问问选民们，在这些问题上，他们更信赖谁，绝大部分人的答案都会是布什，即便他们随后将选票投给克里。就算在伊拉克最惨重的一天，美国士兵的尸体堆积如山的时候，在这些问题上，选民们仍然比较信任他们的总统。毕竟，布什的信任是通过对9/11 恐怖事件的坚决立场以及成功入侵阿富汗（在某种意义上，即成功入侵伊拉克）建立起来的。

然而在社会保障、医疗保健、环境与教育等国内问题方面，约翰·克里却有着明显优势。在这些问题上所采取的政策方针，选民们更相信民主党，而不是共和党。70 年以来，民主党在这些问题上一直起示范带头作用，而这些都是拖共和党后腿的地方，克里在这些方面占有优势。在经济问题上，选民们对这两位候选人的态度大致持平，因此，想要让选举呈一边倒的趋势，在这个问题上没有多少挖掘的空间。

至于在伊拉克或反恐战争中出现的糟糕情况，布什团队认为并没什么大不了。只要这些话题能够主导媒体，他们的队伍就具有巨大优势。然而，只要谈论的话题转向国内政策的哪怕任何一个方面，优势就会跑到民主党那边。这个基本战略一直是所有共和党人在总统选举中的思想主导：谈论内容并不重要，重要的是话题。

布什的竞选活动有一条明确的战略方针：尽可能多地谈论恐怖主义，而尽可能少地谈论其他话题。其日常战术决策也都是围绕这条基本策略而展开。

但是克里的竞选活动却没有战略可言，只不过是一系列的战术而已。他们每天都在摸索着寻找某个优势，且不论这个优势有关国内政策还是国际事务。与众多政治顾问一样，克里的工作人员都高估了自己的能力，认为自己可以影响民意。想要说服自己是总司令的更佳人选，克里其实没什么可做的，而他努力的结果不过是更加突出了这些问题的特征而已。同样地，他在医疗保健与社会保障问题上有更出色的举措，这应该也是让乔治·布什理亏词穷的所在。

卡尔·罗夫（Carl Rove）与布什战略家们对这个基本事实都理解深刻。但是克里的顾问们却没有认识到这一点。他们坚持认为，只要强调反恐战争造成死伤人员无数，本·拉登依然逍遥法外，他们的候选人就会赢得竞选。

布什在下国际象棋——着重战略眼光。而克里的竞选是在玩西洋跳棋——在每天的新闻消息中寻找优势，但没有整体战略规划。

当克里的形势每况愈下的时候，他的工作人员与顾问在做些什么呢？即使降低政治顾问的职业标准，他们的傲慢、自我宣传与自我陶醉等特征依然明显：

●根据来自《新闻周刊》的消息，在最近一个星期六晚上，克里在为第二天早上的电视露面临阵磨枪，他给顾问泰德·迪瓦恩（Tad Davine，政治顾问鲍勃·施鲁姆的合作伙伴）打了一个电话。迪瓦恩轻责他不要这么晚打电话。迪瓦恩告诉他的候选人（他正熬夜研究文件）："最重要的事情是我需要一个良好的睡眠。不要给我打电话。"①

●在劳动节这个周六，克林顿1992年竞选活动负责人詹姆斯·卡尔维尔（James Carville），威胁克里的负责人玛丽·贝丝·卡西尔，除非她"向克林顿前新闻秘书乔·洛克哈特提供（对克里竞选活动的）有效控制，"否则他"第二天就会上《会见新闻界》节目，让大家知道（克里竞选活动的）肮脏内幕"。卡尔维尔的威胁还真奏效了。没有人敢公然挑战路易斯安那州，竞选活动经受了一场"悄无声息的政变"。②

比尔·克林顿把克里叫到自己的病榻前，劝告他少谈越战，多花时间攻击布什的伊拉克战争，谈话内容后来被泄露。③ 消息登上了《纽约时报》的头版头条，克里仿佛成了不会安排自己竞选活动的白痴。克里的有些助手指责洛克哈特，又有些人说是卡尔维尔泄露的机密。我感觉这事可能是克林顿亲自干的。但是有一件事很明确：泄密的人肯定不是克里。有人就表示怀

---

① "最重要的事情是"：《新闻周刊》，第96页。
② "向克林顿前新闻秘书"：《新闻周刊》，第101页。
③ 比尔·克林顿把克里叫到自己的病榻前：《新闻周刊》，第102页。

疑，卡尔维尔与克林顿是否真的希望克里获胜。毕竟，如果他在2004年大获全胜，那么希拉里·克林顿在2008年就没有进驻白宫的机会了。2012年，本来应该成为副总统的约翰·爱德华兹可能会获得民主党提名——到2020年之前可能会将希拉里挤出竞选，到那个时候，她已经73岁高龄了。

随着总统辩论时间的临近，布什似乎拥有一个明显优势：第一场辩论，也是关注人数最多的一场辩论专门讨论外交政策，这可以说是布什总统的看家本领。然而布什在当天却是大失水准。他的反应含糊不清，没有重点，看上去也是执拗任性，甚至莫名其妙地傻笑。布什似乎由于准备过度而显得肌肉僵硬，处理问题的能力不及正常水准的一半。克里令人难以置信地拿下这场关于外交政策的辩论，而轻而易举获胜的本该是布什。

布什总统在第二场辩论中有所调整，但是人们对他第一轮的糟糕表现仍然记忆深刻。在副总统辩论过程中，迪克·切尼大败阅历不深的民主党对手。切尼不断地纠正爱德华兹的错误，就好像一名大学教授在修改大学新生的论文："你看，这里不太正确，还有那个地方也不对。这篇论文只能得到一半的学分。孩子，下一次，多做点功课。"但是，副总统辩论对改变选民态度几乎没有影响。

根据布什与克里顾问协商的基本规则，这两位总统候选人之间的第三场也是最后一场辩论将专门谈论国内问题，这应该是克里的领地。克里团队只有这一次智取了布什团队。共和党谈判代表本来应该拒绝为所有辩论指定主题。如果事先没有确定主题，恐怖主义自然就成了所有这三场辩论的主要话题。毕竟，您如何打断关于恐怖主义的回答，而去详细讨论小学的教育标准问题？

但是协议依然有效，由于第三场辩论是克里擅长的领域，因此他进入最后两周的竞选前景可谓一片光明。而总统布什由于在之前的辩论表现令人错愕，在这次辩论中竭尽全力表现得富有活力、咄咄逼人，这为他加了不少分，但最后一场辩论的重点有关教育、卫生保健、医疗保险制度以及社会保障等问题，这些对克里都太有利，布什似乎对民主党的获胜显得无能为力。

辩论仿佛让克里起死回生。辩论之后，竞选呈现势均力敌的局面，两位候选人都没有明显的优势。布什的前景显得非常暗淡。在最后两周的第三场辩论的内政主题似乎保证了选民的注意力全都集中在有利于克里的国内问题上，而不是国际事务。

克里本该获胜。但是，再次由于克里团队的无能、布什竞选团队的技巧、权威媒体的弄巧成拙以及广大网民与电子邮件用户的关系等综合原因，最终成就了这位在职总统的胜利。

权威媒体与网民之间的第四轮交锋在选举日前八天的一个星期一拉开战幕，《纽约时报》当天透露了一则新闻，这则新闻的素材源自《60分钟时事杂志》。《纽约时报》报道说，在美国军队进驻前哨之后，380吨炸药从伊拉克的临时军火供应站里不翼而飞。该报道的言外之意是管理的疏忽已经危及美国人的生命，而且还为恐怖分子提供了消灭我们军队所需要的武器。

《60分钟时事杂志》计划在选举日之前的周日晚上报道这则新闻，以确保布什不能获胜。距离投票揭晓只剩下48个小时，CBS的民主党人可能已经认为自己会对布什的竞选活动打个措手不及。但是《时代》杂志，也许本着负责的态度，决定提前报道这则消息。

指控的基础是联合国武器检查员汉斯·布里克斯（Hans Blix）所写的一封信，意思是说就在战争打响前夕，联合国进行最后武器核查的时候，这些炸药还都在。但是现在却空空如也；《时代》猜测可能在美国军队接管之后，伊拉克恐怖分子劫掠了这些炸药。

克里的竞选班底马上取消原有的电视广告，投入到这场激烈的争执当中，仔细研究这场新的指控。克里对布什的疏忽发起攻击，并称总统"无能"。他确信自己能说服公众政府犯了一个大错。这位总统候选人，曾经在政党会议上大谈特谈35年前发生在越南丛林里的不光彩事件，现在又把获胜希望寄托在发生于某个沙漠军火供应战的事情上。

五角大楼火速行动，准备弄清消息真相，最终公布一些资料与图片，证明军火库很有可能是被美国军队清空的，而且这些炸药很安全，在盟军手里。但是，五角大楼做出解释是一回事，确保回应能够推翻最初的指控又是另外一回事。正如马克·吐温曾经说过，"好事不出门，坏事行千里。"①

然而权威媒体并不相信布什的辩驳。不论五角大楼的解释与证据多么确凿，《纽约时报》依然持怀疑态度，这种态度渗透在全国各大报刊的报道当中。全国各地的头版头条都对五角大楼提供的证据做出毫无根据的推测，以模棱两可的态度进行驳斥。

与此同时，克里的电视竞选活动开始活跃起来，他们在电视上播放广告，与《时代》报道遥相呼应。要是在过去，权威主流媒体与铺天盖地的广告联手起来，就相当于给布什的竞选活动判了死刑。总统本来也是应该播放自己的广告，通过广告大战来对《时代》报道的真实性进行反驳——在竞选活动决定性的最后一周全力以赴地表达自己的观点。

但是在 2004 年，网民、福克斯新闻频道与网络电台全都对国防部此次迅速有效的辩驳给予了强调。他们对五角大楼证据的每个细节反复推敲研究，最终推翻了对布什总统的指控。尽管《纽约时报》及其他权威新闻机构仍然认为政府可能犯了一个滔天大错，然而新媒体的传播速度与影响力，就算权威媒体使出浑身解数也难以企及。事情很快就水落石出，美国人民并没有相信此项指控。第四轮交锋的胜利自然属于新媒体与网民。

与此同时，克里再次将整个选举的重点聚焦在打赢伊拉克战争，谁是最佳人选，这无疑是自取灭亡的象征。他在自己的政治演说与电视广告里大谈特谈《时代》杂志里的主张，将公众的注意力再次拉回到恐怖主义、伊拉克问题与外交政策上面，而这些都是布什的强项。克里没有意识到布什团队所追求的战略，只是一门心思地认为《时代》报道为他的战略规划损失提供了一个战术优势。

所有针对医疗保健、经济、社会保障、环境、医疗保险、老年人处方药

---

① "坏事行千里"：马克·吐温：《警句篇》（*The Quotations Page*）。www. quotationspage. com/quotes/Mark_ Twain。

及教育等问题的强调全都不见了，而这恰恰是克里擅长的领域。现在，选举突然之间就变成了一个简单问题：谁会成为一名更优秀的总司令：到底是美国现任总统还是他的竞争对手——前任中尉、现任参议员？在这场战争中，克里根本没有获胜的希望。

最后，在选举之前的那个周末，本·拉登以一盘录像带加入到这场战斗当中，在这盘录像带里，他不断提及"曼哈顿"（意即 9/11 恐怖袭击事件），如果选举获胜者对伊斯兰人民造成压迫的话，他会以巨大的恐怖事件来威胁美国。这位恐怖分子厚颜无耻地让 9/11 事件的牺牲者放话出来，仿佛在告诉全美人民"理应为导致我们自杀的人负责"。① 在激烈抨击完布什之后，他表示"补救不如预防"，并警告美国人民，"你们的安全既不在克里手里，也不在布什和 alQaeda② 手里。你们的安全掌握在你们自己手里。"言外之意很明确：如果拒绝"白宫里的骗子"，美国人就会逃脱更多的袭击事件。

克里是如何利用本·拉登看似反对布什这一事件的呢？克里团队既没有保持沉默，也不是谴责本·拉登干预美国选举，而是利用这盘录像带感叹政府没有抓住这位恐怖分子的悲哀。但对有些人来说，这个行为显示了本·拉登的无能，他现在不过只是到了往美国寄录像带的地步。毕竟，当他想要扰乱西班牙选举的时候，他策划了列车爆炸事件。

据共和党主席艾德·吉利斯派（Ed Gillespie）提供的消息，在选举前些天，布什竞选团队动员了一大批人员（160 万志愿者）前往摇摆州做工作。③ 在选举前几天或数周，这些不拿分文的工作人员奔走于几个关键选区，去结识选民，与他们建立关系。在选举日揭晓选票的时候，他们再次回

---

① "理应为导致我们自杀的人负责"：2004 年 11 月 1 日发布在 Aljazeera. net 上的《本·拉登演讲完全副本》。http：//english. aljazeera. net/NR/exeres/79C6AF22 - 98FB - 4A1C - B21F - 2BC36E87F61F. htm。

② 指本·拉登的恐怖主义组织，阿拉伯语，为"基地"之意。——译者注

③ 160 万志愿者：埃德·吉利斯派于 2004 年 11 月在全国巡回评论时的演讲。

到那些曾经游说过的人群当中，提醒他们为总统投票。这次志愿者的规模可谓史无前例，正是在他们的帮助下，布什所获得的支持比 2000 年多出 1200 万张选票。克里的工作人员数量相对较少，而且多为带薪工作人员，现场操作的气氛要冷清很多。这不过是置之死地而后生。民主党的传统是依赖工会来获得选民支持；这一次，共和党人意识到他们不能指望类似支持，而要自己承担起责任，招募自己的工作人员。

克里竞选活动在普通人中的影响不佳，其中一个原因是由于布什竞选活动所造成的假象。在 2000 年选举期间，民主党人与戈尔竞选团队被大量虚假报道弄得是何等惊恐万分，共和党领袖们对此早有领教。这些报道认为共和党在竭尽全力压制黑人投票人数，威胁数万人不许投票，但其中大多数指控都是伪造的。

有些共和党工作人员决定要点花招，在选举日之前散布谣言，继续对民主党人的多疑症进行戏弄，谣言说共和党人在选民们试图投票的时候，正计划对数万张或数十万张选票声称无效。在俄亥俄州，到处都在传播这样一个谣言：共和党人拥有一张长长的名单，名单上所列内容都是一些不合格的投票人。据说共和党投票监督人准备在选举日当天使用这份名单。

民主党人对此怨声载道，认为这种扰乱军心的战术目的实则是增加他们投票站前的投票人数，同时打消民主党选区选民的积极性。民主党表示，即使声称选举无效的举措失败，克里的选票有所下降，这对布什也会有利。

为了对共和党散播谣言的诡计予以还击，民主党动员了万名律师，就选举日投票规则这门晦涩难解的艺术对他们进行培训。由于克里竞选团队一门心思地只想挫败共和党人声称选举无效的阴谋，因此从来也没有把时间花在选举日所需要的现场操作上。

选举日当天的结果完全应了吉利斯派所说的"一场重要骗局"。[①] 共和党在到达投票站的时候并未声称哪些投票人不合格，这让民主党律师们无事

---

① "一场重要骗局"：埃德·吉利斯派于 2004 年 11 月在全国巡回评论时的演讲。

可做。与此同时，由于共和党人一直集中精力演练现场操作，因此民主党人在这方面甘拜下风。

结果不仅是布什与共和党赢得选举，也是未来参与政治的一项胜利。从快艇老兵到网民、再到福克斯新闻频道主持以及其他新媒体，正是民众力量操纵了竞选结果的成败。他们击败了最优秀的权威媒体（《纽约时报》与CBS），在这个过程中让政治发生了永久性的改变。

从现在起，政治开始由民众来控制，老百姓的力量已经超过精英人群。大众传媒的力量发生翻天覆地的变化，以至于媒体精英不得不去听听大众的声音，否则就会面临被淘汰的境地。在这个新的政治时期，共和党人掌握有优势：他们利用互联网的水平比较高明，而且选民们的文化水平也较高。在2004年，尽管民主党人竭尽全力，但受教育水平较高而且富有的共和党选民（花在政治上的时间也相对自由）彻底击败了受教育程度较低、政治意识较为迟钝的民主党人。这种优势在不久的将来不可能会发生任何变化。

正是在这种基础民众推动的政治环境下，我们才认为会有可能出现一场真正的民众选拔运动，鼓励康多莉扎·赖斯参加总统竞选。

比如，在这个新的政治环境下，一位候选人无须被迫与无数人握手致意，无须与特殊利益团体进行交易，无须奉承那些有钱有势的大亨，就有可能筹集到巨额资金。如果一位候选人对广大民众具有强烈吸引力——毫无疑问，康迪就具有如此魅力——那么赖斯甚至不必亲自拨打一个电话，她的支持者们就会相互接洽，帮她集资。

要是在过去，政治资金不得不由财大气粗的捐赠者或那些具有特殊利益的政治行动委员会来提供，那么类似这样的间接集资可以说是天方夜谭。如果没有得到候选人的奉承讨好，那些腰缠万贯的捐赠者是不会捐资的。不论是与这些人在鸡尾酒会上攀谈闲聊，还是与他们拍照留念以满足他们的虚荣心，想要从他们身上捞得一些政治捐款都需要候选人亲自搭上大量时间。

但是，通过互联网，康迪竞选总统的计划会吸引全国数百万支持者的注意力。所需要做的事情就是通过传播迅速的电脑网络筹集资金。候选人在筹款过程中不再起支配作用。

在过去的政治时期，必须依靠各个州的政党机构向选民宣传某位候选人。而大多数选民也只是待在家里，在电视上观看政治局势，而为总统候选人的竞选活动效力的只是那些常规的政党积极分子。但是在民众参与的政治时代，"赖斯竞选总统"的活动将会聚集大批新的志愿者，在50个州内迅速建立起自己的组织。

在其他候选人需要一点一滴地召集自己的组织的时候，只要有人放话出来，表示要选拔赖斯参加总统选举，其良好口碑根本不需要她亲自做些什么，都会有人自动为她建立组织。

主流媒体对选拔康迪的活动会做出怎样的反应呢？一如既往，他们可能还是会在真相大白的时候才恍然大悟。他们会将注意力聚焦在积极的候选人身上，这些人在公众的关注下比争高低，而忽视了民众对非候选人的支持力量。他们往往会忽略一个事实，那就是，在参与政治时期，真正的作用是自下而上的，而非自上而下。就像他们从未意识到快艇老兵会彻底颠覆竞选结果，网民会击败丹·拉瑟一样，至于大批选民如何在没有媒体、没有操纵者以及没有通常意义上的总统竞选资金的情况下能够策划一场总统竞选活动，他们对这一点应该也是反应迟钝。

但是游戏竞争者不仅仅只是希拉里与康迪两位。在总统选举过程中她们还会遇到大量对手。希拉里是否有可能在政党代表大会面前中止选举？是否会出现另外一个共和党人选，而这个人又能阻止希拉里前进的脚步，从而使选拔康迪的运动变得没有意义？

第十一章

其他潜在候选人

在 2008 年，对于两个政党来说，都不存在一定会获得再次提名的现任总统，因此，他们自由选择提名人的可能性都不大。自二战以来，只有五次自由选择提名人的机会，即 1952 年、1960 年、1968 年、1988 年和 2000 年。

在每个政党内部，一开始便聚集了跃跃欲试的大批角逐者。即使其中有些人的说服力与康多莉扎·赖斯不相上下，但大多数人几乎都没有什么选拔机会（在总统选举的最初阶段，形势都是一片乐观）。但仔细进行研究，发现事实并非如此。

开始的时候我们对希拉里·罗德海姆·克林顿一定会成为民主党候选人这个前提着手，从而对各个竞争者逐一审视。

民　主　党

到目前为止，曾被认真提及的民主党潜在候选人有六名：希拉里、约翰·克里、约翰·爱德华兹、霍华德·迪恩、特拉华州参议员乔·拜登（Joe Biden）与印第安纳州参议员埃文·贝赫。参加角逐的人可能还会有更多。即使没有获胜的希望，但是参加早期候选人辩论（八到十名候选人站成一排，情景犹如参加一个拍卖会）的机会对某些渴望被关注的政客来说却是不可抗拒。

如前面所提到的，民调显示，希拉里的优势遥遥领先，其支持人数分别是克里与爱德华兹的两倍和三倍。然而，早期的民调也可能具有欺骗性。

当然，克里与爱德华兹都存在一个大问题：2004 年选举已经让他们俩元气大伤。

自从阿德莱·史蒂文森（Adlai Stevenson）在 1956 年连续两次失手总统选举以来，还没有哪一位候选人失败之后能够在接下来的竞选中再获提名。（理查德·尼克松 1960 年选举失败，1968 年获胜，但是他在 1964 年选举期间坐山观虎斗，对局势进行周密分析，以重整雄风。）实际上，在整部美国历史中，只有五位候选人作为各自党派的候选人曾经在选举中不止失败过一次，这五位候选人分别是查尔斯·平克尼（Charles Pinckney，1804 年与 1808 年）、亨利·克莱（Henry Clay，1824 年、1832 年与 1844 年）、威廉姆·詹宁森·布赖恩（William Jennings Bryan，1896 年、1900 年与 1908 年）、托马斯·E. 杜威（Thomas E. Dewey，1944 年与 1948 年）与史蒂文森（1952 年与 1956 年）。

毕竟，选举失败无论对候选人来说，还是对其支持者来说，都是痛苦的经历，而且有过失败经历的领袖不可能是安然无恙、毫发未损的。尽管希拉里的人气可能会帮助她在 2008 年民主党提名投票中比克里略占优势，但是，真正毁掉党派积极分子与忠贞者对克里支持的正是其在 2004 年的拙劣表现。

对克里来说，他似乎并未意识到自己已经在竞选中失败。大约在竞选六个月之后，他在《时代》上发表这样的声明"我们其实在发生战争的州都取得胜利"。① 哦，是吗？那么俄亥俄、西弗吉尼亚、肯塔基、密苏里、佛罗里达、新墨西哥、内华达以及爱荷华等州又怎么解释呢，这些州全都站在了布什这一边？

克里把他的失败归结为，共和党团队"花了六年时间来制定其选举战略"，而他只有八个月时间。《时代》表示，马萨诸塞州民主党人认为 2004 年 11 月 2 日"不过是他通往白宫之路的偏离"，并报道说他正计划在两个月时间内对二十座城市进行频繁访问，以扩大其在 2008 年的选举机会。②

听起来似乎有些不可思议，克里选举失败之后还剩下 1400 万美元。（候选人在竞选失败之后，银行里竟然还存有大量资金，这种现象如何解释？）克里现在正将他的资金分发给其他民主党人，试图为他的下一次总统竞选收买人心。

---

① "我们其实在发生战争的州都取得胜利"：佩里·小培根（Perry Bacon, Jr）发表于 2005 年 3 月 28 日《时代》上的《永远的乐观主义者：约翰·克里再次上路——罗列 2004 年失利原因并摆好迎战 2008 年的架势》（The Eternal Optimist：John Kerry Is On the Road Again, Listing Excuses for Losing in 2004 and Looking Like a 2008 Campaigner）。www. time. com/time/archive/preview/0，10987，1039699，00. html.
② "不过是他通往白宫之路的偏离"：《永远的乐观主义者》。

然而，现实主义者们打算将坏消息委婉地传达给这位参议员：对他来说，最好的情况不过是一位过气人物，最糟的情况就是永远也别指望梦想成真。克里将很大的希望都寄托在自己在参议院高效的工作能力以及最近在全国的亮相上。然而《时代》杂志却报道说，"国会里的一些民主党人私下里都对克里（他在参议院里从未受过特殊欢迎）希望成为总统这个想法嘲笑不已。"① 马萨诸塞州参议员擅自告诉参议院民主党少数党领袖——内华达州的哈里·里德（Harry Reid），共和党对布什有关社会保障的提议并未制定任何应付策略，里德转而告诉克里，他的失败让他无法就战略问题大做文章。民主党全国代表大会前主席史蒂夫·格罗斯曼（Steve Grossman）一语中的："民主党长期以来一直在为某人提供第二次机会。这是需要克服的一个重大问题。"②

　　民主党圈内对克里新一轮的竞选纷纷表示怀疑。《华盛顿邮报》报道称一位"曾经效力于克里竞选活动的知名民主党工作人员表示，参议员筹资成功（指2004年）的真正原因是出于对布什的反对，而不是出于对克里的积极支持。'如果他认为可以利用这一点更进一步，那么结果会让他不知所措。'"③

　　《华盛顿邮报》同时还引用了另一位不愿公开身份的民主党人的话，这位民主党人士曾经参与过克里竞选策略的制定工作——策略的作用可以说是微乎其微。"我实在难以想象有人会说，'上次效果还不错，我们下次也需要这些。'他说到。"④

---

①　"国会里的一些民主党人"：《永远的乐观主义者》。

②　"民主党长期以来"：《永远的乐观主义者》。

③　"曾经效力于克里竞选活动的知名民主党工作人员"：迈克·阿伦（Mike Allen）发表于 2004 年 11 月 9 日《华盛顿邮报》上的《克里重返参议院：助手表示他希望作为布什的对立面采取行动，2008 年将可能参加竞选》（'Fired Up' Kerry Returning to Senate: Aides Say He Wants to Act as Counter to Bush, and Possibly Run in 2008）。www. washingtonpost. com/wp-dyn/articles/A35224 - 2004Nov8. html。

④　"我实在难以想象"：《克里重返参议院》。

谈到民主党在全国选举中所犯的大错，可以说是不可饶恕。而克里的问题远不仅仅只是选举失败这么简单。他在民主党初选选民中的人气从来就不是很高。当霍华德·迪恩的互联网攻击使他面临来自左翼的严重挑战时，他的竞选活动开始土崩瓦解。依靠主流媒体对佛蒙特州的一次强烈攻击（可能由克林顿工作人员策划组织），克里才得以幸免。而其唯一的"名片"（越战纪录）却因为快艇老兵事件而永远失去公信力。

　　基本上来讲，约翰·克里在 2004 年的民主党提名中从未取得过真正胜利；只是其他人输掉提名而已。最初，全国的注意力都集中在霍华德·迪恩身上，结果发现他的情况过于不稳定，很难成为总统人选。而几乎未受到仔细研究的克里，击败迪恩的原因也不过是在最后时刻，其越战老兵的经历让民主党难以抗拒而已。在接下来的初选（新罕布什尔州）中，媒体关注的焦点大多放在迪恩的溃败上，而并不是克里的凶猛势头，而当爱德华兹有机会形成有效威胁的时候，已经为时已晚。利伯曼与克拉克由于在爱荷华州缺席，甚至从未受到追踪报道。因此，克里 2004 年出现的真正原因不是由于在民主党内的深厚基础。他赢得提名不过就是数周内发生的事情而已，然后受到民主党人士的忠诚对待也不过由于他的竞争对手是布什而已。

　　如果反恐战争还会延续到 2008 年，克里不可能再次赢得选民们的信任。

　　另外一名参加过 2004 年选举的候选人可以说是深得民主党思潮精髓，他就是北加州参议员约翰·爱德华兹。这位前出庭辩护律师是一位年轻、富有魅力的演讲家，他当初赶上了 2004 年初选的末班车。与迪恩、格普哈特一样，爱德华兹也是通过积极的广告宣传来赢得支持，而克里却利用十分猛烈的攻击将他们淘汰出局。曾经有一段时间，爱德华兹看似能够扭转乾坤。但是非法操纵的竞选过程最终却按照民主党党魁们所希望的那样运转下去。如果时间充裕的话，尽管爱德华兹有可能会战胜克里，但他也无法在三个月整合所有资源来为各个重大初选进行广告宣传。因此他在月初就放弃竞选，最终被选为克里的竞选助手。

　　如果都参加 2008 年选举的话，爱德华兹的确比克里具有优势。第一，爱德华兹更加年轻。第二，2004 年选举失败并未给他留下太多恶名。实际上，在选举日之后立即就进行的民调显示，80% 的人表示在 2008 年最愿意看到的民主党候选人是希拉里或爱德华兹，或者表示尚不确定。只有 20% 的人提到克里，也就是几天前给克里投票的那些人。

但是，经过进一步分析，2008 年提名之后，爱德华兹所面临的障碍甚至比克里更多。首先，不利于他的历史作用甚至比克里更加明确。在历史上，只有一位失败的副总统候选人曾经当选为总统，即富兰克林·D. 罗斯福在 1932 年当选为总统，这已经是他在 1920 年选举失败后作为詹姆斯·考克斯（James Cox）竞选助手的 12 年之后了。另外，也只有一位失败的副总统候选人曾经获得总统提名，这人就是鲍勃·多尔，他在 1976 年与杰拉尔德·福特争夺共和党候选人，最终共和党输给吉米·卡特。（沃尔特·蒙代尔在 1980 年的副总统竞选中输给卡特，在 1984 年获得共和党提名，但由于他在 1977 年至 1981 年期间均担任副总统，因此并不显得那么重要。）

尽管他们没能成为总统，但大多数有着失败经历的副总统候选人都曾经给人留下深刻印象。比如，缅因州参议员埃德蒙·马斯基（Edmund Muskie）在 1968 年因支持休伯特·汉弗莱的表现而广受称赞。他曾经有一段时间在 1972 年的民主党总统提名期间处于领跑地位，最终被乔治·麦戈文赶超。乔·利伯曼在 2000 年曾经是艾尔·戈尔的副总统候选人，在 2004 年竞选总统候选资格，但最后也以失败告终。历史并不站在爱德华兹这一边。

另外一个不详征兆是约翰·爱德华兹在 2004 年大选期间的情况。当他接受民主党副总统提名的时候，面对全国电视观众发表了一次精彩的演讲，其辩护律师的语调节奏以及溢于言表的热情在美国大地四处回响。但是之后他便消失了。在接下来的竞选活动中，几乎都看不见他的人影；人们感觉仿佛随时都会收到一张绑架他的赎金通知。

内部八卦说克里从来都不太喜欢爱德华兹。"这个人怎么会觉得自己可以成为总统呢？"在初选期间克里曾这样问过自己的工作人员，他的轻视情绪似乎一直延续到秋季竞选活动。① 向之前的竞争对手倾诉也许从来都没有让克里感觉欣慰。毕竟，克里几乎是在请求共和党人约翰·麦凯恩改变其政党路线作为他的副总统参加竞选之后才选择爱德华兹的。由于迫切地想要找一个与自己竞选风格相匹配的同盟军，克里十分看重麦凯恩在越南北部战俘集中营被关押的漫长岁月。

在麦凯恩反复拒绝之后，克里才转投爱德华兹——主要原因是由于政党的一致选择，并不是因为这位北卡罗来纳州人的个人魅力。从一开始这就是民主党两个顶级候选人之间的某种联盟，一种类似于古老皇家婚礼的紧密结合，表明了政党左翼与中间派之间的联盟。

这位副总统候选人的确是出来亮了个相——但是结果在辩论中却输给了副总统迪克·切尼。显而易见，他对华盛顿的工作情况还不太熟悉（他只担任一期参议员），而且在与老到精明的共和党候选人交锋的时候，他明显实力不足。在辩论过程中，他因处理不当而自惹麻烦：试图利用同性恋中伤布什与切尼，以此来压制同性恋婚姻问题，爱德华兹不怀好意地对这位副总统女儿公布其同性恋身份的勇气大加赞赏。这属于一种卑劣勾当，但是全国人民都收看了这个现场直播。他们不会很快就原谅这件事情。曾经以积极面貌吸引选民们的爱德华兹，结果却成了最卑鄙的竞选者。

如果爱德华兹真的希望在 2008 年获得民主党提名的话，他将有另一个严重障碍：他将面临失业。如果放弃参议院职位来竞选副总统，那么他就失去了谈论当时问题的平台。克林顿、克里与贝赫参议员以及民主党主席霍华德·迪恩全都拥有吸引全国公众注意力的工具。而爱德华兹却什么都没有。

最后，爱德华兹的主要问题（就业问题）随着每份新的就业报告而逐渐被淡化。尽管我们无法排除在 2008 年之前美国遭遇经济萧条的可能性（这种情况通常在某个布什当选之后立刻就会发生），每月能产生 250 万个

---

① "这个人怎么会觉得自己可以成为"：《新闻周刊》工作人员刊登在 2004 年 11 月 15 日《新闻周刊》第 78 页上的《特殊选举问题：2004 年大选》（Special Election Issue: Campaign 2004）。www. msnbc. msn. com/id/3144249/site/newsweek。

就业机会的经济环境并不适合爱德华兹。关于国外外包导致工人失业，这才是其政治演说的标准内容，在 2004 年他从未离开过这个话题，但该内容在 2008 年可能会显得有些空洞。

第三个有可能会再次在 2008 年争取民主党提名的人就是霍华德·迪恩。由于击败克林顿候选人哈罗德·伊克斯成为政党主席（这个职位本身属于一项公益服务），因此迪恩这几年都有一个极好的发表演说的公共平台，这种情况一直会延续到 2008 年竞选。

而这也是他的最大问题。从一开始，迪恩就显露了自己只要站在麦克风前面就语无伦次的神奇能力。麦克风的听觉放大效果更是让他不知所措。正如《新闻周刊》所评论的那样，"迪恩赢得提名的步伐越近，他不假思索说错话的可能性就越大……媒体经常能够抓住他的话柄。一直以来，迪恩可以说是一门口无遮拦的'大炮'。"① 迪恩坚持拒绝在正式审判之前对本·拉登进行"评判"。他表示，"如果比尔·克林顿是第一位黑人总统，那么我就可以成为第一位同性恋总统。"②（根据推测，他的意思是如果克林顿为黑人群体所做的各种努力能够赢得他们长久以来的支持，那么他也可以用同样的方式来吸引同性恋选民。）在最近的演讲中，迪恩故意用鼻子发出有力的呼吸声，以模仿拉什·林堡，对他吸食可卡因进行没有根据的谴责。（拉什其实是在某次手术之后，因止痛而养成吞服止痛药的习惯。和其他许多人一样，他是被迫上瘾，而且很难戒除。而他并非服用消闲性药物，他长期服药不过是为了止痛。）当然还有最后那一次，迪恩在接受爱荷华州的失败时，大呼小叫得就像一只交配的黑猩猩。

他的前顾问乔·特里皮曾风趣地说道，"这个人（迪恩）尚未做好迎接事业辉煌期的准备。我的意思是说，他不仅现在没做好准备，将来看样子也不会了。"③ 迪恩可能是一位优秀的政党主席（无论如何都是一位大嗓门的

---

① "迪恩赢得提名的步伐越近"：《特殊选举问题》，第 52 页。
② "可以成为第一位同性恋总统"：《特殊选举问题》。
③ "这个人（迪恩）尚未做好"：《特殊选举问题》。

主席），但是他的口无遮拦却不足以匹配总统候选人所需要的庄严。谁都不希望喜欢到处叫嚣的人成为总统。理查德·尼克松在当选为总统之前，不得不花八年时间来清除自己极端党派偏见的名声。而鲍勃·多尔其实一直都在背负着这个恶名。

另外一名候选人——参议员乔·拜登曾在 1998 年民主党总统提名竞选中被迈克·杜卡基斯淘汰出局。（这难道不为您提供一些启示了吗？）他很难在 2008 年的总统提名选举中有所作为。他之前剽窃了英国工党领袖尼尔·金诺克（Neil Kinnock）的一篇演讲。金诺克本人就不该成为榜样，因为他是英国史上以最大悬殊输掉竞选的候选人之一，而拜登本该像其他所有政治家那样——抄袭自己的演讲稿撰写人的作品。

拜登以其在参议院对外关系委员会上对伊拉克战争清晰、客观、坦率的分析获得某种信任。但他毕竟也只是一名大势已去的过气人物而已。

印第安纳州参议员埃文·贝赫是 1996 年民主党全国代表大会的主要发言人，他具备在现代美国政治中想要取得成功似乎必不可少的一个条件：来自一个显赫的家族。尽管他努力争取，但他无法拥有像乔治·布什、希拉里·克林顿，甚至艾尔·戈尔所拥有的工作人员。（埃文的父亲伯奇·贝赫是一位富有传奇色彩的参议员，他曾利用自己在司法委员会的权力来控制共和党做有碍于宪法修正案的某些事情，如学校祷告或禁止使用班车接送学生来实现种族融合。他同样还是宪法第二十五条修正案的制定者之一，这条修正案对在总统失去能力的情况下应遵守的程序进行规定。他曾在 1976 年竞选总统，但在初选阶段输给吉米·卡特。）

如果在其他时期，贝赫可能会成为颇有竞争力的总统候选人，在接下来的几年里，他仍可能具有这种实力。但是民主党初选已经没有空间再容得下另一位中间派了。如果在 2008 年的初选过程中，选民希望选择一名自由分子，那么他们会选择希拉里。而如果他们希望一名中间派，他们还是会选择希拉里！贝赫所能扮演的角色，希拉里都扮演得更加出色。

希拉里·克林顿对民主党内部的大笔资金、其丈夫的受欢迎程度、对纽约州的控制（比起克里的马萨诸塞州、爱德华兹的北加州或贝赫的印第安纳州都要重要）、在超级代表中的领导地位以及在女性与民主党支持者心目中摇滚明星般的吸引力等方面都占有垄断优势，所有这些因素综合起来，使得其他人很难赢得 2008 年候选人提名。

只要希拉里一开口，便是她的天下。

共　和　党

共和党从本质上来说是一个君主制机构。在决定提名人选方面，合理性与血统主宰一切。尽管民主党在颠覆传统领先者方面颇为得意，尤其在初选早期更是如此，而共和党却对自己指定领先者的工作感到欣慰。

以下是共和党总统继任情况：最开始是在 1944 年与 1948 之间，纽约州州长托马斯·E. 杜威将领导位置传给温和的国际主义者德怀特·D. 艾森豪威尔将军。在右翼高华德短时间的执掌之后，火炬又传到艾克的副总统理查德·M. 尼克松的手里。尼克松任命福特。之后罗纳德·里根挑战福特，到了 1980 年，里根当选。里根传给布什，布什又传给他的儿子小布什——至于 2008 年，我们现在翘首以待。

共和党是否会改变世袭传统而从政党统治集团中任命某人呢？这种可能性不大。

然而并没有继承者可言。布什倒是有一个弟弟，但是布什家族连续有三个人担任总统，这个国家对此显然还没有做好心理准备。由于意识到这一点，佛罗里达州州长杰布·布什已经被明确排除成为其兄继承者的可能。无论如何，他教条地坚持让昏迷不醒的女植物人特瑞·谢维（Terri Schiavo）活下去，就是为了遂其丈夫的心愿，而全然不顾其无法恢复的现状，这一点就已经危害到杰布的政治生涯。将来杰布也有可能会参加总统选举，但几乎没人相信这会在 2008 年发生。

切尼是正统的继承者，但年纪太大，身体状况也并不乐观。到 2008 年他已经 67 岁，即使不能说垂垂老矣，但也差不多了。切尼的心脏病状况成为媒体关注的焦点，这种身体状况很有可能让他无法参加竞选。

在布什内阁成员中（其国务卿除外），一时还想不出继承者的潜在人选。

即使找不到明显的继承者，但是在民调中依然存在领先者——前纽约市长鲁迪·朱利安尼与亚利桑那州参议员约翰·麦凯恩。鲁迪处于领先带头的位置，他在 2005 年 6 月由福克斯新闻/美国民意动态集团进行的民调中吸引了 29% 的支持率；麦凯恩紧随其后，支持率为 26%。① 这两位有魅力的候选人在大选中的前景将都很可观。这两位温和派与中间派甚至都有可能击败希拉里·克林顿。

尽管他们在早期的民调中处于领先地位，但这两个人都不可能被提名。

朱利安尼在 9/11 之后理所当然地成为一名英雄，他在全美国人民心目中的形象依旧鲜活。当整座城市遭遇灾难的时候，他表现出来的直率、同情、坚定与果决将会长久地存留在美国人民的记忆之中。

甚至在飞机撞毁世贸大厦之前，鲁迪·朱利安尼就已经拯救过纽约城：当他在 1993 年担任纽约市市长的时候，这座美国最大的城市可谓犯罪猖獗，社会结构与经济基础因此而动摇。每年几乎发生两千起杀人案，纽约已不再成为企业设置总部的理想之地，中产阶级纷纷逃离，甚至连剧院与文化中心也开始感到手头拮据。

鲁迪解决了这座城市的犯罪问题，其雷厉风行的作风以及富有想象力的领导才能让纽约改头换面。在当时的副警长、现在已故的杰克·梅普（Jack Maple）鼎力相助下，鲁迪像指挥军事行动那样亲自指挥警察局来打击犯罪。每一天，警察局的头头们都要对前一天、上一周的犯罪统计进行仔细研究，为了处理新的威胁而重新部署警备力量。皇后区是否有强奸犯在逡巡？毒品团伙是否给哈莱姆区的某个角落带来恐惧？布鲁克林区是否发生窃车案件？

---

① "鲁迪处于领先带头的位置"：2005 年 6 月 14～15 日，福克斯新闻，民意动态调查。

鲁迪的警察局马上就会派遣增援力量。

对于一些轻微的违法行为，如录音机音量过大或吸食大麻等，他也坚持让警察依法办事。这并不因为那些与生活方式有关的犯罪行为有多么重要，重点在于他们为警察局提供追查嫌疑犯以及寻找武器与更多毒品的法律依据。这些人根本不知道自己什么时候就会被关进牢房。他还向假释犯人发送法庭传票，在这个过程中抓获无数流落街头的惯犯。

克林顿总统也在 1994 年以其具有里程碑意义的打击犯罪法案对这个城市鼎力相助（该法案的通过没有得到任何共和党人的支持）。尽管该法案的死刑与枪支控制条款备受关注，但另两个计划却关系重大：一个条款规定拨出更多资金在全国各地聘用警官，将城市警察局的典型规模从 10% 扩大到 20%，另外，数十亿美元的拨款用于监狱建设，让法庭重罪犯有了去处，而不是重返街头。克林顿立法的结果就是监狱人数翻了一番，而犯罪率却减少一半。

但是朱利安尼的表现甚至更为出色，当然，这与两位警长比尔·布拉顿（Bill Bratton）和伯尼·克里克（Bernie Kerik）的帮助密不可分。在他的任期内，纽约每年的杀人案件记录由原来的两千件降到不足六百件，而且仍呈下降趋势。① 纽约城现在被联邦调查局评为美国 25 座大城市中最安全的一座城市。它现在的暴力犯罪率在全国所有城市中名列第 203 位，排在弗吉尼亚州的亚历山大与密歇根州的安阿伯之间。

有着这样的从政记录，再加上对 9/11 事件前后的表现，谁能拒绝鲁迪成为总统人选？但令人遗憾的是，大部分共和党初选投票者真有可能会拒绝。

在这个国家最自由的城市当选及再次当选，朱利安尼的所有社会立场全都与共和党基本原则格格不入：

- 他坚决支持堕胎权，甚至支持晚期堕胎与医疗补助堕胎。
- 他赞成种族与性别平权运动，并在纽约城积极施行保留项目，以鼓励

---

① 纽约每年的杀人案件：2004 年 12 月 24 日发布于 newyorkcityvisit. com 上的《纽约市继续成为美国最安全的大城市》（NYC Remains the Safest Large City in the U. S. ）. www. nycvisit. com/content/index. cfm? pagepkey = 1411.

少数民族承建者。

●他强烈赞成对手枪与步枪的枪支控制，并作为纽约市市长负责全国大多数限制级枪支控制的活动。

●他支持大规模移民以及向非法移民提供公益服务。

简言之，朱利安尼不符合共和党右翼的所有检验标准。此刻，他对9/11事件的表现以及成功有力地打击犯罪的举措使他在民调中处于领先地位。作为经济上的保守派，他坚持共和党的经济信条。但是，在社会问题上，他属于自由派，而控制共和党提名流程的是基督教右翼与全美步枪协会。他们对潜在提名者的标准非常苛刻，如果不是纯粹的真正信徒，他们会感到不满意。他们会在初选的时候彻底打垮鲁迪。

例如，在2000年，约翰·麦凯恩（坚定的亲生命派）就因为支持竞选活动财政改革（改革提倡在削弱特殊利益集团权利的同时，来控制亲生命的政治行动委员会的权利）而让基督教右翼愤怒不已。由于认为被冒犯，这些人联合对亚利桑那州参议院施加压力，让他在关键的南加州初选中失利。这些人可谓赶尽杀绝。

且不论候选人的姓名、对外政绩或名声如何，共和党初选投票者会支持一名亲选择、支持移民、支持平权计划以及反对枪支的候选人，这一点绝对不可思议。

只要朱利安尼试探一下水温，这些人的存在，对他的候选资格来说就是一个莫大的危险。他可能会被当选，但他不会被提名。

鲁迪应该在2006年竞选纽约州州长。纽约州目前的共和党籍州长乔治·帕塔基将不会再次参加竞选。（他表示离职后将参选总统，但事实是，如果他选择与纽约州铁血检察长艾略特·斯皮策［Eliot Spitzer］同时竞选的话，他可能会输掉竞选。）到时候只要鲁迪提出要求（纽约州共和党对于社会立场并不那么吹毛求疵），他就会获得共和党提名，即使是面对斯皮策，他也很有可能胜券在握。

然而鲁迪并无意尝试入驻白宫，因为他实在太优秀了，而无法离开公众生活。

约翰·麦凯恩可以说是拥有当今最非同凡响的政治记录的人之一。他不仅生长于军事世家（其父亲与祖父都是海军上将），而且他的英雄主义无可争辩。与麦凯恩相比，克里简直就像是一名文官。当年他的飞机在越南北部被击落，他被关押在河内希尔顿这个无名之地的一家监狱里，在五年半的时间里，他的身体与心理都遭受到最惨无人道的折磨。在同伴意志消沉的时候，他从来都是不知疲倦地鼓励他们，这场常人无法理解的残酷考验让他变得更加坚韧勇敢，他的信念也因此更加坚定。

在历史上，还没有哪一位总统候选人的爱国故事比他更加感人，其不屈不挠的精神也可以说是无人能敌。

我们认为，在参议院里，他与民主党乔·利伯曼是最诚实坦白的两位参议员。（这是否是明褒实贬？）麦凯恩在关键问题上开辟了一条独立勇敢的道路，而这在上议院却不多见。

由于烟草利益为共和党参议员的竞选活动提供巨大资金，因此他们控制着这些参议员的选举结果，而约翰·麦凯恩偏偏与政党路线反其道而行之，支持克林顿总统影响深远的反烟改革，禁止向儿童进行烟草广告和宣传。在面对来自自己政党的一片反对声时，麦凯恩要求大型烟草商应该遵守食品与药品管理局的规章制度。他说，烟草是让人上瘾的毒品，而香烟则是传递毒品的工具。麦凯恩失败了，由于民主党与共和党参议员都垂涎于烟草商们对他们竞选活动的赞助，麦凯恩最终寡不敌众，但他忠于原则的态度令人击节赞叹。

他在结束这场斗争之后，马上就投入 MFMS① 竞选活动财政改革中去。尽管大家都知道有人在利用法律空子使用一些来路不明的巨额资金，但自从白水门事件之后，这是首次试图制止特殊利益集团影响美国选举权力的运动。

---

① 分别指麦凯恩、费因戈德、米汉与谢斯四人。——译者注

麦凯恩再次面临自己政党的强烈反对，这次反对以肯塔基州参议员、参议院共和党竞选活动委员会前主席米奇·麦克内尔（Mitch McConnell）为首。这位肯塔基人希望维持旧有体制，因为旧体制为共和党坚定分子在全国筹资方面提供很大优势。

但是麦凯恩坚持不懈，并在康涅狄格州议员克里斯托弗·谢斯（Christopher Shays，众议院最优秀的议员）的帮助下，最终取得成功。

（麦凯恩有关制定限制大财团政治权力的立法的失败以及迪恩通过网络为自己筹集干净的竞选资金，都表明了将来的竞选活动财政改革在于网络，而不是通过联邦立法。）

当集体贪欲让美国深陷丑闻之中，像世通、美林证券、环球电信、所罗门美邦投资公司及安然等大公司也纷纷因内部交易以及更恶劣的罪名被指控，正是麦凯恩提议进行一系列真正的改革。参议院慌了手脚，并通过一项没什么力度的法案，而麦凯恩有关真正改革的提议却被束之高阁。

拥有这样的记录，有谁能够拒绝麦凯恩？但同样地，共和党初选投票者们却能够。

参议院里的共和党同事普遍不喜欢麦凯恩的立场，他会遭到整个政党机构对他的一致阻挠。一个见解独特的人在民主党初选中可能还有机会，但在共和党选举中，他可以说没有成功的希望。

这位亚利桑那州温和派在2005年5月继续对抗他的政党同事，当时他带领14名参议员小组，就阻挠司法提名议事之战进行商谈妥协方案。民主党发出威胁，如果重新制定法规来禁止阻挠司法提名议事的话，他们就会采取报复行动，麦凯恩所率领的温和派充当了临时代理人。（想要放慢这位参议员的进程，就好比在一只乌龟身上挂一条链球那样无济于事。）当布什指派一名亲生命派前往高级法院，谈判可能面临失败的时候，这些人终于达成协议，每组各七名参议员都采取中立态度——除非在极端情形下，否则民主党不得阻挠议事，而只要民主党做到这一点，共和党就不会要求重立法规。

但是对于那些要求重立法规的共和党同事来说，他们不会因为此项协议而对麦凯恩产生好感。他们所希望的人选是像伦奎斯特（Rehnquist）①、斯卡利亚（Scalia）② 与托马斯（Thomas）③ 这样能够敲定最高法院裁决的人——可以投票推翻"罗伊对韦德"法案而再次将堕胎定为非法的极端保守主义者。

麦凯恩这种拒绝成为极右派的政治家风范会让他在共和党总统提名竞选中付出惨重代价。

在 2000 年初选中输给布什之后，约翰·麦凯恩暴露了他在共和党初选中赢得投票的不足。在无党派人士可以参加投票的地方（如新罕布什尔与密歇根等州），麦凯恩的竞选势头就非常好。但是，如果无党派人士被排除在外，像纽约州，他的候选人资格选举就会受到冷遇。

比如，在 2000 年新罕布什尔州的初选过程中，这位亚利桑那州参议员在无党派选民中以 62 比 19 的优势击败乔治·W. 布什，但是在共和党注册选民中，却以 38 比 41 处于劣势。

由于大多数规模较大的州都不允许无党派人士在初选中投票，因此麦凯恩想要获得提名，将会困难重重。敢于反对，行为独立，这些优良品质让他成为一名极具魅力的参议员，而同时也破坏了他在党派忠实者心目中的吸引力。与鲁迪·朱利安尼不同，他不是因为社会立场不同而遭到拒绝（亲生命、反对枪支控制），他遭排斥的原因就是一般性的特立独行。

麦凯恩不仅要和他的共和党候选人竞争无党派人士的选票，而且参加民主党初选的候选人也是他的对手。允许无党派人士参与初选投票的大多数州都规定，这些选民拥有任意选举候选人的权利。因此，麦凯恩要在共和党初选中与鲁迪·朱利安尼竞争无党派人士的选票，而且还要吸引那些否则就有可能进入民主党投票站支持（或反对）希拉里的选民。由于民众对希拉里的态度从来都是爱憎分明，所以希拉里无疑会吸引一大批选民，而这些选民

---

① 前美国最高法院首席大法官。——译者注
② 美国最高法院大法官。——译者注
③ 美国最高法院大法官。——译者注

本来可以为朱利安尼或麦凯恩助阵。

套句约吉·贝拉（Yogi Berra）的不朽名言，麦凯恩将会"旧事重温"。在 2000 年的时候，如果不是比尔·布拉德利，这位亚利桑那州参议员很有可能就会击败布什，因为布拉德利当年在民主党初选时的竞争对手是艾尔·戈尔，在共和党初选期间吸引了一些本来可能为麦凯恩投票的无党派选民。

因此，朱利安尼与麦凯恩，一个立场中立，一个行为独立，这两位候选人都很难有赢得大选的机会，甚至都不会获得共和党坚定支持者的提名。

在其他潜在共和党候选人中处于领先地位的是参议院多数党领袖比尔·弗里斯特，这位来自田纳西州的心脏外科医生，现已在政界初露锋芒。据说他的背后有布什才华横溢的战略大师卡尔·罗夫鼎力相助，弗里斯特的竞选重点旨在赢得基督教右翼的支持。罗夫对如何在共和党初选中获胜可谓了如指掌，他可能认为朱利安尼与麦凯恩的思潮偏向中间派，需要帮助弗里斯特赢得右翼支持才具有竞争力。

根据这个策略，在利用议事阻挠妨碍布什总统司法提名这个问题上，弗里斯特向民主党籍参议员发起了威胁和挑战。尽管该策略使他在参议员同辈中的信誉备受影响，而且相同政党中的温和派们也因他刺激而达成自己的协议，这些虽然让他处境尴尬，但却赢得来自基督教右翼的一片喝彩。

如果麦凯恩与朱利安尼在初选中失败，弗里斯特就有可能成为捡漏的那个人。

对于弗里斯特来说，唯一的问题就是他无望在十一月的大选中击败希拉里·克林顿。作为一个极端的保守主义者，在堕胎、同性恋民事结合、枪支控制、死亡权利以及共和党右翼的其他奇怪问题上，他都将会是希拉里的理想对手。他成为候选人会将女性选民纷纷赶到民主党那边。

其实在这些问题上，弗里斯特与布什之间的差别并不大。那么，为什么弗里斯特会疏远女性选民，而布什当时却没有呢？

布什在 2000 年竞选总统的时候，他获胜的确切原因是低调处理这些问题，而弗里斯特的态度却是强调它们。由于自信能够获得共和党提名（布什从来没有面临过来自麦凯恩之类的强劲挑战），布什将谈论的重点放在自己是一位"富有同情心的保守主义者"，旨在结束共和党阵营里的种族主义现象，以恢复林肯时期的政党面貌。他表示，尽管他是亲生命派，但他并不认为就一定要推翻"罗伊对韦德"法案，而且认为这不应该成为竞选活动的关键问题。对于共和党关于拒绝为非法移民子女提供公共教育的提议，他挺身而出，表示反对。正是由于把自己塑造成一名温和派的形象，布什才得以在2000年获胜。

在2004年的选举活动中，布什对他的社会保守主义态度要公开许多，但是在那个时候，这已经不那么重要了。恐怖主义才是唯一的问题。在2000年给戈尔投票的女性选民现在纷纷转向布什的原因是她们相信布什更能保护她们的家园，也是因为她们对克里处理恐怖主义的能力表示质疑。尽管白人女性选民对布什的社会议程颇有微词，但战争却降低了她们中的性别差距。

即使恐怖主义在2008年大选之前应该会再次爆发，但让人怀疑的是，弗里斯特是否有能力在这个问题上进行发挥。在谁是保护我们的最佳人选这个问题上，鲁迪·朱利安尼（或康多莉扎·赖斯）轻易就会将他击败。没有吸引女性选民的个人制胜法宝，弗里斯特就因对保守主义信条的拥护而想战胜希拉里，几乎可以说是不可能完成的任务。

弗里斯特的右翼社会议程虽然能够吸引大批亲生命、亲枪支、反同性恋的基督教选民，但这是否就会提高十一月份的共和党投票结果？

不会。布什在2004年就已经把能够从基督教右翼那里所获得的选票都拿到手了。而且，不论共和党提名者是谁，这些人都会在投票开始前数周排着长队，迫不及待地去投票反对希拉里·罗德海姆·克林顿。

而且不要忘了：康多莉扎·赖斯对这群选民也具有吸引力。尽管身为"温和的"亲选择派，但她反对晚期堕胎，反对医疗资助，支持需要通知父母，赞成未成年人堕胎，这些态度让亲生命派也非常容易接受。她声称自己是"第二条修正案的狂热分子"，而这恰恰就是全国步枪协会所要寻找的对象。最后，康迪的宗教传统与坚定的个人信仰使她成为能够获得宗教右翼支持的理想候选人人选。但是她的性别、种族、对平权计划的支持以及"温和的"亲选择观点都不会像弗里斯特那样疏远女性选民。

即使没有刻意，康迪的工作也都完成得相当漂亮。

赖斯在共和党圈子里的出色表现有可能会为她获得 2008 年的政党提名。对于那些寻找反恐战争领袖的选民来说，她可以成为朱利安尼的有力竞争者。与赖斯竞争会将朱利安尼置于一个奇怪的位置：他的长处显然是他在 9/11 事件过程中的表现，如果是面对弗里斯特或麦凯恩这样的竞争对手，他完全可以将恐怖主义问题作为自己的议题。但是赖斯会让他的长处凸显不出任何优势。他肯定不希望在反恐战争领袖问题上与赖斯相互竞争。赖斯作为国务卿的从政经历，以及作为国家领导人对恐怖威胁所做出的反应，这些都使得她在鲁迪最有优势的问题上显得更有优势。而至于鲁迪在基督教右翼心目中的劣势，赖斯则完全没有。

尽管康迪无法拥有像约翰·麦凯恩那样的个人英雄事迹，但她同样也没有类似的包袱。与麦凯恩的特立独行不同，赖斯受到高级共和党当选官员与政党领袖的普遍喜欢。麦凯恩的优势是他在国内事务方面的经验，赖斯想要在这方面赶超他可能不那么容易。但她在教育与管理方面的经验，可能会让人感觉，作为总统工作，麦凯恩的法律背景似乎显得并不那么重要。

在参议员与州长位置上，有多少人做着成为总统的黄粱美梦，共和党总统候选人的名单就有多长。内布拉斯加州参议员查克·哈格尔（Chuck Hagel）与弗吉尼亚州参议员乔治·艾伦（George Allen）也对竞选抱有一丝希望。进入候选人名单的可能还包括纽约州州长帕塔基、科罗拉多州州长比尔·欧文斯（Bill Owens）、密西西比州州长及前共和党主席赫利·巴博（Haley Barbour）、前国土安全部秘书及宾夕法尼亚州州长汤姆·里奇（Tom Ridge）。无论是谁，只要能产生呼风唤雨的效果，他就会成为美国的下一任总统。

尽管帕塔基与里奇在全国拥有较高的知名度，但他们在民调中都没显露出"总统相"。而其他人在全国知名度方面都面临巨大障碍，尤其再加上资金有限，又面临全国有名的朱利安尼、麦凯恩与弗里斯特。而赖斯具备所有的优势。

所有这些让我们又回到起点：国务卿办公室。

第十二章
国务卿：康迪的未来在哪里？

如果赖斯明确决定参加总统竞选，一开始她就具备两个关键优势：高知名度与良好的形象。人们对她的普遍认可与广泛爱戴，她可以说是共和党候选人名单上真正的名人，其强劲的吸引力丝毫不亚于民主党候选人希拉里。

然而，通过最后分析，她的候选人资格将会取决于她作为国务卿的政绩。

在她的潜在竞争者中，没有哪一位担任的职位类似于她——要么声名远扬，要么一败涂地。鲁迪·朱利安尼目前只是一介平民，他的公共记录从现在到 2008 之间不会有太多改变——只要他以前的被保护人伯尼·克里克行为规矩。在参议院里，约翰·麦凯恩的投票处境可能会影响他赢得共和党提名——大多数参议员在选择议题时，都是出于安全。

作为参议院多数党领袖，比尔·弗里斯特的形势要比朱利安尼或麦凯恩更加热门。在由共和党控制的参议院里，身为政党领袖，他必须经常身处党派争夺最为激烈的要地，这既可能有利于其候选人提名，也有可能起到阻碍作用。

但是，赖斯所面临的挑战最让人望而生畏。作为美国外交政策的领导人物，谁知道她会在下一个四年有哪些举措？朝鲜是否会进行核弹测试，或者，更糟糕的是，他们是否会一怒之下在人口密集的首尔投放一颗核弹，从而造成无数百姓伤亡？伊朗是否会研制原子武器，以及是否会将这些武器走私给恐怖主义者？在前苏联日益动荡不安的环境下，普京与俄罗斯是否会幸存下来，或者是否会出现一个重大变革来动摇这个美国前对手？随着和平选举政府开始摸索着与以色列建立稳定关系，和平进程是否会扎根西岸？伊拉克与阿富汗的情况又会怎样，他们是否确立温和的民主政体？是否还有必要派遣美国军队，以及每天的伤亡情况何时才能结束？中国大陆是否会攻打中国台湾地区？印度与巴基斯坦是否会达成和平协议，还是会引起一场真枪实弹的战争，甚至可能是核战争？

那么国内的情况呢：恐怖分子是否会再次袭击？我们在联邦调查局、中央情报局、国家安全局、培训服务局以及国土安全部的警备人员是否有能力避免另一场 9/11 事件？

对于这些迫在眉睫的问题，我们不知道问题答案，因此我们无法预测赖斯被选为候选人资格具有多大的可能性。我们无法预测，康迪也不能够。我们只有拭目以待。

但是关键问题在于康多莉扎·赖斯比任何一位候选人或潜在提名者更有能力掌控自己的命运。其他人都必须要视情况而定，而她却能够引导事情的进程。如果她在任职期间表现出色，而且布什第二任期在外交事务上能够取得我们所期望的胜利，那么她就会出类拔萃。如果失败，她顿时也就会黯然失色。

小心驶得万年船。科林·鲍威尔在担任国务卿前期受到一致褒奖，但在离任前夕，与国防部部长拉姆斯菲尔德及副总统切尼的争执似乎给他的声望抹了一道阴影。他在联合国对伊拉克实际拥有大规模破坏性武器的问题直言不讳，这使他在公众认可度上付出惨重代价。即使他希望竞选总统，他这样的行为在今天看来也不太有可能。

康迪的生活里是否会出现类似危害，她是否又能够一如既往地、有效娴熟地来解决此类难题？

谁知道呢？但是，总而言之，在她踏上征程伊始，世界形势似乎乐观大于危险。

但是，要小心！我们是无可救药的乐天派——即使我们的国家正面临着一大堆令人望而生畏的国际挑战。

伊 拉 克

由于对伊拉克表现出坚定的耐心与毅力，当地终于建立了自己的民主选举政府，并且该政府现已能够进行独立管理，布什总统迈开了辉煌成功的第一步。尽管美国伤亡人数似乎还有可能继续，但是这些英勇的年轻男女是不会白白牺牲他们的生命的。

因为我们进驻伊拉克（而且不会被迫过早离开），民主政体已经扎根中东各地。埃及正在废除独裁政治。沙特阿拉伯进行了首次选举（尽管只有男性才拥有投票权），而科威特甚至赋予女性选举权。在西岸（全球冲突的中心），亚西尔·阿拉法特的腐败独裁统治已经被自由选举的政府所取代，现在的统治者是马哈穆德·阿巴斯（Mahmud Abbas）。

民主极具感染力。伊拉克选举官员印在数百万首次参与投票的伊拉克人食指上的紫点可能是人类最具传染性的"皮疹"。它很快就传播到世界各地。

叛乱分子为推翻民主政体而斗争的危险表明不仅伊拉克具有革命潜力，整个阿拉伯世界都需要革命。赖斯与布什将赌注下在了民主政体上，这个赌注会让他们收益颇丰。

当然，民主政体混乱不堪，毫无组织性与秩序可言。在未来数十年里，尖锐的反美声音将会继续充斥在巴格达的媒体与政治当中。然而，美国侵略的基本目的（以欣欣向荣的民主政体代替这个世界上最凶残的独裁统治）最终似乎已经实现。

如果战争变得明显的不受欢迎，赖斯可能会发现自己卷进此事。但是事情的结果取决于布什与其国务卿。至于为何卷进战争，他们两个人必须要反复地向公众提供有力证据，让公众理解战争的目的其实是为了实现他国的民主进程。

西岸与以色列

当然，每个人都知道恐怖主义问题的根源不在喀布尔，也不在巴格达和德黑兰，而是在约旦河西岸。民主进程必须从这个地方开始。

当以色列最初开始修建城墙，驱逐巴勒斯坦恐怖分子的时候，全球（及美国）都对此都表示强烈怀疑。柏林墙就是一个对照（即使西岸墙是将

269

恐怖分子驱逐出去，而苏联墙的设计就旨在监禁俘虏）。

但是城墙却产生奇效。在以色列，自杀/杀人爆炸事件已经变得非常罕见。司空见惯的流血袭击事件（类似于分批进行的大屠杀）也大幅度地有所下降。

城墙不仅解除了犹太人对每天爆炸事件的提心吊胆，对以色列人来说，也不再需要与敢死队一起在恐怖分子攻击之前对他们采取报复行动。随着以色列人与阿巴斯政府之间在年初达成休战协议，本来想通过以暴制暴的方式阻止自杀爆炸者的荒谬政策渐近结束。在这么不稳定的地区，所有休战协议都是站不住脚的，但是城墙却几乎无法再让哈马斯①与其他恐怖分子随心所欲地让以色列人流血身亡。

恐怖组织需要不断以巴勒斯坦人的鲜血来阻止难民营继续招募那些满腔激愤的自杀/杀人爆炸者。这些邪恶的组织需要不断以孤儿寡母来煽风点火，只要一声令下就有人愿意去执行暴力事件。

但是中间隔了一道城墙，他们再也无法在这个地区制造紧张气氛，无休无止的仇杀事件也终于可以得以平息。因此，西岸人民可以将更多的精力放在内部改革方面。他们需要清理巴解组织政府内部臭名昭著的腐败现象，世界各地对这个国家穷困百姓的慷慨救助全都被政府独吞，而根本落不到急需这些救济的百姓手里。现在他们已经建立起自己的政府，而这个政府承诺要在西岸缔造一个切实可行的政府与国家。

以色列在一旁观望着伊拉克，看到数十万美军与盟军进驻那里，表明了支持自由及付出伤亡人员的意愿与决心，如果有必要，他们就会去杜绝恐怖主义。城墙以及美军就近驻扎所带来的安全感让以色列人振作起来，以色列的政治家们愿意抛弃加沙地带，并愿意强迫拆除其居民点。

对于西岸问题，真正长久的解决方案也许并不遥远。自从亨利·基辛格在位以来，美国历届国务卿与总统一直都在成功地主持中东和平会议。双方

---

① 为巴勒斯坦一个激进的伊斯兰组织，以针对以色列搞极端恐怖活动而著称。——译者注

握手言和真正意味着和平不是不能实现，只是当初不愿面对和解决。然而，布什总统武装进驻伊拉克的决定以及以色列总理沙龙修建城墙的举措共同营造了一个和平能够得以生长的环境。

美国国务卿的典型任务（中东和平）也许在康多莉扎·赖斯当政期间能够实现。

伊　朗

早在巴勒维统治时期，伊朗就渴望拥有核武器。伊斯兰国家能够拥有原子弹的想法似乎对这位阿亚图拉①极具吸引力。阻止伊朗研制核武器一直是美国政府的目标，但是只有在最近，随着伊朗加快进军核俱乐部的步伐，这件事情才变得刻不容缓。

但是要记住三点重要内容：

①如果伊朗计划毁灭世界研制原子弹的话，它不会与英国、法国、德国进行谈判，而只有通过这些国家，美国才有可能跟伊朗进行沟通。（而同样研制核武器的朝鲜愿意接受谈判是因为它的动机不同。对朝鲜人民来说，利用原子弹作为威胁是其获得经济资助的一个主要手段。）

但是伊朗人一开始是不会同意谈判的。出于担心联合国的制裁会危及他们的经济状况及政体存亡，他们有可能会接受谈判。或许，他们并不真正想要研发什么原子弹，而不过是想利用这个威胁来换取一些实质性的回报。或者，也可能是由于美国进驻其邻国伊拉克，产生了一个实际效果。或者，他们可能认为，如果他们表现得太过分，美国或以色列会结合地面武装力量与空袭对其进行"外科手术式攻击"，将他们的核武器计划在发挥作用之前就扼杀在襁褓之中。

---

① 高级的男性伊斯兰教什叶派宗教权威，一般担任一个政治角色并被认为是值得仿效的对象。——译者注

无论如何，如果不是因为躲避制裁，或者从会谈中捞取利益，我敢说伊朗人是不会接受谈判的。

②在一次又一次的选举当中，伊朗人民表现出对教权政体的不满，有75%的人都投票支持具有改革精神的候选人。今年阿亚图拉解决了这个问题，他们从一开始就禁止任何改革者参加竞选，但是想要让伊朗人民爱戴他们，这么做无济于事。伊朗政体的不稳定性可以说会威胁到整个世界。邻国伊拉克（他们多数人口也都属于什叶派）的民主制度对他们的激励越大，其政体瓦解的可能性就会越大。

当然，在最近一次的伊朗选举中，马哈茂德·艾哈迈迪内贾德（Mahmoud Ahmadinejad）就任伊朗总统，他可能是1979年美国大使馆人质劫持者之一。虽然他似乎要比自己的对手更加强硬，但他身上多少带些人民党人的气息，他把伊朗的当务之急从摆脱美国这个"魔鬼"转向解决一些紧急的国内问题，比如经济增长缓慢以及普遍的贫困现象等。

③最后，即使教权政体依然存在，伊朗也研发出原子弹，但这不一定就意味着文明的终结。朝鲜的金正日也许只要自己能安全逃离，就并不在乎自己的国家是否被报复性核武器攻击给破坏。萨达姆·侯赛因的想法无疑也是如此。但是，管理伊朗的神职人员有一个很明确的想法，那就是建立一个切实可行的伊斯兰国家，成为世界的榜样。他们并不愿意看到这个国家分崩离析。常规的威慑手段在这里可能也会有效（无论报复性威胁来自美国，还是以色列，或是来自这两个国家），这种手段就曾抑制过斯大林对苏联、毛泽东对中国的专制统治。

伊朗获得原子弹的真正危险是他们有可能将原子弹提供给恐怖分子。但是我们之前就曾面临过来自苏联以及巴基斯坦核试验室的这种威胁。阻止原子弹落入恐怖分子之手是一项艰巨的任务，如果伊朗获得核武器，那么这项任务将会变得更加困难，但也不是说就没有完成的可能性。

无论如何，如果没有谈判理由，伊朗是不会接受谈判的，但最终达成的任何一项协议都有可能让康多莉扎·赖斯成为受益者。

朝   鲜

由于不惜牺牲自己的人民，因此金正日统治下的朝鲜所构成的威胁就最大。他利用障眼法，在 1994 年与比尔·克林顿签署框架协定，但他没有履行任何协议规定，而不过是拖延时间研制原子弹而已，美国人对此却一无所知。到了 1998 年我们的情报人员发现平壤正在秘密进行核武器研制，克林顿当时正面临弹劾事件，对这一噩耗也无暇理会。

朝鲜现在已经拥有原子弹，其领导人对使用原子弹的态度也是泰然处之。由于朝鲜与韩国首都首尔之间的距离在炮弹射程之内，而且首尔又是一个拥有上千万人口的密集城市，只要金正日发射核武器，就会造成数百万人死亡，而对于这一切，我们无能为力。

但也不是说一切无可挽回。

朝鲜在经济上完全依赖三个国家：中国、日本和韩国。如果没有来自中国的燃料与食物供应，或者如果没有居住在日本的朝鲜人给他们忍饥挨饿的家人汇款，这个国家就会灭亡。随着首尔政府试图通过增强经济合作来安抚朝鲜，韩国与朝鲜之间的经济关系正逐月得到加强。

问题是，中国是否会利用她与朝鲜的优势关系来牵制其核武器野心？最终，美国会发挥其巨大的力量促使中国这么做，因为我们是北京的最佳客户。

与大英帝国在 19 世纪扩大其全球实力的策略相比，美国现在所使用的策略可谓是反其道而行之。大不列颠王国在世界各地销售产品，并在海外进行大规模的投资。世界是她的最佳客户，而伦敦就是老板。

然而，中美关系正好相反。美国与北京之间的买卖差距为亿万美元，我们鼓励像中国这样的国家对美国短期国库券以及其他以美元发行的股票进行大量投资。如果英国是世界的供应商，那么我们就是这个世界的消费者。如果伦敦拥有大量海外土地，那么我们国土中有很大一部分属于他们。

我们认为，如果一个国家的商业能从我们的消费者这里挣钱，而且在美国投资里占有股份，那么他们将会不遗余力地与我们合作。与将产品销售给一个国家相比，从一个国家购买产品会获得更多优势，或者，与在那个国家进行投资相比，接收他们的投资也是如此。这就是对我们与中国之间的关系最好的一个诠释。

美国向中国出口的货物价值只有 220 亿美元，而从中国进口则高达 1250 亿美元。[①] 日本曾是美国最大的赤字交易伙伴，但现在其赤字比中国还要低 30%。

美国是否有能力或愿意利用与中国关系上的优势来制约朝鲜呢？我们是否能够面对这样一个威胁：为了阻止朝鲜利用核武器或将核武器提供给恐怖分子，就从我们的经济中撤销低成本的中国商品呢？

最后，朝鲜正试图与美国、韩国及日本达成经济协议。他们希望有所回报。他们研制核武器的整个动机就是要获取一个交易筹码，以换取自己国家既不能生产也购买不起的食物与燃料。

一方面，美国、日本与韩国最终愿意满足朝鲜的经济要求，我们另一方面也在给中国施压，两方面的努力可能会避免一场核武器攻击以及不必要的死伤现象。

在朝鲜半岛，不得不考虑到多边关系。没有人希望朝鲜成为一个核武器国家。毫无疑问，可能性最大的目标国日本与韩国当然不希望如此。就是俄罗斯也表示反对。原子弹有可能会落入伊斯兰好战分子或车臣恐怖分子之手，这些人就有可能利用原子弹骚扰俄罗斯的南部边境，这对莫斯科来说，

---

①　美国向中国出口：布鲁斯·巴特里特（Bruce Bartlett）刊登于 2003 年 8 月 31 日《华盛顿时报》上的《中国贸易赤字的艰苦努力》（China Trade Deficit Travail）。www. washtimes. com/commentary/20030831 – 102452 – 7124r. htm。

可不是一个可以忽略的小问题。至于中国，它也不希望在该地区出现另一个核武器国家，因为这会削弱其在东亚的核武器垄断地位。

通过坚持不懈的努力，六方会谈应该会收到效果——但是在这里，即使是乐观主义者，也必须谨慎行事。朝鲜人就曾蒙骗过克林顿。布什与赖斯必须要非常仔细，达成真正协议后才可提供帮助。

俄罗斯与东欧

当赖斯首次踏入白宫作为乔治·W. 布什的苏联专家时，她与这个世界一起目睹了这个"邪恶帝国"崩塌的全过程。现在，这个情况还有可能会发生：在格鲁吉亚、乌克兰与吉尔吉斯斯坦等国，人民坚决要求自由，这也许又是类似苏联帝国轰然解体的前兆。

在苏联解体之后，其之前大部分的组成国"人民共和国"现在只保留名义上的民主，这些国家基本上也都选择以前的共产党掌权者作为他们新的总统。但是，随着北大西洋公约组织与欧盟一直将范围扩展到苏联边境（对于拉脱维亚、立陶宛与爱沙尼亚等国，则一直扩展到这些国家境内），对自由的渴望又开始蠢蠢欲动。看到欧美经济的蓬勃发展，躁动不安的人们渴望能够加入到现代世界的行列。

前国务卿亨利·基辛格表示，俄罗斯要么进行扩张，要么收缩范围，它不可能停滞不前。俄罗斯境内包括这么多意见分歧且具有对抗性的民族，其瓦解的可能性可谓呼之欲出。俄罗斯可不是一个大熔炉。不同的民族聚集在一起，充满敌意地相互看着对方。俄罗斯只有进行扩张才可阻止他们。如果莫斯科在边境争夺新土地，那么已经被征服的少数民族由于感同身受，会默不作声地躲到一旁。但是，如果反叛与民主的精神渗透到这个多语言帝国周围，那么谁也说不准将会发生什么。

弗拉基米尔·普京（Vladimir Putin）以越来越多的独裁行为来回应对民主日益高涨的呼声。在国内，他为自己赋予任命各州州长的权利，并取消单一席位选区，因为一半杜马①议员都来自这些选区。由于所有州长都由他来任命，政党候选人名单上的所有议员都由他来控制，普京正让俄罗斯一点一点地在远离民主。

在国外，在乌克兰，亲民主候选人维克多·尤先科（Viktor Yushchenko）被人投二恶英而中毒。尽管如此，他成功激励民众发起"橙色革命"。我们有幸与尤先科有过一起工作的机会，亲眼目睹了这位乌克兰人支持自由的热情。这种热情短时间内将不会消失。

布什与赖斯会在东欧各国与俄罗斯看到大把推进自由与民主的机会。

恐 怖 主 义

我们是否还会经历一次 9/11 事件？谁知道呢？如同球技高超的曲棍球守门员一样（鉴于国家曲棍球队最近制造的麻烦，他们这段时间很少出现在球场上），联邦调查局、中央情报局、国家安全局、国防部、地方警察局以及国土安全局的同仁们（尤其是客户服务系统、惯性导航系统与数据交换协议）将恐怖分子的"射门"——挡在了"球门"之外。

但这并不表明恐怖分子没有动作，只是许多攻击被化解了而已。其中最有名的一次就是企图轰炸布鲁克林桥，政府还是通过左翼希望撤销的"爱国法案"中的一些明确条款才注意到这次事件。但是，正如布什所讲的那样，在我们努力去发现、拦截与制止袭击的过程中，我们每次都是击中目标；而恐怖分子只成功了那么一次而已。这是令人无法忍受的一种生活方式。我们的技术与运气不可能永远维持下去。

阻止恐怖分子的一个有效行动就是停止为他们提供资助。在近期内，布什政府已经表示愿意采取措施来关闭那些为恐怖分子提供捐赠的慈善机构（我曾经向克林顿总统极力主张这项策略，但未果）；这些行动证明非常有

---

① 俄罗斯议会。——译者注

效。然而从长远来看，躲避伊斯兰原教旨主义恐怖分子的唯一途径就是停止从国外进口石油。

说得再多其实都不会改变我们国家的石油购买习惯。目前燃料的价格上涨不是由于供应国家的分裂瓦解，而是由于多数之前工业不发达的第三世界国家（主要是中国和印度）对石油持续增长的需求所造成的。石油市场只会变得越来越供不应求。只要我们每天进口的石油超过 1200 万桶，开发阿拉斯加就会减少这个数量；我们国家的石油，60% 都来自国外。[①]

对恐怖主义的真正解决办法就是将我们的汽车燃料从石油转变成氢气。这些混合式汽车靠电来运转，但是在汽车运行过程中，由一种氢气燃料电池对其进行充电。

氢气既不会造成污染，也不会引起全球变暖，而且使用氢气也不会为恐怖分子提供足以破坏我们的资助。氢气不是绿色问题[②]——它是红、蓝、白问题[③]。布什与赖斯依靠为美国采取氢气计划就可致命削弱恐怖分子的力量，同时还可有助于减轻全球继续变暖。

我们可以通过水电解，或者使用天然气非燃烧化学物质来产生氢气。

我们有的是大量水资源，甚至下水道里的水都可被利用。当然，电解会用去大量的电，但是我们的电力资源大多来自火力、水力和核发电站，几乎不来自石油。（我们国家的石油需求中 2/3 是作为汽车燃料。）因此，提高电力需求可以让我们摆脱对进口石油的依赖。

当然，我们不一定非要燃烧更多煤炭，但是因经营规模扩大而带来的经济节约以及更为先进的科技应该会适时减少水解获取氧气的电力需求。而燃烧煤炭并不会产生更严重的污染或加重全球变暖效应。正如著名的环境积极

---

① 60% 都来自国外：2005 年 5 月 24 日，加州美国环保署秘书特里·塔米伦（Terry Tamminen）给作者的电子邮件。
② 喻指环保问题。——译者注
③ 喻指博爱、自由、平等。——译者注

分子、加州环境保护组织前秘书长特里·塔米伦所指出的，燃烧煤炭所产生的二氧化碳通过目前的技术"可隐没到煤层当中"，而不会溢漏到大气中去。[1]

或者，我们也可以从自然气中获取氢气。这可能会产生少量污染，但是污染程度不可与石油或煤炭相提并论。我们可以从"农场废料、城市绿色垃圾与垃圾填筑地的废气"中提取天然气（也被称作甲烷），这种说法也是来自塔米伦。[2] 在我们从这些资源中提取足够的天然气之前，我们可以从许多国家（如澳大利亚、智利以及南美诸国等）进口液态天然气，这些国家与 OPEC 或恐怖主义都没什么关系。

但是在谈到远离石油这个问题上，布什政府有一个盲点——因为有人希望成为德克萨斯石油商。尽管总统赞成把氢气作为长期解决方案，但我们需要马上采取行动。

加州州长阿诺德·施瓦辛格率先起到带头作用。这位州长依靠联邦政府及私人的资助，已经将提取足够氢气设为州项目，并将这些氢气提供给各大汽车加油站，计划到 2010 年的时候让加州人大规模地使用氢气燃料电池作为汽车能源。

施瓦辛格计划要求加州州际高速公路沿线加油站提供氢气，并为加州汽车提供足够的这种气体。由于那里的居民几乎全都居住在这些公路附近，因此在整个加州都有可能以氢气作燃料来驾驶汽车。他还计划与英属哥伦比亚、华盛顿州、俄勒冈州与下加利福尼亚联手建造"氢气高速公路"，从英属哥伦比亚通往下加利福尼亚。[3] 由于美国 1/5 的新车销售都来自加州，这些举措可能很快就成为打击恐怖主义的有效途径。

当然，氢气也是解决全球变暖现象的一个办法。只是布什政府假装没

---

① "可隐没到煤层当中"：2005 年 5 月 24 日，加州美国环保署秘书特里·塔米伦给作者的电子邮件。

② 我们可以从：2005 年 5 月 24 日，加州美国环保署秘书特里·塔米伦给作者的电子邮件。

③ 氢气高速公路：作者于 2005 年 1 月对特里·塔米伦的采访。

有全球变暖这回事，不采取任何严肃对策，他们这种不闻不问的态度到底会保持多久呢？在政府认真对待之前，北极或南极的冰冠还需要再溶解多少？

布什似乎并未意识到气候变化威胁的严重性（直接导致海平面升高）。全世界几乎都在这个问题上齐心协力，以至于京都条约没有美国人的参与也可生效。但是，对这个明显的问题（这对我们全球气候造成极为不利而危险的影响）视而不见的恐怕只有美国了。

美国国内的保守分子承认全球温度在持续上升，但是他们认为这是由于火山喷发等自然原因所造成，因此我们无能为力。中间派与自由分子同意火山等是全球变暖趋势的主要原因，但同时表示我们需要减少人为的气体排放（喷射出的烟灰就像毛毯一样罩住地球），以减轻这种现象的恶化。我们不能眼睁睁地看着无数百姓的家园被洪水淹没。南亚的海啸灾难如果与50年之后被海平面上涨的海水所吞没的无数家园相比，也只能说是小巫见大巫。

布什与赖斯无需在京都条约上过于保守。他们需要以加州州长为榜样。

因此，康多莉扎·赖斯在担任国务卿这项"出力不讨好"的职位时，可以说面对巨大挑战。但是对于最为紧迫的问题，其中多数的答案似乎都非常明确。的确，布什在第一任期内所采取的有效军事行动已经为美国外交政策取得巨大进展打开了局面。

作为奠定布什第一任期外交政策以及让这些政策得以实现的团队成员之一，赖斯无疑对其中各个环节都感同身受。我们无法辨别事情的进展到底会怎样，但是由于赖斯对这个国家的重要进程都有所参与，一想到可能由她来掌握美国大权，就足以让人感到欣慰。

如果赖斯现在能够强烈吸引公众情感，她在这份高调工作中的表现可能会越来越出色。我们可以放心地做这个假设，在声望、受欢迎程度或生平等方面，康迪的对手中没有一个能够与她并驾齐驱，就算希拉里使出浑身解数，也很难做到。

但是如果支持者希望赖斯参加竞选，他们不会只是抱着坐等的态度。从定义上来讲，"选拔"是支持的一种自然流露，不是由候选人自己而是由其支持者来实现，这种情绪会变得越来越强烈，康迪最终不得不妥协于这种热情，从而参加竞选。她的支持者一定会竭尽全力使康多莉扎·赖斯参选总统成为可能。如果没有民众的真正努力，像康迪这样的候选人是无法被选拔上的。

　　后面的内容就是有关其支持者会采取哪些行动……

第十三章

选 拔 康 迪

如果康多莉扎·赖斯准备参选，那么这个候选人资格一定是她身边的支持者提供的。这肯定不是她费力争取的一个结果，而是由那些希望她能够成为总统的人把她推到了那个位置。

因此，选拔到底会产生什么效果？没有了在烟雾缭绕的会议室里召唤某个"黑马"候选人参与冲突之中，现代选民是否有能力创造一个候选人资格，然后再邀请这位候选人加入到他们的队伍当中呢？

这不仅能够实现：通过互联网及现代沟通工具，而且比以往任何一个时候都更容易。

其支持者必须把她的候选人资格想象成一个硬面包圈：在候选人浮出水面之前，深入周围竞选活动，并保持这个位置空缺。他们必须事先利用充足的资金、支持、地域传播及势头来打造一场选举活动，然后再等待某位候选人为这场选举活动推波助澜。好比胚芽周围的营养物质，在候选人有可能参选之前，竞选活动必须呈现苗壮成长的态势。

如何才能为这样一位候选人积聚势头呢？显而易见，开始就应该传递这样一种信息，赖斯是希拉里最强有力的竞争对手。随着这位前第一夫人接近终点，即将赢得民主党提名的时候，有些人看到她将会成为多么糟糕的一位总统，这些人越来越认为想要改变这一现实，非赖斯莫属。

与此同时，由于遭到共和党选民基础的抵制，朱利安尼与麦凯恩作为候选人的势头逐渐削弱，事情变得非常清楚，共和党正面临这样一个窘境：很难出现有可能战胜希拉里的合适提名人选——另外一位亲生命、亲右翼的白人男性，准确地说就是与克林顿夫人正好相反的类型。

需要赖斯的呼声将会来自民众（及网民），因为越来越多的人开始意识到她参选的必要性。同时，赖斯作为国务卿时的政绩以及在要求极高的国际舞台上的表现都将会凸显她的形象，她的候选人前景也令人十分看好。

在全国媒体对赖斯参选进行大肆报道的同时，"康迪俱乐部"定会在全国各地拔地而起。如果没有一位候选人，甚至一位高调的代理人，活动在最开始的时候会显得混乱无序——但这正是民众参与选举活动的特点。

"赖斯竞选总统活动"无需中央控制，只需要在各地方水平上保持一致即可。她的支持者无需等待命令，但是需要采取主动，应具有面向全国的战略性思维，但又从地方上开始具体行动。

总统选举活动似乎是全国性事件，但无需以这种方式开始。在选举日之前的很长时间里，即提名会议之前的几年里，总统选举活动其实都是在各州范围内进行。由于每个州都拥有自己的初选或决策体系，总统选举活动最初都是在地方上展开。在这个过程早期挑选自己会议代表的各州（如爱荷华州、新罕布什尔州、特拉华州、亚利桑那州与南加州等）极为重要。重要性紧随其后的就是一些规模较大的州，现在这些州都为两个政党的提名过程做好了前期工作——如加州、纽约州、佛罗里达州与德克萨斯州。

通常来说，一名总统候选人会在初选比较关键的几个州里亲自带头建立地方委员会，在各地开展巡回活动，在那里招待集资者，以及在另一名政党候选人联系当地重要政党积极分子之前与他们取得联系，并将他们招至麾下。

但是在选拔活动中，赖斯的支持者必须认定她绝不会拿起电话去请求支持；她的支持者必须为她做到这一点。对总统竞选来说至关重要的地方组织也将会自发组建。

然而，即使是州组织，规模也太大，不利于竞选活动的开始。大多数州都在选举区的水平上选择自己的会议代表。每个选区向州和全国大会派送自己的代表，其选民自己决定他们的代表将支持谁——至少在首轮选票过程中如此。因此，康迪的支持者除了需要在全国435个选区进行组织之外，还需要考虑华盛顿特区、关岛以及其他不代表国会但给代表大会派送代表的地区。

在许多州和选区，支持赖斯的代表可能必须以"不承担义务的"候选人进行选举，因为有些管辖区要求候选人积极采取措施，在选票上罗列出来——如果赖斯尚未决定参选，她肯定无法做到这点。但是"不承担义务的"候选人能够赢得初选及选民的支持，其所具有的特定戏剧性与新闻价值将会吸引媒体竞相报导，赖斯的候选人资格也将会因此产生独具一格的魅力。

在其他候选人不顾一切地为自己的选举活动煽风点火的时候，赖斯却按兵不动——但是随着人们逐渐积聚在她的周围，其候选人地位也会因此水涨船高。

当赖斯竞选委员会（康迪俱乐部）在每个选区推荐代表候选人名单时，他们必须为选举活动筹集资金。他们需要再一次在地方上开始行动。宣布竞选的候选人将从政治行动委员会及特殊利益集团筹来的钱大把地花在竞选活动上，而康迪俱乐部必须从周围邻居及其他地方的网络支持者那里筹集资金。每一个委员会、俱乐部都需要，而且也有可能会为自己的竞选活动筹集足够资金，这会与2004年迪恩选举时的情景差不多。

当人们往全国迪恩总部打电话或发送电子邮件的时候，他们所问的问题就是他们如何才能提供帮助。电话这头的工作人员只需要说："走出去，向您的亲朋好友、邻居同事宣传迪恩就可以了。"至于如何做到这一点，那是他们应该想办法解决的事情了。在赖斯的竞选活动中，可能甚至都没有人问这样的问题。

在共和党初选期间，赖斯不需要和竞争对手一样的资金。作为国务卿，她已经不断成为各大媒体报道的对象——她在数周内所获得的免费宣传效应比许多候选人在整个选举过程中所能积聚的曝光度还要高。

而且这一点几乎是确定无疑的：当赖斯乘着喷气式飞机满世界跑的时候，她哪怕是拿眼角稍微一瞥，也能注意到支持其竞选总统的呼声有多高。

如果赖斯从事隐姓埋名的工作，为候选人积聚势头可能非常困难。但是她身居国务院最高职位，平时在工作中所受人关注的程度，是那些苦心经营的候选人无法企及的。她的每一次成功、每一次演讲或声明，都会进一步点燃支持者的热情。

赖斯不得不设法压制这种热情。她不仅必须避免造成鼓励支持者的印象，还必须要让人看到她在阻止他们，在浇灭他们的热情。她表示自己并不想参加竞选，这也许甚至并不是什么外交辞令。但是这个决定并不是由她来做。一个民主政体可以选择它自己的领导人。

问题是：如果被提名，她是否会竞选？如果当选，她是否会就职？

赖斯的竞争对手在面对这样一个不在电视辩论中出现、不宣布自己参加竞选、也不做任何电视广告的虚幻候选人时，会发现她是一个难以捉摸的目标。在他们竞争支持力量的过程中，他们会慢慢体会到休斯·米尔斯 (Hughes Mearns) 创作的这支著名童谣的含义：

> 我上楼去找人
>
> 没有看到人
>
> 他今天还不在
>
> 我想，我想他可能在外①

他们会发现自己并不是在与一名候选人进行竞选，竞争对手是由一群选民推出来的一个潜在被提名者。攻击一名候选人对政治家来说，可谓不费吹灰之力，但是他们会发现，攻击支持候选人的选民却是有百害而无一利。

如同 1952 年时的艾森豪威尔，赖斯无需任何过招就可一身清爽地脱颖而出。

在有些州，候选人必须登记候选才可登上候选人名单。但是在另外有些州，除非候选人自己拒绝，否则他们的名字会自动出现在候选人名单上。而同样在有些州（如加州），任何被公认的候选人都会被自动列入候选人名单。

本年度首件政治事件（爱荷华政党会议）对选拔康迪活动几乎没造成任何问题。这些人参加会议，在全州各地举办活动，不论这位候选人有没有

---

① "我上楼去找人"：约翰·巴特利特 (John Bartlett)：《通晓引语》(*Familiar Quotations*)，波士顿：Little Brown and Company，1955，第 883 页。

同意，他们都可以投票支持任何人。

但是在新罕布什尔州、特拉华州与亚利桑那州，候选人必须明确地登记竞选声明，他的名字才可被列入候选人名单上。① 由于赖斯可能不会登记候选，她的支持者将必须以不承担义务的代表参加竞选，并明确表示自己支持康迪的决心。在佛罗里达与纽约，选民们可将候选人名字递交到国务秘书那里，国务秘书再将这些名字转交给总统候选人选拔委员会。对于希望撤销的候选人，他必须提出一份书面宣誓书，来表示他无意成为候选人。

即使赖斯提出这样一份声明，代表们仍然可以以"不承担义务"来参加竞选——不管以何种方式被当选。

如果这些不承担义务的候选人在初选早期胜出，这对康多莉扎·赖斯来说会是一个前途无量的信号，到时候没有人能够阻挡她在总统候选人这条路上的势头。

资金是否充足？广大的民众热情实际上就保证了这一点。即使出现任何资金上的不足，那些希望阻止希拉里成为总统的人也会跳出来发表一些尖刻的言论，这也会达到弥补资金不足的效果。在推动赖斯竞选活动方面，这两股力量要比足够的资金更为强大……即使赖斯不出面。

主流媒体会如何看待选拔赖斯的活动呢？最初，媒体会认为没有候选人，竞选活动就不会成功。由于选拔活动前所未见，他们会声称这不过是一场不切实际的、纯粹的白日梦。

然而民众对选拔康迪的高涨热情不会轻易地被熄灭。随着地方积极分子齐心合力创建俱乐部，吸收支持者，推荐代表，每个社区对赖斯的热情将会变得日益明显。在当地购物中心、电影院、自助洗衣店、体育馆等大门口都会纷纷支起宣传台，每个周末都是类似情形。志愿者会四处散发自制印刷资料，记录电子邮件地址，以扩充名单人数。这个"雪球"会越滚越大。

---

① 但是在新罕布什尔州、特拉华州与亚利桑那州：来自各州选举法的归档数据。

如同 2004 年迪恩参选的情景，媒体将会"发现"选拔康迪活动及其特定新奇性，于是开始进行长篇累牍地报道。最终，当从未露面的赖斯在全国民意调查中的呼声不断上涨时，候选人未参加竞选的现象将会确定共和党选举的范围。

与此同时，在 2004 年对布什选举起到关键作用的新媒体也会为赖斯加油助威。她的候选人资格将会成为网络电台、现场谈话节目、NewsMax 新闻、福克斯新闻频道以及其他有线电台竞相报道的主题。正是这些媒体把越南快艇老兵的谴责炒成当年全国著名事件，它们同样会使赖斯的候选人资格成为街头巷尾谈论的话题。再加上她对美国外交工作的积极努力和成功表现，赖斯即使不费举手之劳，势头也是无人能挡。

美国历史上也出现过选拔总统候选人的先例：1952 年德怀特·D. 艾森豪威尔将军的竞选活动。当年，纽约州州长托马斯·E. 杜威与马萨诸塞州参议员亨利·卡波特·洛奇（Henry Cabot Lodge）成功地为艾森豪威尔策划了作为共和党候选人竞选总统的选举活动。

奇怪的是，四年以前，也就是 1948 年，**民主党**就曾接触过艾克，希望他能代替总统哈里·杜鲁门作为民主党候选人来参加竞选，因为大部分政党领袖都对杜鲁门能够再次当选信心不足。尽管民主党对艾森豪威尔的政治学问尚不确定，但他们意识到他有能力取代这位危机四伏的总统。艾森豪威尔在 1948 年拒绝了这个建议，但是在 1952 年又有人提出同样的建议——但这次是共和党。

然而，没有人知道艾克是否是一名共和党人，他是否又愿意作为共和党候选人来竞选总统。艾森豪威尔将军当时的职务是北大西洋公约组织的首任司令官。他对美国内政始终保持缄默态度，表示自己身着制服，不太方便发表任何言论。

艾森豪威尔是否会参加竞选？他日后的司法部部长霍伯·布朗尼尔（Herb Brownell）这样写道，"艾克从来就没表示过自己不参加竞选。"对那些试图把他拉进总统竞选的人，他也只是表示"绝对不受任何鼓励"，但

"他从未流露决不的态度",也从来没有说过谢尔曼式的誓言。①

直到 1952 年 1 月,在新罕布什尔州初选前夕(当时和现在一样,是全国第一个进行初选的州),艾森豪威尔才对外透露他为共和党人,如果被提名,他将接受。但即使在那个时候,艾克仍表示只有"政治责任感的一种明确感召"才会促使他辞去北大西洋公约组织的职位,而"这是我担任过的极为重要的一个职位"。②

与艾森豪威尔一样,康迪支持者的任务就是让她知道,他们希望她去参加总统竞选。无论是出于他们对她的信任,还是出于阻止希拉里当选为总统的强烈愿望,美国人民都必须要求赖斯去参加竞选。

艾森豪威尔在提名过程中并非轻松胜出。参议院里的共和党党派头目、俄亥俄州的罗伯特·塔夫脱(Robert Taft)以压倒性的优势赢得共和党总统候选人提名。塔夫脱被人称作"保守先生",他是反对任何与欧洲及世界其他地方有任何牵连的孤立主义者。③ 在 1940 年,他对外声称德国的胜利对美国参加二战来说更有利。《福布斯》对他曾经有过最为精准的描述,"世界上的其他国家对许多美国人来说,不过就是些奇怪的地方,到处都是岌岌可危的管道设施、五颜六色的钞票,以及他们无法理解的语言,而塔夫脱就是这些人中的一分子。"④

但是塔夫脱却赢得共和党全心全意的支持。艾森豪威尔还不是一名候选人的时候,在民调中就受到无党派选民的青睐,而共和党必须吸引这群人才有可能获胜,但是塔夫脱仍然是共和党坚定支持者心目中完美的典型。⑤

---

① "他从未流露决不的态度":霍伯·布朗尼尔与约翰·P. 伯克(John P. Burke)合著的《劝告艾克:霍伯·布朗尼尔回忆录》(Advising Ike:The Memoirs of Herbert Brownell),劳伦斯:堪萨斯大学出版社,1993,第 94 页。
② "政治责任感的一种明确感召":理查德·诺顿·史密斯(Richard Norton Smith)创作的《托马斯·E. 杜威及其时代》(Thomas E. Dewey and His Times),纽约:西蒙 & 舒斯特出版社,1982,第 581 页。
③ "保守先生":《托马斯·E. 杜威及其时代》,第 304 页。
④ "就是这些人中的一分子":《托马斯·E. 杜威及其时代》,第 442 页。
⑤ 心目中完美的典型:《托马斯·E. 杜威及其时代》,第 586 页。

然而在 1944 年输给富兰克林·D. 罗斯福以及在 1948 年败给杜鲁门的共和党籍纽约州州长托马斯·E. 杜威却坚持力挺艾森豪威尔。他认为"如果我们能够让艾克参加竞选，他就是共和党能够在 1952 年再次入驻白宫的唯一人选"。① 但是，与康迪一样，艾森豪威尔是否能够进入选举政治，一切并非那么确定。正如后来的司法部部长霍伯·布朗尼尔所回忆的那样，"我注意到，艾克从未明确地拒绝接受共和党提名，但同时又保持着非选举人的形象。"②

　　艾森豪威尔和赖斯一样，对国际事务都非常精通，他曾在二战期间率领盟军进入欧洲。然而他在内政方面的记录，可谓不甚了了。艾森豪威尔对共和党有关预算平衡以及自由的企业体制等基本政策都表示支持，但是他直到获得政党提名后才详细表达自己的内政观点。

　　然而，备受全国人民关注的仍是国际政策，在这一点上，当时与现在并无差异。与朝鲜之间的持久战仿佛遥遥无期，每一次转机都被斯大林统治下的苏联所破坏，当时的美国人民对国际政策的关注程度丝毫不亚于今天。

　　许多人都赞成杜威的观点，都认为艾森豪威尔能够胜出（而且只有他能够胜出），但是他们也都想知道，如果没有候选人，竞选活动该如何开展。对艾森豪威尔来说，在没有明确知道广大民众需要他参加竞选之前，他决定不趟这个浑水，去试图争取提名。

　　艾森豪威尔的优势在于民众的支持，他们组织"艾森豪威尔公民"俱乐部。布朗尼尔说："公民组织主要由毫无政治经验的志愿者组成。他们相信，志愿者通过公开表达自己的观点，可以促使全国大会采取行动。"③ 即使没有候选人，选拔艾克的活动仍然将这位将军的名字进入了新罕布什尔州的初选。该州州长谢尔曼·亚当斯（Sherman Adams，后来成为艾森豪威尔的参谋长）对这位非候选人表示支持，艾森豪威尔支持者们南下新罕布什

---

① "入驻白宫的唯一人选"：《托马斯·E. 杜威及其时代》，第 579 页。
② "我注意到"：布朗尼尔，《劝告艾克》第 97 页。
③ "公民组织"：《劝告艾克》，第 107 页。

尔州，以备激战。塔夫脱积极应战，但依然败给了这位广受欢迎的将军。艾森豪威尔最终以 46661 张选票胜出，塔夫脱则获得 35838 张选票。①

艾森豪威尔如何在没有参加竞选的情况下获胜？因为他意识到，继续守在北大西洋公约组织的这个职位上，保卫欧洲与共产主义对抗，这种广告效应远比在漫天雪地的新罕布什尔与人握手致意要有效得多。艾克曾给杜威的信里这样写道，"我清楚地意识到，对于你们大家（选拔艾克活动委员会）一直所面临的政策与决策方面的所有事务，我并不能提供什么特别帮助。但是我认为……只要我全力以赴去履行军事职责，我就有可能在另一方面为你们装填弹药。"②

赖斯能够为其支持者提供的弹药就是成为一名出色的国务卿。

艾森豪威尔的竞选活动在艾克本人没有出现的情况下赢得势头。在明尼苏达州的初选中，艾森豪威尔遭遇该州前州长以及他们最爱戴的人哈罗德·E. 斯塔森（Harold E. Stassen）。由于当地法规要求只有对外宣布的候选人才可被列入候选人名单，艾森豪威尔支持者不得不发动一场候选人未上选票的竞选活动——这是一项让人望而却步的任务。但是艾森豪威尔的人气甚至克服了这个障碍，这位将军总共获得 108000 张选票，几乎与斯塔森的 129000 张选票相差无几，而塔夫脱只获得 24000 张选票，更是无法望其项背。③ 明尼苏达州的结果令人大为惊讶。让对手后院起火、不出现在选票名单上、不开展任何选举活动，但所获选票竟然与该州前州长相差无几，这可谓是一项政治绝活。从那时起，当人们问起对艾克的支持，杜威总是这么回答："有一点可以确定，那就是，并不是小妖怪把他（艾森豪威尔）的名字写在了明尼苏达州选票上。"④

候选人既没有打电话四处请求，也没有在招待会上热情迎合，同样也筹

---

① 以 46661 张选票胜出：《劝告艾克》，第 103 页。
② "我清楚地意识到"：史密斯，《托马斯·E. 杜威》，第 583 页。
③ 塔夫脱只获得 24000 张选票：布朗尼尔，《劝告艾克》，第 106 页。
④ "有一点可以确定"：史密斯，《托马斯·E. 杜威》，第 582 页。

得大笔资金。全国各大媒体铺天盖地的都是支持艾森豪威尔的报道，艾克作为北大西洋公约组织的首任司令，指挥西方各国共同抵制苏联威胁，这些尽管都是他的分内之事，但却为这位将军带来了竞选所需要的一切宣传效应。

最终，就在代表大会前一个月，艾森豪威尔辞去军队职务，宣布竞选总统。

塔夫脱犯了一个错误。在民主党力量稳固的德克萨斯州，普通的共和党组织规模都太小，他们在一个电话亭里就可碰面讨论。然而艾森豪威尔的候选人资格却吸引了众多无党派选民与前民主党选民，这就摆脱了共和党在这个州的不利境地。75000 位选民大批涌入共和党在全州各地召开的政党会议，抗议政党领袖不经思索就批准罗伯特·塔夫脱作为他们的候选人，并纷纷投票支持艾森豪威尔，党魁们这时不禁惊慌失措。即使这些支持艾森豪威尔的狂热分子遵照州法律，签署"忠诚誓约"，承诺如果他们能够在政党会议上投票，他们就会在 11 月投票支持共和党，但共和党领袖们仍拒绝计算他们的选票。① 他们表示，在 1948 年没有投票支持共和党的人，就没有资格参选。艾森豪威尔的支持者们大呼卑鄙，退出政党会议，委派一个竞争代表团前往芝加哥的共和党全国代表大会。塔夫脱使用类似战术，企图在其他南部各州力挽狂澜，而在这些州，如果没有艾森豪威尔吸引选民，共和党不过就是一具空壳而已。

全国媒体及民意对塔夫脱支持者的这种专横策略愤怒不已，大会代表自己也对州党派等级制度投票否决，为支持艾森豪威尔的代表安排席位。

即便如此，这场战争一直延续到共和党代表大会最后一刻。第一轮选票结束，艾森豪威尔以 595 张选票领先；塔夫脱获得 500 张选票，其他候选人瓜分了剩下选票。② 但是艾克距离提名所需要的票数还差九票……直到他的前对手哈罗德·斯塔森站起身来，将足够的票数转到艾克名下，艾克才得以

---

① 签署"忠诚誓约"：《托马斯·E. 杜威》，第 586 页。
② 在第一轮选票过程获得提名：《托马斯·E. 杜威》，第 119 页。

在第一轮选票过程获得提名。

如果艾森豪威尔在 1952 年就能通过这样的方式参加竞选，2008 年的康迪为什么就不能够呢？

当一切全部启动的时候，布什总统将会做什么呢？他将会抱着半惊半喜的心态驻足旁观，偶尔可能有所怀疑，但日渐会心感欣慰。毕竟，康多莉扎·赖斯几乎纯粹是由他一手打造出来的。在所有候选人当中，只有她来自于他的阵营。朱利安尼在拥护布什很久以前就成为纽约市市长，就已经成为9/11 事件的英雄人物。麦凯恩在 2000 年则作为布什的对手首次亮相政治舞台。弗里斯特对总统议程始终秉承乐意合作的态度，而且他的参议院多数党领袖职位无疑也是总统的个人选择（布什把特伦特·洛特撇到一边），但是总统身为这么出色的一名政治家，他太清楚弗里斯特作为候选人的局限性。

而赖斯的情况则完全不同。她不仅与总统私交甚密，还是他面对世界的代表。她身为国务卿的权力不仅来自布什对其职位的放手，更来自她与总统的心灵相通和彼此信任。在布什成为总统之前很长时间，他们就曾一起出去锻炼，一边骑着固定自行车，一边谈论橄榄球与外交政策，他们之间已经建立起长久稳固的纽带。她实际上已经成了这个家庭中的一员，几乎可以说是乔治与劳拉的小妹妹。

如果布什总统发现真的掀起了一场选拔康迪的运动，并意识到赖斯对此并未采取任何行动的话，他自己可能会逐渐成为一名热情分子。与康迪一样，大家不能指望他去发动这样一场运动——但是，如果有人开展这个活动，他也许会参与。

在什么情形下，赖斯才会真正离职而宣布参加总统竞选呢？游击队什么时候才会停止使用打一枪换一炮的战术方针，而发动一场常规战争呢？纵观历史，从乔治·华盛顿到毛泽东主席，他们都是抱着必胜的信念，需要具有与正规大军短兵相接的足够兵力。

对赖斯来说，在早期政党会议与初选出现一些令人惊讶的结果之后，这一时刻可能即将到来。在 2008 年 1 月和 2 月的爱荷华政党会议与新罕布什尔州初选之前，大家会看到，在 2006 年与 2007 年这两年间，赖斯都会在国务卿这个职位上按兵不动。如果她在这两次争夺中成绩良好，如果她能在其中一次或两次选举中胜出，那么民众势头将会无法遏制。在那个时候，大家可能轻易想象康迪会辞去国务卿的职位，全身心地投入到竞选当中。

但是等到这个时候，想要在大多数州为赖斯派送有资格的代表团为时已晚。赖斯的代表团必须依靠自己把赖斯的名字列入选举名单上，通常的办法就是以不承担义务代表登记候选。那么，当康迪开始在早期初选与政党会议中获胜的时候，他们就已经出现在候选名单上了。

因此，选拔康迪的活动需要在所有五十个州都有积极的支持者，以整套代表登记候选（对赖斯承诺，或者在有法律要求的地方，通常不承担义务但在口头上支持赖斯），如果选拔活动的最初成功将激励她参加竞选的话，赖斯即将获得一个支持平台。

选拔活动的重要性在于捐赠者多于捐款本身。在 2008 年大选前期，真正需要的现金非常有限。由于没有候选人开展巡回活动，因此就节省了差旅费用——而这是所有竞选活动早期最大的一笔开销。印刷传单与电视广告也将只集中在几个早期的初选州——也可能只有爱荷华与新罕布什尔，而在这些地方，媒体费用既低廉，又容易购买。在 2008 年 2 月之前，也就是在爱荷华州与新罕布什尔州投票之后，都谈不上有什么真正的花费。等到 3 月，规模较大的一些州（如纽约州、佛罗里达州、德克萨斯州与加州等）举行初选时，竞选活动才必须做好充足准备。

到了那个时候，赖斯有可能会参加竞选。虽然这时开始寻找捐赠者有点为时已晚，但是向那些已经签名准备为 3 月份初选筹集一千万美元的人发送紧急电子邮件，时间上应该还是允许的。关键是手头要拥有一份网络名单，随时向他们发出求助。

网络捐款的周转时间非常迅速，而且无需提前支付大量邮资或人力。因此，竞选活动在从游击战阶段过渡到常规战阶段的时候可以迅速而频繁地再"装填弹药"。

这之后，康迪就需要依靠自己了。一旦她作为常规候选人面对自己对手的时候，她在镜头及麦克风前的丰富经验会成为她的优势。然而，作为50年来的首位被选拔的候选人，其魅力将会令人回味无穷。她的竞选活动就是大家的竞选活动，由民意要求所驱使，而非个人野心。

在我们这个现代世界，这将是一个史无前例的现象，这准确地映照了9/11余波所激起的行动主义与参与精神。对许多人来说，避开特殊利益集团与专业政治家对政治流程的控制，这代表了普通百姓的胜利，并表明他们与我们这个政治体系越来越密切相关。

对民众压力做出回应，这可能是挑选候选人的一个最佳方式。这也是为什么每一位候选人在走到麦克风跟前发表声明的时候，都要假装听到来自民众的声音。但通常来说，这些声音都是模糊而遥远的。而且，它们通常都是人为制造，并经过放大。大街上并没有民众要求他们竞选，这一切不过是来自他们的野心罢了。

但是康迪与这些人不同。民众要求的表面迹象与真正运动的不争事实之间显然存在差距，这个差距将会刺激赖斯全力以赴去参加竞选。

第十四章

克林顿总统？赖斯总统？
她们会成为什么样的总统？

希拉里会成为什么样的总统？康迪又如何去处理这项工作呢？

总统职位可谓高深莫测。看一看候选人的公共立场，他们到底属于什么样的州长或参议员，便会一目了然。然而，总统职位的成败全仰赖于一个人的秉性、见识、魅力、外交手腕、危机处理能力以及政治决策等。

我们首先谈谈政策。希拉里·克林顿可能会成为林登·约翰逊以来最自由的一位总统。比尔·克林顿理论上是一名中间派，但偶尔根据需要也会成为一位自由主义者。但是他的妻子却恰恰相反。她尽可能地表现为是一名自由主义者，只有在政治现实逼得其不得已的情况下才走中间路线。希拉里认为，政府所提供的公益已经足够完善，谋求私利就是美国人生活中自私与罪恶的根源。她对保险经纪人为了赚取佣金而提高医疗保健价格愤愤不平，富人希望少交税而且不愿意资助穷人的行为也让她大为激动。

如果说社会主义的瓦解以及里根主义的成功让众多自由主义者（包括我们）认识到：社会公共事业并非完美无缺，利用收益去帮助穷人也具有一定好处，而希拉里对此并没有任何体会。她一心一意支持扩展公益事业，尤其关心妇女儿童问题。

希拉里学生时成年的时候为左翼分子，担任阿肯色州第一夫人时才开始成熟。她不断对小石城①自由主义者对该州税收太低以及公共基础设施（如学校、医院、公路等）投资太少等问题做出附和。希拉里用提高税收来创造收入，但是她也同样是因为对公共部门的信任才提高税收。她认为税收不仅是资助政府的一个手段，也是缩小财富差距、使社会更加平等的一种途径。她希望税收不仅用来支付项目，而且用以重新进行收入分配。希拉里对收入再分配深信不疑；她把联邦政府视为现金传送机，向富人征税，然后救济穷人。

大家希望比尔·克林顿能够参政。他过分的自恋要求自己能够寻找更多和自己相像的人群，以此向有所怀疑的超我证明自我价值，从每一个反映

————————
① 阿肯色州首府及最大城市。——译者注

中，他都能够看到自己的良好形象。他不顾一切地想要在竞选中获胜，这不仅源于他迷恋这个职位的额外补贴与特殊待遇（以及利用该职位帮助他人的良好愿望），更是来自希望公众对其不佳的自我形象有所认可的心理安慰。

而希拉里并不在意人们是否喜欢她。她不自恋。她深信自己是一个善良、道德的人，由于对自己的美德笃信不疑，因此她并不特别重视他人的观点。她是一个身负使命的女性（一个公共政策使命），那就是将自由主义带回美国主流社会，以及扩大政府救济穷人与中产阶级的作用。

比尔偶尔发现自己的政策并不受欢迎的时候，他愿意进行调整。希拉里则不然。她会坚持到底，她对医疗改革的态度就是如此，如果有必要，她会一直战斗下去。在这一方面，她与目前的布什总统似乎有更多的相似之处。她内心的正直感可谓顽固不化，而这控制着她的政治见解。

但是对于其固执的自由主义，一旦掌权，希拉里会找各种各样的借口来谋求更高职位。她会以温和派的身份参加竞选，然后再作为自由主义者进行管理，在稳获职位之前，她会控制住自己的自由主义冲动，但获取职位之后，她定会肆意满足她的自由主义。

在外交事务方面，希拉里的观点相对模糊。对于外交问题，她尚处在学习阶段，并未形成自己真正的观点——也可能在她当选之后还未形成。她在白宫期间，曾是和平主义者，反对外交干预，反对美国干涉索马里问题，并认为政府对巴尔干半岛过于关注。但是现在，谁知道呢？

对康多莉扎·赖斯来说，她在公共政策问题方面的见解基本与布什/共和党相同。她将会缩减税收、限制政府作用以及利用私营机构来提供公益服务。她的观点可能会类似于玛格丽特·撒切尔的"私作公用"——利益与美好生活的愿望促使经济为所有人服务。

和希拉里一样，康多莉扎·赖斯也是一个身负使命的女性。但是赖斯的使命是推广民主主义。希拉里的使命主要集中在扩展政府在国内的作用，赖斯则希望看到我们参与到国外事务中。与布什一心要在世界各地传播自由一样，赖斯也会为美国总统办公室带来威尔逊式管理，为实现一个民主的世界而努力。

但是大家会感觉得到，赖斯尽管目标坚定，但实现目标的手段不会流于死板。赖斯首先是个外交家，善于与人打交道，对于利益与目标冲突等细枝末节也是了如指掌。她长期管理外交事务的经验有可能会帮助她寻找共同立场，甚至先行一步。在提出自己的观点方面，她的灵活性可能丝毫不亚于罗斯福，而在集中终极目标上，她又具备布什风格的坚韧性。

不同的秉性注定了这两位女性会成为两种截然不同的总统。

赖斯不喜欢树敌。尽管她在辩论或交换意见时都极具坚持自己立场的能力，但她总是四两拨千斤，在别人可能会出现对抗的时候巧妙化解。她似乎很少发怒，即使在争斗正酣的时候她也总是保持平和的观点。就算她确定敌人身份，她也只是把他们看做是美国的敌手，而不是自己的政治对手。她的过去很少有什么积怨或报复的经历。她自己似乎没有敌人，反而在与同事及竞争者打交道的过程中，表现出来的都是内在的基督教信念。

作为第一夫人，希拉里·克林顿通过敌人来给自己定义。她需要不断地与对手交锋，通过反对他们来一再确认自己是正确的。只要她激怒富人与特权阶层，她就认为自己没有偏离轨道。就好比一只海豚将声呐弹到洋底才能确定自己身处海洋，希拉里则需要利用冲突与对抗来证实自己正朝着正确的方向前行。

在希拉里作为第一夫人期间，没有冲突与对手，她就处于一片混乱茫然的状态。比如，她一头雾水但却兴致勃勃地要为美国设计一套完善的医疗保健体系，然而一旦这个问题被定位成旨在削减医疗保险供应商、经纪人与有钱医生（她认为这些人收费过高）的资助，那么结果也就只空剩满腔热情而已。

那么现在呢？希拉里的参议员职位是否已经让她学会利用关系政治而非冲突政治来获取支持、提出议题呢？这很难说。但有一点很明确，我们只能希望她多施展魅力，而非只表达愤怒情绪，寻求共同立场，而非只妄加批评。

人们可以在赖斯身上隐约看到艾森豪威尔的无目标性以及里根的魅力。但是我们有理由认为，希拉里身上有太多理查德·尼克松的影子。在白宫期间，克林顿夫人就习惯性地在生活与政治当中亮出她的敌对态度，在面临越来越多的政治与个人攻击时，这种敌对情绪日益明显。回到当初，人们一定还记得她套用罗斯福的那句话："经济保皇分子憎恨我，但我对他们的恨意表示欢迎。"①

据说，希拉里在白宫期间曾动用联邦调查局、美国国税局以及所有政府手段来摆平她的敌手。她在这个过程中自鸣得意，对自己的正直美德深信不疑。当她发现公共机构对其敌手骚扰能力有限的时候，她就会借助私家侦探与律师等特殊力量来干一些卑劣行当，这种行为她在白宫就没少干过。为了扫除妨碍者，她可能会重新使用我们所说的秘密警察。

但是，希拉里的偏执有多少源自于她想取代比尔的这个事实？她的痛苦有多少来自配角而非主角的身份？她是否能够像鲍比·肯尼迪那样，独自走出被别人笼罩的光环而成为一个更为出色的人？

如果不能，希拉里很快就会发现自己在华盛顿将孤立无援，得不到统治政府所需要的支持。媒体朋友会发现她不仅与媒体保持距离，而且还会利用花招巧妙应付，从而对她的不喜欢会日益强烈，他们的敌意会迅速传遍整个首都。议会成员，即使那些曾经的同盟也会被她的卑劣伎俩所激怒，而不再与她合作。

而康多莉扎·赖斯给人的感觉是，愿意接受工作人员提供的有建设性的批评意见。由于在学术界浸淫成长，她似乎更希望获得建议和忠告。这点和比尔·克林顿一样，她希望知道他人对她的看法，并不断寻求反馈。

然而希拉里则不会。我曾多次与希拉里的高级工作人员坐在一起，商量到底谁敢从老虎嘴里拔牙，让她知道自己的决定是错误的。这个角色通常都

---

① "经济保皇分子憎恨我"：富兰克林·D. 罗斯福 1936 年在民主党全国代表大会上的演讲。

是由我去扮演，但结果都是无功而返。内在克制与平衡会将一名总统从极端的立场与危险处境中拉回来，而对希拉里来说，几乎完全不具备这种品质。

赖斯不撒谎。她在公共舞台上亮相太久，她很清楚公众人物很容易就有被识破的可能，因此在别人杜撰的时候，她可能更倾向于华盛顿传统的迂回战术。

直到几年以前，希拉里似乎才发现为了图一时方便而胡乱编造几乎不太可能。目前，希拉里的工作人员没日没夜地为她编造，以便能够控制住她，因为他们实在太清楚不过，她随时都能说出或大或小的谎话。他们的控制似乎也略有成效：即兴的夸大其词与连篇瞎话似乎越来越少，希拉里对自己仿佛也有了新的约束。但是随着她越来越接近美国总统这一职位，她是否会将这一改善继续发扬光大？

赖斯从来就不是个物质主义者。尽管衣着始终时髦得体，但她所受的中产阶级教育绝对能抵制贪婪的诱惑。她在监督斯坦福 15 亿预算以及使用白宫与国务院的额外补贴时，都避免任何遭到道德质疑的行为，而且依靠自己的薪俸与积蓄，她生活得轻松滋润。

但是希拉里具有一种权力欲，易受经济上的诱惑，禁不住会胡作非为。她给别人留下的印象就是，自己身为一名具有奉献精神的人民公仆，生活中牺牲太多，她有着太多道德触礁的记录。她将送给白宫的礼物据为己有，她利用比尔的权力从吉姆·麦克杜格尔（Jim McDougal）在阿肯色州银行获取聘金，她接受那些希望从她丈夫那里得到好处的人所提供的备受质疑的建议与利益，所有这些都证明了她为了赚取额外收入而不惜甘于冒险。

但是现在她终于富了。她与比尔各自出书，分别进账 800 万美元与 1200 万美元，除此之外，比尔到处演讲也能挣取大笔收入，这些都改变了他们的经济状况，否则又可能会刺激希拉里玩她过去的那些经济把戏。现在，她远非只是"经济有保障"——而是很富有。这种经济状态的变化可能会避免她重犯之前的道德问题。

那么，这两位女性作为总统对危机的反应分别又会是什么呢？她们处理危机的能力也许都会很好。希拉里具有一定的自制力，而比尔正是由于缺乏这种自制力而因此臭名昭著，自制力对危急时刻的混乱局面有好处。希拉里头脑清楚，有条理性，并且能够迅速有效地区分事情的轻重缓急。但是她毕竟没有经过任何考验。她从未真正管理过任何一个组织，自然也就没有处理过任何严重的危机。

希拉里有一个致命弱点不得不考虑。尽管她通常都控制得很好，鲜少在公共场合有所表现，那就是在遭遇逆境的时候容易流泪。这一点颇令人诧异，这么一位强硬、好斗、刻薄的女性在身为第一夫人期间，经常动不动就流眼泪。通常来说，她属于悲愤交加，这种情形在我、乔治·斯特法诺普洛斯（George Stephanopoulos）和拉姆·伊曼纽尔（Rahm Emanuel）面前都有不同程度的流露。有时也会在受挫或无能为力的时候因伤心沮丧而流泪。当医疗辩论中的形势突变让希拉里感觉不知所措的时候，我曾目睹过几次这样的情形。显然，情绪易波动是她隐藏的另外一面。但是布什总统在一些情绪激动的时刻也曾动容流泪，也许现在大家能够接受一位感情外露的总司令吧。然而在危急时刻，这一定是个问题。

与希拉里形成鲜明的对比，赖斯在外交政策领域处理危机的经验长达数十年之久，她可以说是自艾森豪威尔以来处理敏感国际形势最有经验的就职人选。

最后，两位当选之后的发展前景会如何？

赖斯在个人发展方面显示出巨大的能力，她在斯坦福的时候抓住时机成为该校教务长，然后在这个过程中又调整自己的步伐以适应 9/11 事件所带来的新环境。在 1990 年 9 月凄凉的一天之后，冷战斗士/外交家成为这个国家的领袖人物。她越来越理解推动全球民主需要一个以道德为基础的外交政策，这一点就表明了这位女性为了满足新的需求与形势会有多大的发展空间。

希拉里无法接受批评的个性限制了她的发展前景。她善于提供发展机会（正如尼克松在职业生涯的每个阶段都会不断推出"新版尼克松"），但是她自己是否能够得到真正发展，我们似乎看不到任何迹象。她通常喜欢做战术总结，调整自己的行为以适应暂时的机会与挑战（至于什么时候，比如，她置白宫日常事务于不顾，而专门去旅游和写作），而这些变化并非以发展为目的来扩大视野或提升人格。

她令人意外的能力倒是不小。自从希拉里·克林顿在 2000 年 11 月当选为参议员以来，她看上去要比在白宫的日子更加快乐。她的脸上时常带着笑容，似乎也不像身为第一夫人时那么情感脆弱了。我们很难辨别这些变化是真实的希拉里，或者只不过是全新希拉里的表象而已。但是有一点毫无疑问，正式当选为参议员而不再只是州长或总统夫人，这一定会赋予她某种权力感。她的权力与声望不再来源于丈夫。现在她终于拥有自己的空间、自己的生活、自己的政治、自己的立场，而对于一个长期苦苦追求这些的人来说，这一定会是个巨大的安慰。

在希拉里身为第一夫人期间，她几乎每刻都处于愤怒状态，这一点可谓众所周知。她郁郁不乐，痛苦不堪。每个人都在与她为敌——新闻媒体、右翼、保险公司、女人、肯·斯塔尔（Ken Starr）①　等。正如《华盛顿邮报》的约翰·哈里斯（John Harris）在他最近的图书作品《幸存者》中写道，"每次陪同丈夫访问国外，希拉里都是牢骚满腹，助手们对这一切都有所目睹。她热爱旅游，但不喜欢处于配角的位置，而只要与丈夫共同出访，她就无法摆脱这个次要角色。在总统访问期间……她不得不受制于丈夫的日程安排，不得不去应付所有的茶话会、招待会以及其他正式仪式等。"②　哈里斯还对希拉里在澳大利亚所做的一次演讲有所描述，在这次演讲当中她使用"尖酸的幽默"③　来说明有关对她积极分子的批评是如何让自己受挫。无论是演讲主题还是发言语调，都让人无法把这与第一夫人在国外的演讲联系在

---

①　1994 年 8 月以来成为负责对白水案进行调查的独立检察官。——译者注
②　"希拉里经常都是牢骚满腹"：约翰·克里斯创作的《幸存者》（The Survivor），纽约：兰登书屋，2005，第 321 页。
③　"尖酸的幽默"：《幸存者》，第 257 页。

一起。

然而，自从竞选参议员以来，希拉里似乎开始精神百倍。由于转战自己的政治生涯，她有可能最终会吸取教训。她可能已经看到对抗政治的局限性，以及明白只要在华盛顿，隐情总会水落石出——而且会萦绕着不肯散去。

但也有可能她不会有所发现。在新的兴奋之外，她也许还是那个曾经的希拉里。只是我们不知道而已。

当然，无论哪位候选人当选，势必都创下第一，都会成为美国第一位女总统。赖斯会创下两个第一，第一位非洲裔美国总统。

但是康迪作为总统候选人的效果以及她的成功远比当选总统本身重要得多。她的当选可能会消除最后一点残留的派系之争，而这种分歧直接威胁着我们社会的凝聚力。

2008 年大选就是下一届总统选举。由于两位备受欢迎的女性参加竞选的可能性，选民们将会创造历史。

我们只能希望是好的历史。

译后记

　　一位被称作世界上最有权力的女性政客，一位贵为纽约州的明星参议员；一位依靠自己的政治天赋稳扎稳打地走向辉煌，一位是在政治风波中历经风雨得以蜕变；一位是冷静干练的黑人女性，一位是挥洒强悍的白人女性。她们就是活跃于当今美国政坛的两位著名女性——康多莉扎·赖斯与希拉里·罗德海姆·克林顿。

　　本书书名为《希拉里与赖斯：谁是美国女总统最佳人选?》，顾名思义，就是将这两位无论是背景、性格以及经历都截然不同的女性进行逐一比较，比较她们谁最适合成为美国的女总统。作者是曾经为民主党出谋划策的政治专家，曾经帮助过比尔·克林顿竞选州长和总统，不仅对美国总统大选的历史、流程及发展有着深入透彻的理解，对克林顿夫妇的政治表现与性格特征也是了如指掌，甚至还在书中透露了一些鲜为人知的内幕消息，这也为本书增添了不少趣味性。而对于美国最有权力的女性：赖斯，作者则褒奖有加，试图说服读者开展一场选拔康迪的选举运动。从这个意义上说，本书既是书中提到的力图影响选民的政治书籍，也是希拉里和赖斯的从政简史。阅读此书，可以帮助读者了解美国总统选举的过程和政坛风云变幻的内幕，解读这两位女政治家的心路历程。

　　本书写于2005年，当时希拉里与赖斯都是潜在总统候选人中风头最健的两位女性。一年多之后，两位女性情况如何呢？赖斯依旧兢兢业业地工作在美国国务卿的岗位，斡旋在各国之间，依旧没有参加竞选总统的愿望；而希拉里则如愿成为 2008 年民主党总统候选人，并在民调中稳居第一位。两位女性之间精彩的对峙看来在 2008 年无望出现，但不可否认，她们都是优秀的政治家，都会是出色的总统候选人。而她们的心路历程和成长经历会给读者以极大启示。另外，作者在书中梳理的美国选举政治历史以及网络与新媒体对阵电视与传统权威媒体这样的新事物还是很有价值的，尤其 2007 年民主党与共和党总统提名人竞选者在互联网上展开激烈角逐的现实，让人不由想起作者在书中提及的网络选举和美国民众由此产生的积极参与意识。同时，我们也期盼着美国大选出现书中提出的"选拔康迪"的局面，期盼再一次在美国出现自下而上产生的总统候选人，期盼能够亲眼见证美国第一位女总统的诞生。

然而不管我们的期盼能否如愿，本届美国总统选举将因为希拉里的参与而更加激烈与精彩。美国总统选举的历史会自此翻开新的一页吗？让我们拭目以待吧！

最后，作为译者，由衷地感谢北京环球启达翻译咨询有限公司以及出版社在本书的翻译过程中给予的机会、支持和帮助。

由于时间仓促，疏漏在所难免，请读者多加见谅！

译　者

2007 年 7 月于上海

社会科学文献出版社网站

www.ssap.com.cn

1. 查询最新图书　　2. 分类查询各学科图书
3. 查询新闻发布会、学术研讨会的相关消息
4. 注册会员，网上购书

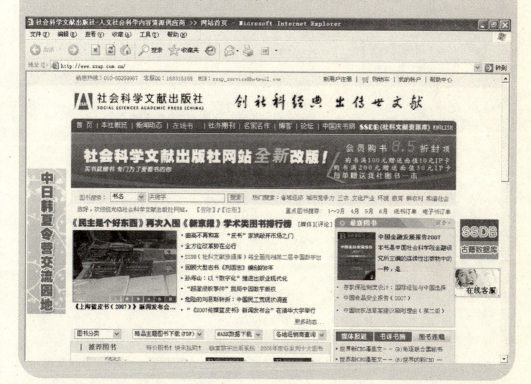

本社网站是一个交流的平台，"读者俱乐部"、"书评书摘"、"论坛"、"在线咨询"等为广大读者、媒体、经销商、作者提供了最充分的交流空间。

"读者俱乐部"实行会员制管理，不同级别会员享受不同的购书优惠（最低7.5折），会员购书同时还享受积分赠送、购书免邮费等待遇。"读者俱乐部"将不定期从注册的会员或者反馈信息的读者中抽出一部分幸运读者，免费赠送我社出版的新书或者光盘数据库等产品。

"在线商城"的商品覆盖图书、软件、数据库、点卡等多种形式，为读者提供最权威、最全面的产品出版资讯。商城将不定期推出部分特惠产品。

资讯/邮购电话：010-65285539　　邮箱：duzhe@ssap.cn
网站支持（销售）联系电话：010-65269967　　QQ：168316188　　邮箱：service@ssap.cn
邮购地址：北京市东城区先晓胡同10号　社科文献出版社市场部　邮编：100005
银行户名：社会科学文献出版社发行部　　开户银行：工商银行北京东四南支行　　账号：0200001009066109151

图书在版编目（CIP）数据

希拉里与赖斯：谁是美国女总统最佳人选？/〔美〕莫里斯，〔美〕麦克盖恩著；杨凤妍，刘海青，刘寅龙译. －北京：社会科学文献出版社，2007.9（2008.3 重印）
（风云人物系列）
ISBN 978－7－80230－753－7

Ⅰ. 希... Ⅱ.①莫... ②麦... ③杨... ④刘... ⑤刘...
Ⅲ.①赖斯，C. －人物研究②克林顿，H. －人物研究③总统－选举－研究－美国－2008 Ⅳ. K837. 127＝6 D771. 224

中国版本图书馆 CIP 数据核字（2007）第 101401 号

·风云人物系列·

希拉里与赖斯
——谁是美国女总统最佳人选？

著　者／〔美〕迪克·莫里斯　〔美〕艾琳·麦克盖恩
译　者／杨凤妍　刘海青　刘寅龙

出 版 人／谢寿光
出 版 者／社会科学文献出版社
地　　址／北京市东城区先晓胡同 10 号
邮政编码／100005　网址／http：//www. ssap. com. cn
网站支持／（010）65269967
责任部门／编译中心　（010）85117871
电子信箱／bianyibu@ ssap. cn
项目经理／许春山
责任编辑／钟　敏
责任校对／熊哲家
责任印制／盖永东

总 经 销／社会科学文献出版社发行部
　　　　　（010）65139961　65139963
经　　销／各地书店
读者服务／市场部（010）65285539
排　　版／北京中文天地文化艺术有限公司
印　　刷／北京季蜂印刷有限公司

开　　本／787×1092 毫米　1/16
印　　张／19.75　插图印张／0.75
字　　数／262 千字
版　　次／2007 年 9 月第 1 版　印次／2008 年 3 月第 2 次印刷

书　　号／ISBN 978－7－80230－753－7/D·232
著作权合同
登 记 号／图字 01－2007－0449 号
定　　价／35.00 元

本书如有破损、缺页、装订错误，
请与本社市场部联系更换

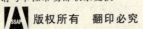